ECONOMIA, GUERRA E PANDEMIA

ECONOMIA, GUERRA E PANDEMIA

A ERA DA DESESPERANÇA

RICARDO GUEDES
Ph.D. em Ciências Políticas pela Universidade de Chicago

ALTA BOOKS
GRUPO EDITORIAL
Rio de Janeiro, 2024

Economia, Guerra e Pandemia

Alta Cult é uma empresa do Grupo Editorial Alta Books (Starlin Alta Editora e Consultoria LTDA).

ISBN: 978-85-508-2287-7

Impresso no Brasil — 1ª Edição, 2024 — Edição revisada conforme o Acordo Ortográfico da Língua Portuguesa de 2009.

Dados Internacionais de Catalogação na Publicação (CIP)
(BENITEZ Catalogação Ass. Editorial, MS, Brasil)

G959e
1.ed. Guedes, Ricardo
Economia, guerra e pandemia : a era da desesperança / Ricardo Guedes. – 1.ed. – Rio de Janeiro : Editora Alta Books, 2024.
336 p.; 15,7 x 23 cm.

ISBN 978-85-508-2287-7

1. COVID-19 – Pandemia – Aspectos socioeconômicos. 2. Economia mundial. 3. Globalização. 4. Guerras mundiais. 5. Produto Interno Bruto (PIB). 6. Saúde – Aspectos econômicos. I. Título.

08-2024/68 CDD 330

Índice para catálogo sistemático:
1. COVID-19 : Pandemia : Economia 330
Aline Graziele Benitez – Bibliotecária – CRB-1/3129

Grupo Editorial Alta Books

Produção Editorial: Grupo Editorial Alta Books
Diretor Editorial: Anderson Vieira
Editor da Obra: J. A. Ruggeri
Vendas Governamentais: Cristiane Mutüs
Gerência Comercial: Claudio Lima

Produtora Editorial: Ana Clara Tambasco
Revisão: Alessandro Thomé e Denise Himpel
Diagramação: Rita Motta
Capa: Lorrahn Cândido

ALTA BOOKS
GRUPO EDITORIAL

Rua Viúva Cláudio, 291 — Bairro Industrial do Jacaré
CEP: 20.970-031 — Rio de Janeiro (RJ)
Tels.: (21) 3278-8069 / 3278-8419
www.altabooks.com.br — altabooks@altabooks.com.br
Ouvidoria: ouvidoria@altabooks.com.br

Editora **afiliada à:**
ASSOCIADO

É sempre a mesma estória
A luta por amor e glória
A questão de fazer ou morrer

Agradecimentos

À minha esposa, Ana, que me deu amor, força e fortuna.

À minha filha Bruna, que me deu amor e carinho.

Ao meu filho Pedro, que me deu amor e inspiração.

Aos meus pais, pela educação que me deram.

Aos professores Gilberto Sotto (física), Alexandre Sussekind (epistemologia) e Simon Schwartzman (ciências sociais), tão importantes na minha percepção e formação profissional.

A Adam Przeworski, meu mestre e orientador no Ph.D., que me deu o que sou hoje.

A Luis Filipe Colaço, pela amizade e pelos pensamentos.

A Eduardo Branco, pelos insights sobre a Lusitânia.

Difícil retribuir a eles o tanto que me deram em vida.

Sumário

Introdução

O homem tem enfrentado crises econômicas, guerras e pandemias ao longo da história, principalmente no futuro próximo.

Nascemos na era da racionalidade e da prosperidade. Achamos que nossos filhos devem se sair melhor do que nós, na economia, na saúde e na riqueza. Somos ainda uma consequência das ideias Baconianas de progresso, é isso que almejamos.

A história é baseada em ideais e ações do que se deve perseguir, certo ou errado, para o bem ou para o mal.

As civilizações surgem e desaparecem. Projetos inteiros começam com a esperança do amanhã, e projetos inteiros entram em colapso pela sua própria gênese, por objetivos inalcançáveis, guerras e destruição.

Nossa história recente é uma confluência da economia, da pandemia e de guerras. A economia é o *leitmotiv* de nossa história, mas um instrumento complexo e fraco que depende continuamente da produção com lucratividade, como se fosse um verniz tênue e instável sobre a terra. As pandemias chegam sem avisos e sem controle, colocando o homem em sua perspectiva de coadjuvante da sua própria sobrevivência no mundo. A guerra interrompe os ciclos históricos e causa o progresso, infindo, mas contido em seus limites, com sangue, suor e morte.

Após décadas de progresso, temos vivenciado a morte por pandemia, a depressão econômica, a doença, no então futuro próximo da crescente turbulência social. Crise ecológica, a seguir. As economias pisam no freio, sem saber exatamente o que fazer ou aonde ir, visto o desastre à beira do caminho e ao fim da estrada do imprevisível.

O crescimento econômico não pode ser para sempre, da forma que hoje todos agem como se assim o fosse. O planeta tem seus limites, e o homem terá que enfrentar novos paradigmas, na tentativa de poder viver e conviver com a natureza. Não é uma tarefa fácil, mas quem sabe, assim esperamos, viável, como os homens demonstraram por algumas vezes ao longo da história. A pandemia da covid-19 pode ser considerada, de certa forma, como um estágio para a crise ambiental que se inicia.

O resultado da crise ambiental pode ser bom ou ruim para o futuro do homem. Sabemos que posições idealistas dificilmente triunfaram sobre a realidade da guerra. Mas os homens serão compelidos a algum acordo. Manter a tecnologia em sociedades menos numerosas certamente exigirá algum nível de acordo. Por estarmos à beira do precipício, poderemos, quem sabe, vir a ser mais racionais. Ou então cairemos em uma Idade Média moderna, provavelmente quem sabe sobrevivendo, mas com a desesperança do amanhã. Esperemos que o Contrato Social de Rousseau possa ser finalmente entendido e enunciado como regra das sociedades.

O filósofo alemão Johann Herder nos fala sobre o "Zeitgeist", ou o "espírito dos tempos", o conjunto de valores e percepções de uma determinada época que implica em conceitos sobre o homem, a vida, o sentido da história e do universo. Do "ethos" do mundo helênico, do "ethos" do obscurantismo da Idade Média, do "ethos" do Renascentismo de Da Vinci, do "ethos" da produção na Era Industrial, do "ethos" da estabilidade do pós-Segunda Guerra Mundial, surge hoje o "ethos" da desesperança, onde o homem se depara com o destino que ele próprio a si criou. O espírito de nosso tempo é o da desesperança.

Não devemos assumir uma perspectiva idealista improvável do inalcançável, mas temos que formar conceitos e movimentos em direção ao que seja factível e possível. À beira do precipício, o homem talvez possa mudar. Temos que ter esperança.

Nas palavras de John Lennon, "*All we are saying, is give peace a chance*".

01

O pensamento humano

Einstein disse que "duas coisas são infinitas: o universo e a estupidez humana; mas não tenho certeza sobre o universo". Com certeza, uma *caricatura* da alma humana. Consideremos a infinitude e a alma humana, em sua plenitude e limitações.

Como o homem raciocina na busca do conhecimento e na ciência?

Carl Hempel, em *A filosofia das ciências naturais*, diz que a ciência e o conhecimento são modelos da realidade, e não a realidade em si. Não que a realidade não exista; existe em si. Mas nosso conhecimento apenas arranha a realidade, em modelos que se constituem em aproximações da realidade, do conhecível, do observável. A ciência é um modelo da realidade.

Modelos teóricos

O primeiro modelo científico, e que mais durou na história, foi o modelo de Aristóteles tendo a Terra como centro do universo. Não caímos da Terra porque os corpos tendem a cair para o centro, e os movimentos dos planetas são explicados por meio de engenhoso modelo com mais de quarenta esferas de vidro que giram concatenadas entre si. O homem, feito por Deus, está no centro do universo. Ao fundo, a esfera fixa das estrelas, como se fossem lágrimas de luz sobre o espírito da noite. Modelo que perdurou por dezoito séculos.

Esse modelo foi contestado e alterado por Galileu, com a Teoria Heliocêntrica do Universo. O movimento das luas de Júpiter não podia ser explicado a partir de esferas. Sob os olhos da luneta, as luas circundavam Júpiter, com intercessão entre as esferas no mesmo tempo e no mesmo espaço, com sua inexequibilidade. O Sol tornou-se, assim, o centro do universo, com a Terra em sua volta. Galileu teve que dizer em confissão pública que a Terra não se movia em torno do Sol, mas perto dos inquisidores, em baixo tom, ele disse, "mas que se move, se move".

Com as Leis de Newton e da Gravitação Universal, os movimentos foram explicados por meio de formulações matemáticas, o que possibilita hoje enviarmos naves ao espaço e a outros planetas. Dois corpos se atraem na razão direta de suas massas e na razão inversa do quadrado da distância entre os corpos, enuncia Newton. Órbitas previstas na simplicidade alcançada das equações matemáticas.

Estudos sobre a luz e a matéria e discrepâncias na órbita de Mercúrio, entretanto, levaram Einstein a formular a Teoria da Relatividade, com evidências empíricas em suas inferências, em formulação mais complexa e abrangente do que as Leis de Newton. A presença de grandes massas distorce o espaço e o tempo, traçando os caminhos das órbitas dos planetas.

A ciência é um modelo de aproximação da realidade, que se altera por meio de paradigmas, como descrito por Thomas Kuhn em *A revolução científica*. Michael Polanyi nos fala sobre *A república da ciência* na formação de comunidades científicas. E Diane Crane nos fala sobre os *Colégios invisíveis* na validação experimental de seus resultados pelos pares.

Nas ciências sociais, os conceitos são *construtos* que, uma vez formulados, regem-se pela lógica científica e pela validação da observação, conforme Max Weber em *A metodologia das ciências sociais*. Os conceitos, como o de "família", por exemplo, podem se alterar ao longo do tempo, mas, uma vez precisados, se concatenam segundo a lógica científica com outros conceitos sociais. Por se alterarem, diz Simon Schwartzman em brilhante insight, as ciências sociais têm *O dom da eterna juventude*.

E assim caminha a humanidade, por meio de percepções e teorias, em processos sucessivos de tentativa e erro, querendo se apropriar do inatingível, do completo conhecimento da realidade, tentando, daí, obter ações racionais para o seu caminho e sobrevivência.

Teorias sociais

Kant escreveu sobre razão pura e razão prática, a primeira como a expressão de valores últimos comuns no universo, a segunda como feita pelos homens para suas sociedades e regras.

Em primeiro lugar, vamos considerar o pensamento humano do século XIX, as tradições inglesa, francesa e alemã de pensamento, as quais, de alguma forma, ainda nos pautam até os dias de hoje.

A história humana é intrinsecamente um processo de tentativa e erro, de acordo com algumas percepções e decisões que são tomadas. Como disse

Marx em *The Holy Family*, "a história nada mais é do que a ação dos homens na busca de seus objetivos".

Adam Przeworski definiu o *erro* nas ciências sociais como uma relação tripartite entre os objetivos a serem alcançados, a decisão que se toma para atingir esses objetivos e as condições externas que tornam possível ou não atingir esses objetivos, conceito fundamental para o entendimento dos pontos críticos de alteração e de mudança na história.

O homem é uma mistura do céu e do inferno, capaz dos extremos do amor e da morte. Um ser poderoso e contraditório, que tenta se fixar em algum lugar, na Terra.

Como modelos da realidade que expressam, as afirmações que podemos fazer têm seus limites.

Karl Marx

O pensamento e a história humana estão intrinsecamente ligados, em uma sequência de tentativa e erro.

Karl Marx é, se não o mais, um dos autores mais polêmicos da história contemporânea. Alguns o aplaudem, outros o condenam pelo curso recente de nossa história. Certo ou errado em suas afirmações, a clivagem entre direita e esquerda, como conceitos amplos, tem sido uma das mais importantes do nosso desenvolvimento recente.

Em verdade, Marx escreveu três diferentes teorias, e não necessariamente complementares entre si: a teoria histórica do modo de produção; a teoria econômica da queda da taxa de lucro; e a teoria política de grupos de interesse; algumas erradas, outras com mais evidências.

A teoria histórica do modo de produção, primeiramente exposta no *Manifesto comunista*, de 1848, e que mais caracteriza Marx no âmbito da política, afirma que a forma como as pessoas produzem tende a determinar a forma como as pessoas distribuem a riqueza na sociedade, como tendência historicamente determinada. Nas sociedades capitalistas, haveria uma contradição entre a forma socializada como as pessoas produzem, nas fábricas, e a forma individualizada como a riqueza é repartida, na apropriação do lucro pelos donos dos meios de produção, levando à tendência de uma *revolução socialista*, na qual tanto a produção quanto a apropriação seriam, então, socializadas. Marx tomou emprestado de Hegel sua teoria da dialética, na qual a história se move de acordo com a contradição entre tese e antítese, resultando em uma síntese, como o motor da história. Na teoria do modo de produção, a ética e os valores são apenas a superestrutura ideológica das condições econômicas de um modo de produção, com o econômico determinante.

Em *Das Grundrisse*, no entanto, que poderíamos traduzir livremente como *Os fundamentos e suas dúvidas*, Marx diz que sua teoria histórica do modo de produção não é boa o suficiente para explicar a transição, por exemplo, do feudalismo para o capitalismo, que não ocorreu por contradição e revolução, mas sim como consequência do aumento contínuo e progressivo do comércio e da participação política. E que a arte grega e o direito romano, conquistas oriundas das sociedades escravistas, são eternos, e que poderiam ser as leis e a arte das sociedades socialistas, em oposição direta à sua teoria da superestrutura como decorrente da determinação econômica.

Nas ciências físicas, Newton, em *Princípios matemáticos da filosofia natural*, na explicação da Lei da Gravidade, diz que dois corpos se atraem *como se se atraíssem* na relação direta de suas massas e na proporção inversa do quadrado da distância. Ou seja, se comportam como se fossem atraídos por suas massas, mas não necessariamente por causa de suas massas. Por que eles se atraem? Não há nenhuma resposta proposta por Newton para esse enigma em sua teoria.

O mesmo ocorre com a Teoria da Relatividade de Einstein. A órbita de Mercúrio pode não se encaixar adequadamente na Lei da Gravidade de Newton, mas a Teoria da Relatividade Geral afirma que a presença de massa distorce o espaço e o tempo, dando o ritmo de Mercúrio em torno do Sol. Por quê? Modelos! Um modelo pode ser mais explicativo do que o outro, sempre tentando alcançar o objetivo do intocável, mas contido em suas explicações de fenômenos presentes e de indicadores futuros, como limites do nosso conhecimento.

Einstein e Bohr discordavam sobre a natureza dos átomos e das leis naturais, causais para Einstein, indeterminadas para Bohr. Ambos profundos em suas asserções e conclusões, mas ambos modelos.

Isso significa que a realidade não existe? Certamente que existe! "Penso, logo existo", como afirmou Descartes. As dificuldades estão na mente dos homens, de como entender e explicar a lógica da natureza e das sociedades, com a presunção de atingir o inatingível. Percepções corretas podem levar a melhores decisões, e percepções erradas, a mais erros. Mas o homem nunca estará livre de ter que tomar decisões, apesar da ciência e do conhecimento. Não há um certo assim determinante. A decisão ética após a interpretação de fatos terá sempre o seu lugar na história do homem.

Em verdade, não podemos inferir uma determinada decisão ética ou moral da teoria histórica do modo de produção. A suposta contradição entre o modo de produção e a apropriação do lucro nas sociedades capitalistas nunca levou a revoluções ou a sociedades socialistas. O socialismo real aconteceu não em países capitalistas, mas em países atrasados, como descrito por

Barrington Moore e Theda Skocpol, com o *socialismo real* finalmente derrotado nesses países pela ineficiência interna de suas relações econômicas.

A segunda teoria de Marx é a teoria econômica da queda da taxa de lucro, expressa em *O capital*. O produto é formado por capital fixo e capital variável. O capital variável é composto pelos salários que os empresários pagam aos trabalhadores, e o capital fixo é a quantidade de máquinas e tecnologia adicionada à produção. A diferença entre o preço de venda dos produtos e o que se paga aos trabalhadores é o lucro, ou *mais-valia*, a quantidade de trabalho de que os capitalistas se apropriariam dos trabalhadores. Por causa da concorrência, os empresários tendem a investir em capital fixo, com queda na taxa de lucro no longo prazo. Como tendência desse processo, ao final, não haveria mais lucro, apenas desemprego. Assim, o capitalismo destrói a si mesmo. E com a autodestruição do capitalismo, o socialismo floresce, como forma coletiva de trabalho e de apropriação na sociedade.

Para Marx, o lucro é uma apropriação do capitalista sobre os trabalhadores. Na economia liberal, o lucro é a diferença entre os custos de produção e os preços de mercado, a recompensa dos empresários pelo risco assumido. Todos tendem a receber o que valem na sociedade. Na verdade, o lucro é o mesmo em ambas as teorias, mas vinculado a diferentes conotações morais e ideológicas. Nomes diferentes para o mesmo objeto, com a atribuição de valores morais. Não há muita diferença entre eles. E o mercado continua a se mover.

Para o Marx da Teoria Econômica, o capital se reproduz por si só. E os políticos? Eles podem fazer o que quiserem, desde que não interfiram na reprodução do capital. Uma contradição direta com a sua teoria histórica do modo de produção, que prescreve a determinação da vontade.

Na verdade, as sociedades capitalistas têm aumentado sua taxa de lucro, não sendo destruídas pela suposta queda da taxa de lucro, o que pode vir a ocorrer talvez por outros fatores, como a crise ambiental no futuro próximo.

A terceira teoria de Marx é a teoria política de grupos de interesse, expressa no *XVIII Brumário de Louis Bonaparte*. É uma teoria de como diferentes grupos sociais e de pressão agem de acordo com seus interesses e objetivos, em conflito e consenso contínuo, como grupos de interesse. Banqueiros, industriais, burocratas, funcionários públicos, artesãos, trabalhadores, todos desempenhando papéis e interesses diferentes na sociedade. Trata-se do conceito da expressão do livre-arbítrio e de interesses no jogo social e de seus resultados. Não determinado, certamente, mas como produto da ação intencional do homem.

Diferentes Marx.

As clivagens sociais, no entanto, permanecem.

A tradição inglesa de pensamento

Em termos gerais, a tradição inglesa de pensamento social é baseada no indivíduo; a francesa, na organicidade social; e a alemã, no interacionismo entre os atores na sociedade. Todas elas se complementam.

Alguns autores concebem a história como o resultado do livre-arbítrio e da negociação.

Locke afirmou que os homens têm direito à vida, liberdade e propriedade, e o Estado deve existir com o consentimento dos homens, para a sua proteção. Stuart Mill afirmou que a liberdade é essencial para o indivíduo e que o *utilitarismo* nos objetivos abre o caminho para os espíritos livres da espécie humana.

Adam Smith é o centro do paradigma liberal. Em *A riqueza das nações*, ele abre o livro com a afirmação magistral de que "não há nada mais antigo no homem quanto a sua propensão para negociar, permutar e trocar" uma coisa pela outra. Essa é a base interna da essência humana e das sociedades. A divisão do trabalho no livre comércio pavimenta a prosperidade da humanidade.

O mercado é a base para a prosperidade da humanidade.

Hobbes, no entanto, já havia afirmado anteriormente que no estado de natureza *o homem é o lobo do homem*, antecedendo a necessidade de um *contrato social* que reja as relações dos homens.

A tradição francesa de pensamento

Os franceses buscam a liberdade da mesma forma que os ingleses; os ingleses mais individualistas em suas teorias e propósitos, os franceses mais sistêmicos ou sociais em seus objetivos.

Montesquieu dissertou sobre o *Espírito da lei*, universal e aplicável a todos os homens, limitando o Estado e estabelecendo regras, salvando os homens na afirmação de seus direitos e deveres. E Rousseau prescreveu *O contrato social*, a única forma de se evitar a barbárie. O homem nasce bom, a sociedade o corrompe. O contrato social e as leis constituem a base da coexistência em sistemas sociais. *Laisser passer, laisser faire*!

Dois países diferentes e dois pensamentos distintos em busca do mesmo propósito: a liberdade e a prosperidade dos indivíduos e cidadãos, países e sociedades. A Inglaterra se desenvolveu continuamente por meio da democracia parlamentar. A França derrubou a monarquia após a Bastilha, sob o lema *Liberté, Égalité, Fraternité.*

Nas ciências sociais, Comte introduziu o conceito de que a história e a sociedade não passam de uma ciência positiva como as ciências naturais, a física social, baseada no pressuposto de que a ciência é o único conhecimento verdadeiro para o desenvolvimento dos homens e das sociedades.

Durkheim é o autor mais significativo do paradigma francês das ciências sociais, introduzindo o conceito de função social em sua obra-prima *A divisão social do trabalho*, na analogia entre o corpo humano e as funções sociais, as sociedades evoluindo de funções menos orgânicas para funções mais orgânicas, do comportamento comunitário para o comportamento social, de valores mais religiosos a valores mais seculares.

Indivíduos e sociedades, determinação e livre-arbítrio, estas são as questões.

A tradição alemã de pensamento

Na Alemanha do século XIX, a ciência tornou-se central na cultura alemã, junto com a filosofia, a música e as artes, na busca de uma identidade nacional e do *espírito alemão*.

Na Itália do século XVI, a ciência experimental surgiu como uma atividade nas academias autônomas, fora das universidades, com o patrocínio da burguesia emergente, interessada na ciência como instrumento político de quebra dos dogmas da Igreja Católica e do poder da aristocracia.

No norte da Europa, no século XVI, a Reforma Protestante quebrou a magia da confissão, dando ao homem um papel social a ser exercido na vida. Para merecer Deus e os céus, o homem devia, agora, ter uma vida devota, contínua e fiel, para melhorar a si mesmo e ao mundo, para professar a verdade, em um substituto racional para os rituais católicos. O homem tem que ter um projeto de vida, a profissão do professar, e encontrar a sua vocação. A Reforma Protestante possibilitou a diferenciação entre os objetivos individualistas das pessoas e a verdade universalista, sem oposição, mas concatenadas entre si, abrindo o caminho para a ciência como atividade social.

Na Inglaterra do século XVII, o movimento científico baseado nas ideias baconianas de progresso levou à fundação da Royal Academy em 1660, sob o patrocínio do Estado, sendo a ciência posteriormente incorporada às universidades juntamente com os cursos profissionais.

Na França do século XVIII, a ciência surgiu da demanda utilitária do Estado por soluções tecnológicas, sendo criada a Académie de Paris para resolver problemas práticos que o governo pudesse apresentar. Após a Revolução Francesa de 1789 a 1799, no século XIX, a ciência contou com o apoio das elites na esperança de se criar uma sociedade de ordem e progresso, nos termos do positivismo de Comte.

Nos séculos XVIII e XIX, França e Inglaterra formavam os dois polos políticos e econômicos do mundo, opostos que eram na disputa pela hegemonia. O Império Alemão, datado de 1871, ocorreu posteriormente à unificação da Inglaterra no século XI e à formação da França no século XII.

Desde os tempos de Roma, os alemães foram atingidos pelas consequências das guerras na Europa e de conflitos entre si. Por muitas vezes, as terras germânicas foram devastadas por guerras e doenças, na Europa tão bem descrita por Jared Diamond em *Guns, Germs and Steel*, na combinação que propiciou à Europa o seu crescimento e sua radicalização. No início do século XIX, as guerras napoleônicas afetaram significativamente a Germânia. Durante o século XIX, a Alemanha se transforma, nas palavras de Ferdinand Tönnies, da *Gemeinschaft* para a *Gesellschaft*, da *comunidade* para a *sociedade*, na procura de um lugar ao sol, de poder e da prosperidade.

Em 1810, a Universidade de Berlim foi fundada para proporcionar a busca do conhecimento como atividade autônoma, nos conceitos do *verstehen*, o *entendimento de si e dos outros*, e do *Wissenschat*, o ativo de conhecimento que propicia o *conhecimento do indivíduo e do mundo*. A ciência se desenvolve como atividade autônoma, a *ciência pura*, não ligada diretamente às demandas tecnológicas imediatas, mas ao desenvolvimento do pensamento, expressão máxima do entendimento e da cultura. Os alemães desenvolveram uma forte escola, com profundidade, nas ciências físicas, filosofia, pensamento social, música e artes, a base da cultura para o desenvolvimento das pessoas. A busca do que viria a se constituir na identidade nacional e do *espírito alemão*.

Os paradigmas de pensamento inglês, francês e alemão são todos eles ligados a perspectivas nacionais do pensamento e do ser, semelhantes, mas diferentes, todos à procura do homem e da ciência, em diferentes *Centers of Learning*, tão bem descrito por Joseph Ben David.

Max Weber é o expoente do pensamento alemão nas ciências sociais.

Em *A ética protestante e o espírito do capitalismo*, Weber discorre magnificamente sobre de como os ritos e as crenças católicas foram substituídos por ações e profissões *racionais*, na busca da ciência como substituta da religião. Assim, a ciência torna-se uma *nova religião*, no sentido de que a alma imaterial e mística dá lugar à razão e às explicações. Na mente, na ciência e na história, a plena expectativa de que o conhecimento possa resolver os problemas humanos, levando à felicidade e à prosperidade.

Em *Economia e sociedade*, Weber lança mão do conceito de ação social, seu conceito central, do significado e da percepção do outro e de si mesmo, baseado no *verstehen*, no entendimento das intenções e de seus resultados no processo da interação social. É preciso entrar na mente do outro para entender o significado da ação social. Portanto, forma-se uma rede de interação social. A primeira concepção sobre redes. É extremamente interessante, e notável, que Weber tenha feito o uso da palavra "sociedade", um substantivo, apenas na capa de sua obra *Economia e sociedade*, em título único, e não dentro do livro, sempre focado no conceito de ação social.

Na ação social, existem três tipos de liderança: a liderança tradicional, baseada em valores já formados e na obediência; a liderança burocrática, baseada em métodos racionais de organização e eficiência; e a liderança carismática, baseada na inovação para a transformação, para o bem ou para o mal.

Em *Methodology of Social Science*, de 1912, Weber é mestre em estabelecer as bases da epistemologia nas ciências sociais. Ele utilizou o conceito de *tipo ideal* de Kant e afirmou que as variáveis nas ciências sociais são categorias analíticas que representam alguns aspectos da realidade, expressos por conceitos abstratos. Dentro dos conceitos sociais, existem valores que lhes são internos. Esses valores, entretanto, não invalidam a análise científica. A lógica é o elo entre os conceitos, com resultados a serem verificados dentro dos cânones da ciência experimental, em concepção ampla. Como os valores fazem parte de constructos, como o conceito de *família* ao longo da história e das diferentes culturas, as ciências sociais podem se renovar ao longo do tempo, no *Dom da eterna juventude*, como citado nas palavras de Simon Schwartzman.

Na tradição alemã, Sigmund Freud interpretou os sonhos e criou a psicanálise, na relação invertida do querer e da culpa, em uma relação tripartida entre o Id, o Ego e o Superego. Os sonhos passaram a ser interpretados e explicados cientificamente, dentro da ciência da mente e do comportamento humano. Nas culturas antigas, os sonhos eram considerados como a profecia ou previsão do amanhã, um lugar na mente onde você se encontra com os deuses e com seus ancestrais. Os xamãs eram os intérpretes dos sonhos, fazendo a ligação entre o sagrado e o secular, dando origem às religiões.

Georg Simmel, contemporâneo de Freud, criou a psicologia social, em bases diferentes da psicanálise de Freud. Em seu magistral livro *Philosophie des Geldes*, traduzido para o inglês como *The Philosophy of Money*, Simmel desenvolve a teoria do *compliance*, de difícil tradução para a língua portuguesa. Trata-se da cumplicidade e conformidade entre o líder e o liderado, em uma relação simbiótica na ação social. Simmel diz que para toda relação de subordinação há sempre uma relação recíproca de superordenação entre o líder e o liderado, pois que os liderados procuram por um líder para se eximir da responsabilidade da ação social. Se a massa não tiver um líder, ela unge um líder como sua liderança, mesmo que o líder careça de maiores qualidades. Ele diz que às vezes "o mestre torna-se o escravo de seus próprios escravos".

Teorias importantes para se entender o curso das sociedades e da ação social.

◎ ◎ ◎

O individualismo como propulsor da sociedade no utilitarismo inglês, o coletivismo como sistema social no funcionalismo francês e o interacionismo na concepção alemã da ação social. Essas são as teorias que norteiam nossas percepções e decisões até hoje, delimitando a ação humana ao longo de nossa história recente.

02

A Idade Média

"E disse Deus: Haja luz; e houve luz."

(Gênesis)

"E vi os mortos, muitos e poucos,
em pé diante do trono,
e os livros foram abertos.
Os mortos foram julgados de acordo
com o que haviam feito,
conforme registrado nos livros."

(Apocalipse)

A Idade Média tem por suas origens a decadência de Roma e do Mundo Antigo.

O que é democracia? Democracia é a participação do povo em suas próprias decisões dentro de certo acordo, ou regras. A democracia, quando instituída, não é essencialmente estável. A democracia depende da renovação contínua do acordo entre as partes e do seu cumprimento no dia a dia, senão ela pode se dissolver.

As civilizações grega e romana foram expoentes do Mundo Antigo.

O ideal da democracia, tanto na teoria quanto na prática, nasceu na Grécia Antiga.

Grécia Antiga

A Grécia marcou o início da História do Ocidente e lançou as bases do pensamento ocidental. Uma sociedade rica em profundidade e na alma, que nos deu Homero, Heródoto, Sócrates, Aristóteles, Platão, Arquimedes, Pitágoras, Tales de Mileto. O verdadeiro universo da arte, da arquitetura e das ciências. A terra das primeiras Olimpíadas.

Arnold Toynbee diz que as civilizações apresentam diferentes ciclos, desde a gênese até a sua desintegração. As civilizações dependem do tempo, do lugar, das percepções, das oportunidades e das decisões que são tomadas, sempre lideradas por uma minoria criativa.

A democracia foi implementada pela primeira vez em Atenas no final do século V a.C., após a derrubada da tirania. Em 508 a.C., Clístenes deu início à reforma política, sob pressão popular, aumentando a participação das classes médias em relação ao poder da nobreza. De 462 a.C. a 458 a.C., Péricles instituiu a democracia em Atenas com a participação direta do voto dos cidadãos para eleger seus representantes. Aristóteles denominou a democracia como o "governo de muitos".

Na Grécia, a força do livre-arbítrio resultou em notável criatividade intelectual e capacidade militar, com o uso do ferro, falanges e sangue. Atenas, Esparta e as cidades-Estados da Grécia repeliram com sucesso os persas durante as guerras greco-persas de 498 a.C. a 448 a.C., apesar da inferioridade numérica. A Batalha das Termofilias em 480 a.C., com Leônidas e seus trezentos de Esparta, auxiliados por contingentes de outras cidades-Estados, é um exemplo clássico de tenacidade, sendo a Grécia finalmente libertada dos persas.

A cultura grega expandiu-se, então, pela região do Mediterrâneo, da Itália à Síria, sendo seus princípios incorporados no nascimento e na sequência de Roma. O livre-arbítrio dos gregos prevaleceu em uma democracia que durou cerca de duzentos anos.

Antigas Cidades - População		
Cidades	**500 a.C.**	**300 a.C.**
Atenas	20.000	500.000
Babilônia	150.000	200.000
Persépolis	44.000	

Atenas era uma cidade de 500 mil habitantes em 300 a.C., notável feito para uma cidade à época. De 500 a.C. a 300 a.C., Atenas aumentou sua população de cerca de 20 mil para 500 mil habitantes, e a Babilônia, de cerca de

150 mil para 200 mil. Na antiguidade, por serem as economias baseadas na agricultura e em sua expansão territorial, podemos considerar a população como um indicador do PIB.

Persépolis foi destruída em 328 a.C. por Alexandre, o Grande, da Macedônia, cujo tutor foi Aristóteles. Ele expandiu seu império da Grécia ao norte da África, até à fronteira da Índia, espalhando o helenismo no mundo antigo, com guerras e cultura, morrendo aos 33 anos em 323 a.C.

A democracia, após altos e baixos, finalmente sucumbiu aos macedônios no final de 300 a.C.

O Império Romano

Roma foi fundada em 753 a.C. sob a lenda de Rômulo e Remo, filhos gêmeos de Marte, o Deus da Guerra, alimentados por uma loba na infância. Segundo a lenda, Rômulo mata Remo, tornando-se o primeiro rei.

Nos primeiros 250 anos, Roma foi governada por reis etruscos, com o crescente conflito entre romanos e etruscos.

Na segunda metade do século VI a.C., Sérvio Túlio realizou o primeiro censo populacional de Roma, o primeiro censo do mundo. O censo ajudou a contar a população e classificar os grupos sociais, estabelecer impostos, implementar deveres e direitos. Um grande avanço para a maior modernidade do mundo antigo. Os romanos estabeleceram um projeto de como Roma deveria ser governada, por regras escritas, que formaram a base da Lei Romana, semente das democracias. Adicionalmente, a tributação contribuiu para a formação das legiões, exércitos profissionais para a defesa de Roma. Roma tornou-se, então, institucionalizada e organizada como nunca antes visto na história do mundo, sob a égide da democracia e do direito.

Em 510 a.C., o estupro de Lucrécia Borges, nobre romana, por Lúcio Tarquínio, filho do rei etrusco, levou aos conflitos que, por fim, libertaram os romanos do domínio etrusco. O Senado foi então instituído pelo voto direto dos cidadãos, com a eleição do Conselho a cada dois anos, para a sequência do equilíbrio e repartição do poder. A República foi então fundada, a *Res-Pública*, assim entendida como a *Gestão e administração dos assuntos públicos.*

As legiões tornaram-se o braço militar de Roma, na conquista de províncias e incorporação de aliados, dando-lhes proteção sob o pagamento de taxas e impostos, a *Pax romana*, ou a *Paz romana.*

A democracia em Roma perdurou por 450 anos.

Roma trouxe a organização social, a engenharia, armamentos, estradas pavimentadas, abastecimento de água, logística de alimentos, o cimento, grandes construções. O Coliseu, construído de 81 d.C. a 96 d.C., tinha capacidade para 50 mil espectadores.

Roma alcançou domínio territorial jamais antes imaginado, da Europa Ocidental ao norte da África e à Ásia, abrangendo 50 milhões de pessoas e meio milhão de soldados em suas legiões. As guerras púnicas contra Cartago de 264 a.C. e 146 a.C., na disputa da hegemonia do Mediterrâneo, resultaram na extinção de Cartago, salgada para nada voltar a ser.

Antigas Cidades - População		
Cidades	**200 a.C.**	**100 d.C.**
Roma	160.000	1.000.000
Cartago	200.000	150.000
Atenas	10.000	90.000

No início do século I d.C., Roma atingiu 1 milhão de habitantes, a cidade mais importante do mundo antigo, a *Cidade Eterna*.

Em 73 a.C., Roma foi abalada por Spartacus e seu exército de escravos, que acreditavam nos princípios da lei e da justiça romanas, sendo crucificados, na Via Ápia, até as portas de Roma.

Sob a ruptura do tecido político e social e da guerra civil, em 45 a.C. Júlio César derrotou Pompeu na Batalha de Farsalos e tornou-se o primeiro ditador de Roma, aquele que *dita* as regras e conduz os destinos da nação. O comandante-chefe do exército e o comandante-chefe do Estado passam a ser a mesma pessoa.

Nos séculos seguintes, o Império Romano foi palco de guerras civis, com exércitos romanos lutando entre si, com sucessivos imperadores. Em 395 d.C., Roma se dividiu em dois impérios, o Ocidental e o Oriental, tendo como capitais Roma e Constantinopla. Em 476 d.C., Roma cai diante dos bárbaros visigodos, encerrando uma era de poder e glória.

As causas da decadência romana são bem conhecidas. São duas as causas principais para a queda do Império. Primeira, o longo período de guerras civis desestabilizando o Império e as finanças, com custos superiores às receitas, levando o Império ao caos e à ruína. Segunda, o crescimento e institucionalização do Cristianismo, quebrando o *ethos* de Roma, com a unção de um Deus único, com valores humanitários, em contraposição aos deuses romanos, como Marte, o Deus da Guerra. Como diz Edwards Gibbons em *A queda do Império Romano*, em vez de se indagar por que o Império Romano foi destruído, deveríamos, sim, nos surpreender por ele ter subsistido por tanto tempo.

Cristianismo

A ascensão do Cristianismo inicia-se nos anos 30 d.C. na Galileia, com Jesus Cristo e os apóstolos difundindo a nova religião baseada em um Deus único, com valores humanitários universais, sendo Cristo crucificado pelos romanos em 33 d.C. como Filho de Deus, mártir ao longo dos séculos.

A maioria dos cristãos deixou a Galileia por causa de perseguição política. A maioria foi para Roma, alguns na direção da Ásia Menor, outros na direção do Egito. Essa é a semente inicial dos católicos, dos ortodoxos e dos coptas, todos eles institucionalizados ao longo dos séculos.

Em Roma, os cristãos sofreram fortes perseguições por parte dos romanos. Em 64 d.C., Nero incendeia Roma, atribuindo o incêndio aos cristãos. Neste mesmo ano, Pedro, apóstolo de Cristo e o primeiro líder dos cristãos, é crucificado de cabeça para baixo. Os romanos perseguem os cristãos. Na década de 80 d.C., cristãos, leões e gladiadores compartilham o palco do Coliseu, para a vingança e entretenimento dos romanos. As reuniões religiosas ocorrem em casas, e nas catacumbas, até o início do ano de 300 d.C.

Em 306 d.C., Constantino torna-se imperador de Roma, reconhecendo o Cristianismo como religião. Em 380 d.C., Constantino converte-se ao Cristianismo, como o primeiro imperador católico. Teodósio institui o Cristianismo como única religião de Roma, adotando o nome de cristãos católicos para aqueles que seguem o Cristianismo.

Em 324 d.C., a Basílica de São Giovani, em Laterano, é reformada e instituída como a primeira Igreja Cristã de Roma. Em 325 d.C., ocorre o Primeiro Concílio de Niceia na Ásia Menor para a institucionalização da Igreja Cristã. Em 608 d.C., o panteão romano é reformado e transformado em uma igreja cristã. A Basílica de São Pedro, do Vaticano, é construída entre 1506 e 1626.

Idade Média

Com a queda de Roma para os bárbaros, o ano de 476 d.C. é considerado como o início da Idade Média.

A Idade Média simboliza o fim das conquistas do espírito humano e das artes, características do mundo antigo, com escuridão e dogmas, o colapso da cultura e dos valores romanos e a ascensão do Cristianismo, que surge da força das catacumbas.

No início da Idade Média, a *Idade das Trevas*, os cristãos formavam o único movimento organizado na Europa, em espírito e fé, além dos bárbaros.

A Igreja ergue-se forte.

A Europa mergulha no caos e na desgraça, e os cristãos oferecem um novo Deus à população, universal e humanitário, a promessa de uma vida melhor após a morte, com oração, devoção e obediência. A ideologia do conforto para as almas em desespero é a salvação pela obediência e absolvição, sob o julgo da Igreja Católica.

Após a queda de Roma, os antigos territórios romanos foram substituídos por novos reinos, sem capacidade, entretanto, de proteger a população dos perigos no campo e nas estradas. O comércio entrou em colapso. As condições sanitárias deterioraram. A vida social tornou-se quase inexistente. Os novos reinos e seus vassalos foram atormentados por bandidos, bárbaros e invasões.

A educação também piorou. Os Evangelhos foram traduzidos para o latim, que se transformou na língua oficial da Igreja. Os livros eram manuseados por monges clericais. O foco econômico passou a ser a agricultura local para a sobrevivência. O conhecimento passou a ser o estamento restrito ao grupo de controle da Igreja Católica, então institucionalizada e perene.

Na Idade Média, a população das cidades era consideravelmente pequena, em comparação com as antigas cidades gregas e romanas, de 10 mil a 12 mil habitantes em Londres, e de 10 mil a 30 mil em Paris, no ano 800.

Idade Média	
Cidades - População	
Cidades	Ano 800
Paris	10.000 a 30.000
Londres	10.000 a 12.000

O Cristianismo difundiu-se pela Europa, na Itália e na França, depois na Inglaterra e em outros reinos e Estados. Em 509, Clovis, que havia se convertido ao Catolicismo em 496, tornou-se o rei dos francos, dentro de uma forte aliança com a Igreja, semeando o que se tornaria o Estado da França. Em 597, Agostinho de Canterbury foi enviado pelo papa Gregório para converter os anglo-saxões ao Catolicismo, cristianizando a Grã-Bretanha no estabelecimento da aliança com a Igreja. Em 768, Carlos Magno, o rei dos francos, foi convertido ao Cristianismo, sendo proclamado o imperador dos romanos no ano de 800. Em 843, o Tratado de Verdun separou o Império Franco em três reinos, semeando a origem da França e da Alemanha.

O Cristianismo se espalhou por toda a Europa.

Os reinos, no entanto, foram continuamente ameaçados por bandidos e bárbaros. A partir do século IX, a Europa Ocidental tornou-se o lar do feudalismo medieval. Os reis concediam feudos aos senhores feudais, sob a devoção da lealdade, taxas e serviços; e os senhores feudais davam proteção aos servos, que compartilhavam seus bens com os senhores feudais. Estima-se que existam hoje cerca de 10 mil castelos medievais na Europa, remanescentes da Europa Feudal.

A Igreja tornou-se cada vez mais forte em fé, poder e propriedades.

Em 1074, o papa Gregório instituiu o celibato clerical, para evitar que a herança de propriedades da Igreja ocorresse em famílias clericais.

Em 1095, o papa Urbano II convocou a Primeira Cruzada, não somente para levar o *Espírito Santo* a Jerusalém, mas principalmente para abrir uma rota de comércio para o Oriente. As cruzadas sucederam-se de 1095 a 1291.

O contínuo aumento de gastos militares e a fome progressiva levaram a revoltas sociais, quando, então, a Inquisição foi instituída entre 1184 e 1230, matando de 30 mil a 300 mil pessoas, segundo estimativas. Os dissidentes políticos eram considerados hereges e interrogados pelas autoridades da Igreja, que os condenavam à morte. Mulheres que destoavam do comportamento da obediência ou submissão eram consideradas como bruxas demoníacas e lançadas às fogueiras.

Joana d'Arc foi um dos exemplos mais emblemáticos de perseguição na Idade Média. Com sua sensibilidade, previu alguns movimentos estratégicos dos ingleses ajudando os franceses a vencer importantes batalhas. Capturada, foi queimada viva em uma fogueira.

Joana d'Arc é um exemplo de crime hediondo contra a humanidade, o crime contra a sensibilidade. O mesmo para Sócrates, que morreu por dizer a verdade na terra da liberdade e do conhecimento. O mesmo para Spartacus, que morreu por acreditar em direitos iguais para escravos no âmbito da Lei Romana. O mesmo para Jesus Cristo, que foi crucificado pelo seu amor à humanidade.

Em 1492, Colombo chega às Américas, encerrando a Idade Média.

03

A peste negra

A peste negra foi possivelmente a pior pandemia que vivenciamos no mundo durante a nossa civilização. Ela foi provavelmente o fator mais importante para o homem sair da Idade Média, buscando novos rumos e soluções.

Em verdade, três foram os fatores principais da quebra da ordem feudal medieval. Em primeiro lugar, a grande fome de 1315–1317, devido a quebras de colheita e mortes de gado, reduzindo o rebanho em 80% e matando um décimo da população europeia por fome e doenças. Em segundo lugar, a peste negra, de 1347–1351, de natureza bacteriana, matando um terço da população mundial. Em terceiro lugar, a longa Guerra dos Cem Anos de, 1337–1453, entre a Inglaterra e a França, esgotando os recursos econômicos remanescentes da população europeia.

A peste negra foi uma praga sem precedentes. Foi transmitida por pulgas em ratos nos navios dos mercadores genoveses, que se espalhou por todo o Mediterrâneo. O comércio internacional traz prosperidade, mas também problemas.

O problema das pragas é que elas prejudicam a saúde e a economia. Estima-se que cerca de 30% a 60% da população europeia morreu durante a peste negra, reduzindo a população mundial total de 475 milhões para cerca de 350 a 375 milhões de pessoas àquela época.

A *morte* foi considerada pela Igreja como um castigo de Deus aos sinais dos homens, a vingança contra os *hereges*, a *cólera* de Deus. Procissões penitenciais ocorriam então, em movimentos autoflagelantes, com orações e fumaça de incenso, todo tipo de desespero e rituais sobrenaturais.

No fim da Idade Média, a Europa estava perdida.

O Renascimento veio então.

04

O Renascimento

O Renascimento é a retomada do espírito humano nas ciências, nas artes, na estética e na música. A prosperidade ressurge novamente. Que grandeza ver o mundo saindo da obscuridade da Idade Média rumo à graça do espírito livre!

Existiram dois movimentos concomitantes no Renascimento: o movimento em direção à expansão por meio do comércio e da prosperidade, e o movimento em direção à formação do novo espírito e da mente do homem, em uma relação recíproca.

Na Idade Média, os camponeses costumavam ir aos *burgos*, cidades feudais, para comercializar seus produtos uns com os outros, na velha tendência de escambo e troca de uma coisa por outra, como em Adam Smith. Então, surge uma classe comercial, a dos *burgueses*, os *homens dos burgos*.

A burguesia tornou-se uma classe social em crescimento, agindo politicamente de acordo com seus interesses.

Itália

Florença foi o centro do Renascimento na Itália e na Europa.

No início do Renascimento, a reação da burguesia italiana contra a Igreja e a nobreza foi mais forte do que em outros reinos europeus, estando os outros reinos localizados com maior distância do poder e da ingerência da Igreja do que as cidades italianas.

A família Médici foi a principal patrocinadora do Renascimento em Florença e na Itália. Fizeram fortuna e enriqueceram com o comércio e bancos. A Casa dos Médici foi o banco mais importante da Europa na primeira metade do século XV. Como Micenas nas ciências e nas artes, a Casa dos Médici patrocinou Da Vinci (1452–1519) e Michelangelo (1475–1564) nas artes, Maquiavel (1469–1527) no pensamento social e Galileu (1564–1642) nas ciências físicas, interessados que estavam no colapso do poder da Igreja e da nobreza, a *minoria criativa* de Toynbee. A ciência e a arte tornaram-se as ferramentas da mente e da ação humana, em oposição ao dogma de Deus e da Terra como o centro do Universo.

A reação dos reis ao poder absoluto da Igreja já se manifestava embrionariamente na Europa em meados da Idade Média, com a fundação das universidades de Bolonha, em 1088; Oxford, em 1096; Salamanca, em 1134; Paris, em 1150; Cambridge, em 1209; Pádua, em 1222; Coimbra, em 1290; Heidelberg, em 1386; Upsala, em 1477; Copenhagen, em 1497; e outros tantos centros de estudo. As universidades, entretanto, surgiram inicialmente como centros de estudos teológicos e de aprendizagem profissional em medicina e direito, com as ciências e a filosofia como cadeiras auxiliares, dominadas pelo raciocínio escolástico. A verdade prescindia da verificação experimental. Assim, os dogmas na ciência podiam ser afirmados.

Na Itália, a ciência e as artes se desenvolveram em academias patrocinadas fora das universidades, com a anteposição da burguesia aos dogmas da Igreja. O erudito, com inclinação científica, juntamente com os artistas, práticos e experimentais, moldaram o papel rudimentar do cientista moderno. Tinham em comum o interesse pela matemática e pela perspectiva. Tratava-se, entretanto, de um interesse político circunstancial, que desapareceu após a institucionalização da burguesia italiana no poder.

Galileu foi a contribuição e o símbolo mais singular da transição da Idade Média para o mundo moderno.

Galileu inventou o telescópio, mostrando a presença de uma lua ao redor da órbita de Júpiter, o que era incompatível com a teoria aristotélica de bolas de vidro fixas sustentando planetas no universo. A lua de Júpiter exigiria uma bola de vidro ocupando o mesmo espaço ao mesmo tempo que a esfera de Júpiter. Galileu demonstra, então, que a única solução para o paradoxo seria a Teoria Heliocêntrica do Universo, lançando as bases da ciência experimental.

Em 1632, Galileu publicou suas descobertas sobre o heliocentrismo.

O heliocentrismo tornou-se a nova teoria do universo.

Norte da Europa

No norte da Europa, a ciência teve diferentes raízes sociais. A Reforma Protestante no Norte da Europa possibilitou à ciência ocupar uma posição central no conceito emergente do homem e do progresso.

O protestantismo erradicou os rituais sagrados católicos. Abolindo a absolvição, o protestantismo levou à necessidade de um substituto racional para os rituais então *mágicos* da Igreja Católica. Para servir a Deus, o homem deve ter um comportamento medianamente adequado na vida, para o merecimento da providência divina. Para servir a Deus, o homem deve seguir um projeto de vida. Para servir a Deus, o homem deve trabalhar para a prosperidade de si mesmo e para o aperfeiçoamento dos outros e da sociedade, como magnificamente expresso na obra de Max Weber *A ética protestante e o espírito do capitalismo*.

A prosperidade do homem por meio da ação racional torna-se individual, mas complementar à prosperidade coletiva da sociedade, separando a esfera privada da esfera pública. A ação racional torna-se a base da ação dos homens. O homem deve professar seus objetivos de acordo com a sua vocação, na criação do conceito de profissão. Há lugar para a ação racional individual e para a ciência no âmbito da sociedade e do universo.

Em 440, Gutenberg inventou a máquina de impressão, iniciando o processo de impressão de livros e jornais em Estrasburgo em 450. As ideias, então, voaram por todas as pessoas e pela Europa. A imprensa difundiu ideias e conhecimentos, fazendo o pensar e o falar, quebrando as fronteiras da mente, na ligação entre o conhecimento e as pessoas, entre a técnica e a ciência, entre a ciência e a indústria. O espírito do Renascimento espalhou-se por toda a Europa ao longo dos séculos.

◉ ◉ ◉

O pensamento renascentista se espalhou na Europa junto com a expansão comercial ao Novo Mundo. Fizeram parte do mesmo tempo e da mesma história, o comércio e a cultura.

05

As caravelas e o Novo Mundo

> "As armas e os Barões assinalados
> Que da Ocidental praia Lusitana,
> Por mares nunca dantes navegados
> Passaram ainda além da Taprobana,
> Em perigos e guerras esforçados,
> Mais do que prometia a força humana,
> E entre gente remota edificaram
> Novo reino, que tanto sublimaram."
>
> Luís de Camões

Portugal e Espanha são subestimados na história mundial.

Portugal e Espanha foram os países mais importantes e proeminentes do mundo nos séculos XV e XVI, respectivamente, polos do mundo em descobertas, riqueza e poder. No Renascimento, se a Itália desenvolveu as artes, e a Inglaterra, as ideias racionais da Reforma Protestante, Portugal e Espanha estabeleceram o mapa do que seriam o Velho e o Novo Mundo, do comércio e da expansão além-mar. Portugal e Espanha não tiveram sucesso como nação porque eram bons navegadores, mas foram bons navegadores porque foram as maiores potências mundiais daqueles tempos.

As colônias significavam a expansão do Velho Mundo, no comércio e na cultura. O mundo tornou-se maior em tamanho e em bens.

Portugal e Espanha tornaram-se tão importantes, que em 1492 foi assinado o Tratado de Tordesilhas, dividindo as supostas novas terras existentes do Novo Mundo vindouro, assinado pelos reis de Portugal e Espanha, ratificado politicamente pelo papa Alexandre VI. As terras a oeste de uma linha de polo a polo do planeta a 370 léguas a oeste das ilhas dos Açores seriam espanholas, e as terras a leste, portuguesas. Se Portugal e Espanha não tivessem essa força, o Tratado de Tordesilhas não teria sido ratificado pelo papa, a eminência mais forte àquela época.

Portugal e Espanha foram as primeiras portas da Europa para a cultura árabe e a matemática ao final da Idade Média.

A primeira universidade do mundo foi fundada em Karueein, Marrocos, em 859, na preservação da antiga ciência e da cultura grega e romana remanescentes, seguida da Universidade de Bolonha, duzentos anos depois, em 1088, e outras universidades europeias.

De 711 a 1249, os muçulmanos estiveram em Portugal, e de 711 a 1492, na Espanha, levando conhecimentos matemáticos para esses países. Enquanto Inglaterra e França se enfronhavam nos esforços da Guerra dos Cem Anos, de 1337–1453, Portugal e Espanha investiam e desenvolviam novas técnicas de navegação e expansão de seu poder.

Em 1453, o Império Romano Oriental de Constantinopla caiu para os otomanos. Constantinopla foi, então, renomeada como Istambul, fechando a *Rota da Seda* entre a Europa e o Oriente para o comércio de mercadorias, que havia sido aberta à época das cruzadas e, posteriormente, por Marco Polo e outros. A Europa queria encontrar outro caminho para o Oriente, por mar. Assim fizeram Portugal e Espanha "em mares nunca dantes navegados", no poema de Luís de Camões.

A representatividade de Portugal e Espanha em 1500 pode ser expressa pela população de suas cidades, comparadas a outras cidades europeias. Em 1500, Lisboa contava com 75 mil habitantes; Sevilha, com 60 mil; Paris, com 100 mil; Londres, com 40 mil; Roma, entre 38 mil e 55 mil; Berlim, com 7 mil a 8 mil.

População	
Cidades	**1500**
Lisboa	75.000
Sevilha	60.000
Paris	100.000
Londres	40.000
Roma	38.000 a 55.000
Berlim	7.000 a 8.000

O ensejo por uma nova rota para o Oriente pode ser expresso na população das cidades do mundo em 1500, Pequim, com 672 mil habitantes; Nova Delhi, com 80 mil a 100 mil; Cairo, então com 400 mil habitantes; Istambul, com 200 mil.

Cidades do Oriente e do Norte da África População	
Cidades	1500
Istambul	200.000
Cairo	400.000
Pequim	672.000
Nova Delhi	80.000 a 100.000

Portugal constituiu-se no primeiro império mundial do Novo Mundo, desde o início do século XV até o recente ano de 1999, agregando 53 países diferentes.

Império português

Que grande império foi Portugal!

⊙ ⊙ ⊙

A Espanha concentrou suas colônias mais nas Américas.

Império espanhol

Ocorreram avanços tecnológicos importantes nesses tempos, certamente.

Os portugueses inventaram a caravela, a primeira embarcação de grande porte a entrar contra o vento, proporcionando um padrão de navegação então moderno. Os portugueses inventaram o astrolábio, o primeiro "GPS" do mundo, capaz de navegar em latitudes e longitudes de acordo com a posição das estrelas, ajudando a mapear as terras e o mundo. Os portugueses manejaram outras tecnologias, como transportar e transplantar produtos agrícolas, como a mandioca do Brasil para Angola e outros países africanos, para a alimentação e desenvolvimento dos povos, espalhando e misturando diferentes culturas no mundo.

Portugal esteve nos mares desde o início de 1400. Em 1407, Portugal estabeleceu sua primeira colônia em Angola. Em 1432, nos Açores. Em 1462, em Cabo Verde. Em 1498, o português Vasco da Gama cruzou o Cabo da Boa Esperança no sul da África e chegou à Índia. Em 1505, em Moçambique. Em 1510, em Goa, Índia. Em 1557, em Macau, China. E muitas outras.

Nas Américas, em 1492, o espanhol Colombo chegou às ilhas caribenhas da América Central e da América do Norte. Em 1500, o português Álvares Cabral descobriu o Brasil.

A colonização portuguesa e a espanhola diferiram até certo ponto. É verdade que toda colonização se baseia no comércio e na força, mas a colonização espanhola baseou-se mais na força do que no comércio, e a colonização portuguesa, mais no comércio do que na força. Isso fez significativa diferença no futuro dos países coloniais. A Espanha destruiu os astecas e os incas por causa do ouro; Portugal preservou suas colônias para o comércio e a prosperidade.

Após a supremacia de Portugal no século XV e a da Espanha no século XVI, a supremacia da Holanda ocorreu no século XVII, depois da França, no século XVIII, e da Grã-Bretanha, no século XIX.

A supremacia da Holanda foi baseada na formação de moderno sistema bancário e de comércio, tornando o país o centro do comércio e das finanças no século XVII. Muitas foram as colônias holandesas no início do século XVII: as Índias Orientais Holandesas na Indonésia, em 1603; as Guianas Holandesas, em 1616; parte do norte do Brasil, em 1630; o Cabo Holandês na África do Sul, em 1652, e muitos outros.

A Nova Amsterdam tornou-se a expressão máxima do mercantilismo europeu no século XVII, o ponto de inflexão para o capitalismo crescente no mundo.

Em 1607, foi fundado o Exchange Bank de Amsterdam, lançando as bases do banco moderno, introduzindo a letra de câmbio k, em que uma dívida existente podia ser descontada ou atribuída a um terceiro, gerando o primeiro produto financeiro bancário em larga escala e do capitalismo moderno. De 1611 a 1700, os depósitos no Exchange Bank aumentaram de 1 milhão para 16 milhões de florins.

A França e a Inglaterra vieram depois de Portugal e Espanha, com a Holanda fazendo o elo bancário e financeiro para a industrialização moderna e o capitalismo.

Em comparação com Portugal e Espanha, as colônias francesas foram estabelecidas pela primeira vez em 1534, na América do Norte, a Nova França. Os ingleses chegaram pela primeira vez às Américas em 1587, com o primeiro assentamento bem-sucedido em 1607 na fundação de Jamestown, na Nova Inglaterra. A maioria das colônias britânicas data do século XIX, como Egito, Sudão, Quênia, Nigéria, África do Sul, Zimbábue, Índia e outras.

Por outro lado, a Itália estabeleceu sua primeira colônia na Eritreia em 1890. A primeira colônia alemã na África data também do final do século XIX.

Nas Américas, a colonização da América do Norte pelos ingleses diferiu em muito da colonização da América Latina pelos portugueses e espanhóis. Os portugueses e espanhóis foram para as Américas explorar ouro e produtos, criando administrações burocráticas centralizadas, orientadas pelo Estado, que deixaram até hoje seus traços autocráticos. Os ingleses, seguidos pelos irlandeses, foram para as Américas para criar um novo mundo, uma nova civilização sob o espírito do individualismo da Reforma Protestante, orientada para o mercado, em nome e para o bem do povo.

Na América Latina, o Brasil passou a ter um rumo histórico mais diferenciado em relação aos demais países latino-americanos devido à transferência da Coroa Portuguesa para o Brasil em 1808. Dom João VI foge das forças de Napoleão para o Brasil com o auxílio da frota britânica, trazendo tecnologia e centros de ensino para o país durante o século XIX.

Mas a alma das colônias britânicas nas Américas era para o mercado e a liberdade, o bem-sucedido Novo Mundo, na acepção plena da palavra.

06

A Revolução Industrial

A Revolução Industrial vem para mudar o mundo, transformando métodos e produtos.

No início do século XVIII, a Inglaterra transformou-se no berço da Revolução Industrial.

A Inglaterra deu início à Reforma Protestante. Em 1517, Martinho Lutero publicou as bases para a Reforma com suas *95 teses*, e em 1534, Henrique VIII rompeu com o papa Clemente VII, iniciando uma nova era para o país.

O Renascimento inglês estava imbuído de literatura e arte, com a ideia baconiana de progresso e ciência, com grandes pensadores e escritores, como William Shakespeare.

O protestantismo separou o secular do sagrado, a ciência de Deus, estabelecendo as condições sociais para a ação racional do indivíduo, em coexistência com um plano religioso de vida. Separou-se e uniu-se, então, o utilitarismo e o universalismo, como base do movimento científico inglês, na esperança da obtenção de conhecimento e ciência, como nas palavras de Joseph Ben-David.

Em 1660, a Academia Real de Ciências foi fundada para a busca do conhecimento natural.

O inglês se tornou o homem moderno do mundo de hoje. A iniciativa e a criatividade eram a base da ação racional em busca de conhecimento e solução para a sociedade, conforme descrito em *A ética protestante e o espírito do capitalismo*, de Max Weber.

A invenção da máquina a vapor por Thomas Savery em 1698, para bombear água de minas de carvão e para sistemas de abastecimento de água, com aplicações na geração de energia e aumento da produção, é o ponto de virada para as sociedades modernas.

De 1763 a 1775, James Watt e Mathew Boulton inventaram e desenvolveram a máquina a vapor, aplicável a diferentes tipos de indústrias, com o aumento da eficiência e transformação de mercadorias na sociedade britânica. Foi uma época de invenções, diversidade, transformando a agricultura feudal britânica em uma sociedade urbana e industrial.

A Boulton's Soho Manufactory, criada em 1766 em Birmingham, foi o ponto de ruptura, a primeira indústria do mundo moderno, fazendo uso de máquinas a vapor na fabricação de roupas a partir do algodão, e de outras mercadorias.

Houve uma explosão de invenções industriais, como ferramentas industriais, armas, telescópios, esculturas de metal, carruagens, estradas, canais e ferrovias por todo o país, tudo o que a energia e o ferro pudessem fazer.

Londres tornou-se a cidade mais importante da Europa, com 865 mil habitantes em 1800.

Cidade Europeias População - Tabela 2		
Cidades	1500	1800
Londres	40.000	865.000
Paris	100.000	581.000
Berlim	7.000 a 8.000	172.000

A Marinha se expandiu.

A Inglaterra tornou-se o país mais importante do mundo, do século XIX até o início da Segunda Guerra Mundial.

Esse fabuloso desenvolvimento econômico foi acompanhado pelo desenvolvimento da ciência e do pensamento social.

Nas ciências físicas, em 1662, Boyle descreveu as leis termodinâmicas, de tamanha importância para aplicação nas indústrias. Em 1668, Isaac Newton demonstra suas três Leis da Mecânica nas ciências físicas, um dos achados mais importantes da história da ciência e do conhecimento humano. Em 1781, Urano é descoberto pelo astrônomo Willian Herschel, o primeiro planeta a ser encontrado desde a Grécia Antiga. Em 1831, Faraday introduz o conceito de campo magnético nas ciências físicas. Em 1861, Maxwell chega a suas descobertas sobre a luz, eletricidade e campos magnéticos, na síntese das leis do eletromagnetismo.

Na biologia, em 1859, Darwin publicou *A origem das espécies*, traçando as linhas da evolução humana.

Nas ciências sociais, em 1651, Hobbes publicou *Leviatã*, descrevendo a natureza humana belicosa e a necessidade de um contrato social. Em 1689, Locke publicou *Dois tratados sobre o governo*, com sua teoria da sociedade civil para a liberdade e propriedade, do Estado consuetudinário. Em 1776, Adam Smith publicou *A riqueza das nações*, um dos livros mais marcantes da história, sintetizando a essência da economia de mercado.

Grandes conquistas para a Inglaterra e para a humanidade.

07

Um século de ideias e movimentos sociais

No século XIX, os países seguiram diferentes caminhos diante da crescente competição internacional e das ideologias disponíveis.

O século XIX é o mais importante da história recente, o século das ideias e dos paradigmas que até hoje nos norteiam. Que modelo de sociedade seguir? Pouco mais de um século separam a Revolução Francesa, em 1789, da Primeira Guerra Mundial em 1918, em diferentes paradigmas.

O século XIX é marcado por ideias e movimentos sociais na Europa e no mundo. Os países mais importantes a serem considerados são a Inglaterra, a França, a Alemanha, os Estados Unidos, a Rússia, a China e o Japão, como os futuros *players* das sociedades emergentes.

Inglaterra

A Inglaterra passou por forte mudança política e social, gradual, do século XVI ao século XIX, a mais significativa do mundo, do feudalismo à democracia parlamentar, de uma elite rural e de camponeses para uma moderna classe empresarial e de trabalhadores industriais, o que Marx chamou de a *burguesia* e o *proletariado*. Marx acreditava haver uma oposição inconciliável entre empresários e trabalhadores, com base no que ele chamou de *contradição* entre o modo de produção socializado da sociedade moderna e o modo individualizado de apropriação da riqueza, levando à *revolução social*, na qual os trabalhadores tomariam o poder e socializariam os meios de produção, na equiparação da produção coletiva com a repartição socializada da riqueza. Na Inglaterra, entretanto, como em outros países, as reformas foram gradualmente implementadas, conforme acordos sociais na produção da riqueza e na divisão dos benefícios entre empresários e a classe trabalhadora, em soluções consensuais.

A Inglaterra constituiu-se no centro da Reforma Protestante, separando o secular do sagrado, a fé da ciência, o público do privado. Em 1689, a Revolução Gloriosa levou ao estabelecimento da Monarquia Constitucional Parlamentar, limitando o poder dos monarcas por lei. A primeira eleição geral ocorreu em 1695. A economia e a política floresceram. Em verdade, a violência sempre esteve presente no gradualismo na Inglaterra, como afirma Barrington Moore em *The Origins of Dictatorship and Democracy*. Os séculos XVII e XVIII experimentaram significativa violência social, o século XIX com o parlamento mais estável e com reformas sociais. As reformas foram introduzidas sequencialmente. Em 1832, a *Factory Act* proibiu o trabalho de crianças em minas e no sistema industrial. Em 1844, a *Second Factory Act* regulamentou o trabalho das mulheres. Em 1848, a *Public Health Act* introduziu a reforma sanitária, com medidas médicas e de saneamento geral.

Em 1846, o sistema bipartidário com conservadores e liberais foi estabelecido. Os trabalhadores foram incorporados à nova política parlamentar como um grupo de interesses dentro do Partido Liberal.

Marx e Engels não tiveram muita influência no movimento operário inglês. Na verdade, a política e a participação inglesa foram mais baseadas nas teorias liberais de Adam Smith, as melhores até então conhecidas, com a crença de que a liberdade e o mercado eram o *leit motiv* da produção e da prosperidade para todos.

A Associação dos Trabalhadores Ingleses, mais tarde denominada de a *Primeira Internacional*, foi fundada em 1864 como uma organização de sindicatos para a participação e melhoria das condições sociais e salariais dos trabalhadores, e não como um partido político de horizonte revolucionário. Com a Lei da Reforma Parlamentar de 1867, que instituiu a participação mais ampla dos trabalhadores no Parlamento, o sistema político inglês experimentou um elevado grau de hegemonia política, com o maior consenso entre empresários e trabalhadores.

No plano econômico, de 1848 a 1925, o balanço de pagamentos da Inglaterra tornou-se positivo no comércio internacional. De 1860 a 1913, a taxa de crescimento anual da renda foi de 2,4%. De 1906 a 1910, a taxa anual inglesa de formação de capital foi de 5,1%. De 1893 a 1926, o crescimento da economia inglesa resultou em aumento de 20% nos salários reais.

A Inglaterra é um país formado dentro das ideias baconianas de progresso e da ética protestante, no espírito econômico de Adam Smith, na força e na negociação entre o capital e o trabalho, no pragmatismo dos resultados.

França

Na França, a Revolução Francesa de 1789, sob o lema *Liberté, Égalité, Fraternité*, proporcionou o episódio da mais violenta e sangrenta derrubada de uma Coroa já vista na Europa Ocidental.

O Reino da França foi instituído em 1190 por Felipe II. Durante séculos, a França foi uma monarquia centralizada. Luís XIV, que reinou de 1643 a 1715, expressa o pensamento personalizado e centralizado da época em sua afirmação "*L'état, c'est moi*", "*O Estado sou eu!*", prenúncio da futura queda da Casa de Bourbon.

Sob Luís XV, que reinou de 1715 a 1774, e Luís XVI, que reinou de 1715 até a Revolução Francesa, a França foi governada em luxo, guerras e pesados impostos à população pelo Palácio de Versalhes. De 1778 a 1783, a França participou com homens e armas na Revolução Americana para a sua independência da Inglaterra, adicionando significativas despesas financeiras à já fraca economia francesa, que caminhava para a falência.

Robespierre foi o líder mais expressivo da Revolução Francesa.

A Revolução Francesa foi baseada nos ideais de liberdade e justiça, expressos nas obras de Montesquieu *O espírito das leis* e de Rousseau *O contrato social*. Robespierre era advogado, inserido por ideias iluministas. Em 1789, a reivindicação de liberdade e representatividade levou à instituição da nova Assembleia Nacional, seguida da *Tomada da Bastilha* e da *Declaração dos Direitos do Homem*, com a declaração universal de que "todos os homens são iguais perante a lei". No final de 1789, o Palácio de Versalhes foi invadido pela população, e Luís XVI e Maria Antonieta, levados e aprisionados em Paris. Em 1792, a república é declarada, diante da Guerra Franco-Austríaca, na qual a Áustria objetivou o possível restabelecimento da monarquia na França. Em 1793, Luís XVI e Maria Antonieta foram decapitados na guilhotina na Praça da Concordia. As primeiras eleições parlamentares na França ocorreram em 1796,

A República Francesa nasceu sob os ideais de liberdade e do derramamento de sangue, com turbulências e convulsões. Na sequência, tomou mais de setenta anos para que a França pudesse obter estabilidade política e social. Durante a Revolução Francesa, o *reinado do terror* de Robespierre decapitou mais de 17 mil franceses na guilhotina, em execução sumária. Sob convulsões, guerra civil e desespero, o exército ganhou preponderância após a vitória sobre os austríacos, resultando em *golpe de estado* em 1799 sob a liderança de Napoleão Bonaparte, declarado imperador em 1804, com o fim da Primeira República.

Napoleão trouxe guerra para a Europa sob o argumento dos novos ideais, tão saudados na *Terceira sinfonia* (*a Heroica*) e na *Quinta sinfonia* de Beethoven, e tão lamentados em sua *Sétima sinfonia*.

Após a invasão de Napoleão e retirada das tropas francesas da Rússia em 1812, eternizada na obra orquestral de Tchaikovsky, *1812*, e na obra-prima de Tolstói, *Guerra e paz*, Napoleão foi derrotado em 1816 em Waterloo, sendo exilado em Santa Helena. A Casa de Bourbon foi, então, restaurada, e Luís XVIII tornou-se rei da França até sua morte, em 1824, sucedido por Luís Filipe d'Orléans até 1848.

Dentro de uma história de conflito de classes e de agitação política, as ideias de Marx prosperaram na segunda metade do século XIX na França.

A primeira eleição presidencial na França ocorreu em 1848, sendo eleito Luís Napoleão Bonaparte, sobrinho de Napoleão, com 74,3% dos votos, permanecendo como presidente da Segunda República até 1852. Na quebra da ordem institucional, Luís Napoleão Bonaparte tornou-se o último monarca francês, de 1852 a 1870. Em 1870, após o colapso na Guerra Franco-Prussiana, a república foi restaurada, a Terceira República, de 1870 a 1940. Em 1871, a Comuna de Paris foi instalada pelo movimento operário socialista em Paris, de março a maio, quando foi derrotada pelo novo governo da Terceira República.

Em 1871, Adolphe Thiers tornou-se o primeiro presidente da Terceira República, inaugurando uma época de consenso e prosperidade, a *Belle Époque*, com artes, literatura e ciência.

Economicamente, a taxa média de crescimento anual na França em 1900 foi de 2,3%, e em 1920, de 4,4%, dentre os melhores tempos da França e de sua história.

A França é uma democracia fundamentada nos princípios de Montesquieu e do *Contrato social* de Rousseau, nos extremos das ideias igualitárias do marxismo, do progresso de Comte e do funcionalismo social de Durkheim.

Alemanha

A Alemanha experimentou sua unificação no formato de um país ao final do século XIX, uma unificação tardia para uma nação que aspirava ser mais do que à época era.

A Alemanha desenvolveu-se com o aparato do Estado aliado ao empresariado nacional, diferentemente do modelo individualista inglês e da democracia estatal francesa. A Alemanha representava a interação entre as partes na busca de um *espírito nacional* para o crescimento e progresso de todos, no *leit motiv* do idealismo e da racionalidade para a prática do crescimento econômico e social.

O desejo de unificação alemã é magnificamente expresso nas palavras da *Ode à alegria*, de Schiller, nos versos da *Nona sinfonia* de Beethoven:

> "Abracem-se milhões!
> Enviem este beijo para todo o mundo!
> Irmãos, além do céu estrelado
> Mora um Pai Amado
> Milhões se deprimem diante Dele?
> Mundo, você percebe seu Criador?
> Procure-o mais acima do céu estrelado!
> Sobre as estrelas onde Ele mora."

Em 1810, foi fundada a Universidade de Berlim, marco do desenvolvimento acadêmico e científico alemão. Foram criados os Centros de Pesquisa e Aprendizado de Filosofia e Ciência, com a atividade científica como atividade autônoma desvinculada de demandas utilitárias imediatas, base do pensamento genuíno alemão.

As tentativas de unificação da Alemanha datam da primeira metade do século XIX. Em 1815, o Congresso de Viena instituiu a Confederação Alemã para a coordenação de 39 Estados Independentes, dissolvida em 1866 após a Guerra Austro-Prussiana. Com a separação da Prússia e da Áustria, o Império Alemão foi proclamado em 1871 sob o imperador Guilherme II, com Otto von Bismarck como Chanceler da Alemanha até 1890. O Império durou até 1918, quando Guilherme II abdicou. Em 1918, a República de Weimar foi introduzida, com a presidência de Friedrich Ebert de 1919 a 1925, e da presidência de Paul von Hindenburg de 1925 a 1933. Max Weber desempenhou papel de fundamental importância na Constituição da República de Weimar em 1919.

A Alemanha experimentou alto desenvolvimento industrial e social na segunda metade do século XIX, rica que era em carvão, ferro, mão de obra qualificada, ciência e vontade.

Na Alemanha, havia uma estreita relação entre o Estado e os empresários, com a adesão da classe trabalhadora. De certa forma, depois de 1871, a Alemanha representou o primeiro *Welfare State* do bem-estar social moderno do mundo, onde o Estado acolhe e atua na mediação política e no bem-estar da população. A interação foi o lema predominante.

Marx e Engels tiveram influência significativa no movimento dos trabalhadores alemães, mas com resultados bem diferentes do que eles pensavam ter.

Em 1863, o SPD – Partido Social-Democrata Alemão foi fundado. O partido era *social*, no sentido da inclusão dos trabalhadores nos benefícios da economia capitalista, e *democrata*, no sentido de que as eleições deveriam ser introduzidas no sistema capitalista para a decisão pelo voto. Em 1889, a *Segunda Internacional* foi criada na Alemanha como uma associação de partidos políticos, diferentemente da *Primeira Internacional* de 1864 na Inglaterra, como uma associação de sindicatos que foi.

Na Alemanha, foram discutidos pontos de vista opostos no movimento operário. Por um lado, Kautsky, em sua obra *A luta de classes*, de 1892, afirmava que os trabalhadores deveriam participar do sistema capitalista eleitoral para a socialização progressiva dos meios de produção por meio de reformas através do Legislativo. Por outro lado, Rosa Luxemburgo, em sua obra *Reforma ou revolução*, de 1900, afirmava que os métodos revolucionários eram os únicos possíveis rumo ao socialismo, pois os votos eleitorais não poderiam superar os votos econômicos dos empresários no bloqueio das aspirações da classe trabalhadora. A tese de Kautsky prevaleceu.

Adam Przeworski estudou as condições de participação dos partidos de esquerda nas social-democracias.

Marx pensava que o capitalismo levaria inevitavelmente ao socialismo. A industrialização leva à proletarização da classe média, tornando os trabalhadores a maioria das sociedades. No século XIX, os artesãos diminuíram em número nas sociedades, e os trabalhadores manuais aumentaram continuamente. No início do século XX, porém, a nova classe média, do *colarinho branco*, funcionários de empresas e do Estado, começou a crescer de forma contínua, com os trabalhadores braçais estabilizando de 20% a 25% da população econômica ativa em todos os países a partir de 1920. Para chegar ao poder, portanto, os partidos de esquerda precisam fazer uma coalizão mais ampla para obter a maioria de 50% dos votos em eleições de *2º turno*, para ir além da representação dos somente 25% de trabalhadores manuais. Assim, a direita e a esquerda concordam com a alternância no poder de acordo com as regras eleitorais, com benefícios recíprocos para ambas as classes, que devem ser continuamente validados no dia a dia. Os empresários cedem para a alocação de recursos em programas sociais e benefícios para os trabalhadores, e os trabalhadores concordam em se pautar pelos princípios eleitorais, e da não ruptura. Forma-se, assim, o compromisso social-democrata.

A Alemanha foi a semente da social-democracia europeia.

Interessante observar que após a derrota da Comuna de Paris em 1871, em 1895, no prefácio da edição alemã do *Manifesto*, Engels escreveu que "estávamos errados pela história. O modo de luta de 1848 é hoje obsoleto sob todos os pontos de vista". Nas primeiras eleições na Alemanha em 1871, os partidos Liberal e Conservador obtiveram, juntos, 62,8%, e o

Partido Social-Democrata – SPD, 3,2% dos votos. Nas eleições de 1919, na República de Weimar, o SPD alcançou 45,5%, como o partido líder em votos no Legislativo.

Do ponto de vista econômico, a Alemanha representou o segundo PIB da Europa em 1870, depois da Inglaterra e equiparada à França, tornando-se o primeiro PIB em 1913, à frente da Inglaterra e da França.

(milhões de dólares de 1990)		
	1870	2013
Alemanha	72.149	237.332
Inglaterra	100.180	224.618
França	72.100	144.489

A Alemanha expressa a interação, a determinação e a vontade. A sociedade se integra nos conceitos do *verstehen*, o entendimento de si e dos outros, e do *Wissenschat*, o ativo de conhecimento que propicia o entendimento do indivíduo e do mundo, conforme expresso em Max Weber.

⊙ ⊙ ⊙

Formam-se três paradigmas de percepção e ação na Europa Ocidental, do utilitarismo inglês, do funcionalismo francês, e do interacionismo alemão.

Estados Unidos

Na América, o ideal de liberdade e mercado chegou ao seu ápice, dentro dos limites de um Estado politicamente organizado e consensual.

Os colonos que partiram para a América do Norte buscavam a construção de um novo mundo, dentro do marco referencial da Reforma Protestante, com o objetivo do mercado e da liberdade, nos termos de Adam Smith.

A Revolução Americana ocorreu de 1776 a 1783, resultando na independência e formação dos Estados Unidos da América. Estima-se que 25 mil pessoas morreram em combate, entre 100 mil baixas por morte, ferimentos e doenças. Os Estados Unidos foram inicialmente formados como uma federação das 13 Colônias da Nova Inglaterra e do Nordeste Americano, sob a Constituição ratificada em 1788, criada com base nas leis britânica e romana.

No período de 1788–89, George Washington foi eleito como presidente dos Estados Unidos da América para o período de 1789 a 1797, com 69 votos no Colégio Eleitoral, 43.782 votos populares. George Washington foi o *pai e fundador* da nação, que forjou seu exército em Valley Forge, na Pensilvânia, durante a Revolução Americana. George Washington foi sucedido por John Adams para o período de 1797 a 1801 e Thomas Jefferson para o período de 1801 a 1809.

É notável que em 1787, no Independence Hall na Filadélfia, após a Convenção Constitucional, Benjamin Franklin, quando perguntado se o novo Estado seria uma república ou uma monarquia, teria então dito "Uma república, se você assim puder mantê-la". E é isso o que os americanos têm feito até hoje na manutenção da democracia.

No século XIX, os EUA experimentaram três movimentos econômicos diferentes. Em primeiro lugar, o desenvolvimento de uma sociedade industrial moderna no norte baseada no mercado e na liberdade política. Em segundo lugar, a sociedade agrícola do sul baseada no uso da escravidão para a produção de algodão e outros bens. Em terceiro lugar, a colonização do oeste americano, em modelo conflitante na expansão do norte para o oeste em relação à economia escravagista do sul.

Na segunda metade do século XIX, os Estados Unidos experimentaram um crescimento extraordinário em invenções, tecnologia e negócios. Invenções como o telégrafo e o código Morse, em 1844; a máquina de costura de Elias Howe, em 1846; a britadeira, em 1849, de Jonathan Couch; a borracha de lápis, em 1858, de Hymen Lipman; o fogão elétrico, em 1859, de George Simpson; a metralhadora, em 1861, por Richard Gatlin; a máquina de escrever, em 1868, por Christopher Sholes; a impressora, em 1866, por Willian Bullock; o telefone, em 1876, por Graham Bell; a motocicleta a vapor, em 1867, por Sylvester Roper; o jeans, em 1873, por Levi Strauss; a lâmpada elétrica, em 1879, por Thomas Edison; e tantas outras tão edificantes para o desenvolvimento econômico e militar. Notáveis negócios, como o JP Morgan no setor financeiro na década de 1850; Vanderbilt, com as ferrovias na década de 1850; Rockefeller, com a Standard Oil em 1870; Andrew Carnegie, com a indústria siderúrgica na década de 1870; Henry Ford, com o primeiro carro em 1908; e tantos outros negócios dos *homens que fizeram a América*.

A oposição entre as economias do norte e do sul e a questão da escravidão resultaram na Guerra Civil Americana de 1860 a 1865.

Em novembro de 1860, Abraham Lincoln foi eleito presidente dos Estados Unidos pelo Partido Republicano com 180 dos 303 votos eleitorais, representando 39,8% dos votos populares, seguido por Stephen Douglas, com 29,5%, do Partido Democrata do Norte, John Breckinridge, com 18,1%, do Partido Democrático do Sul, e John Bell, com 2,6%, da União Constitucional. Lincoln foi eleito sem ter recebido votos eleitorais do sul do país. Em dezembro de 1860, a Carolina do Sul declarou secessão em relação aos Estados Unidos.

Os Confederados, sob o comando militar do general Robert Lee, travaram uma guerra sangrenta contra a União, sob o comando militar do general Ulysses Grant. Estima-se que 620 mil homens foram mortos na Guerra Civil Americana, dos 31 milhões de habitantes da época, cerca de 10% da população masculina adulta, quase todos jovens.

O sul, por um lado, combatia com a bravura e a obstinação da aristocracia rural. O norte, por outro lado, combatia com a estrutura e racionalidade de uma crescente sociedade industrial moderna. A guerra teve início em abril de 1861 com o ataque confederado ao Forte Sumter, na Carolina do Sul, tão certos que estavam as forças do sul da vitória pela bravura. Em agosto de 1862, os Confederados derrotaram a União em Richmond, Kentucky, em uma batalha com 10 mil baixas. Os Confederados, então, tentaram estender seu domínio sobre as terras agrícolas do noroeste dos Estados Unidos.

A Batalha de Gettysburg, na Pensilvânia, em 1863, é considerada como o ponto de virada no curso da Guerra Civil Americana. As forças da União, sob a liderança do general George Meade, derrotaram os Confederados sob a liderança do general Robert Lee, com 23 mil baixas na batalha. São alguns os pontos marcantes que redundaram nessa vitória. Primeiro, a economia industrial do norte, no fornecimento de armamentos e mercadorias. Segundo, a utilização do telégrafo, tornando-se a comunicação como um diferencial na guerra moderna. Terceiro, o sistema ferroviário, transportando soldados mais rápido do que nunca antes. Quarto, roupagem e equipamentos, melhores e mais leves, das tropas do norte. Adicione-se a logística e inteligência. A Guerra Civil Americana é a primeira guerra tecnológica moderna de nossos tempos, uma ruptura com o passado.

Em 1864, a Batalha de Atlanta resultou em 10 mil baixas. Em 9 de abril de 1865, o general Robert Lee rendeu-se ao general Ulysses Grant na Appomattox Court House, na Virgínia. Em 15 de abril de 1865, Abraham Lincoln foi assassinado em um teatro por um simpatizante da Confederação.

Os Estados Unidos têm também uma história rica na fundação de universidades e centros de estudo, como Harvard, em 1636; Yale, em 1701; Princeton, em 1746; Columbia, em 1754; Brown, em 1764. É notável também a fundação de importantes universidades durante e após a Guerra Civil Americana, como o MIT, em 1861; Cornell, em 1865; Berkley, em 1868; Purdue, em 1869; Vanderbilt, em 1873; Johns Hopkins, em 1876; Stanford, em 1885; Caltech, em 1891; Chicago, em 1895, como um esforço para o desenvolvimento do conhecimento e da ciência, a capacidade de um país.

A história norte-americana conta com a contribuição do movimento trabalhista norte-americano, como contrapartida para melhores salários e prosperidade da sociedade.

O movimento trabalhista norte-americano foi baseado no sindicalismo, conforme declarado em 1903 no discurso de Robert Mitchel, presidente da União dos Trabalhadores de Minas da América:

> "O sindicalismo exige a melhoria constante da condição dos trabalhadores, se possível, pela manutenção do atual sistema salarial."

Os Estados Unidos formaram um sistema político e econômico mais hegemônico do que os dos países europeus. Em verdade, o movimento trabalhista norte-americano era muito ativo. De 1890 a 1900, ocorreram 16.027 greves nos EUA, com a participação de 3.096.000 trabalhadores, enquanto no Reino Unido ocorreram 7.270 greves, com a participação de 2.679.000 trabalhadores, no mesmo período.

Em seu livro de 1906, *Por que não há socialismo nos Estados Unidos?*, Werner Sombart, um socialista alemão que migrou para os Estados Unidos à época, escreveu:

> "Qualquer um que já tenha observado os trabalhadores americanos masculinos e femininos notou à primeira vista que eles são um povo diferente dos trabalhadores alemães... Nas ruas, eles são como membros da classe média e agem como *Cavalheiros Trabalhadores* e *Ladies Trabalhadoras*."

Por que não há socialismo nos Estados Unidos? Porque os norte-americanos já teriam atingido seus objetivos básicos de bem-estar social. Por meio do trabalho e do mercado, é verdade, e não mediante *revolução*.

No plano econômico, de 1896 a 1970, o balanço de pagamentos dos Estados Unidos apresentou-se continuamente positivo. De 1893 a 1926, os salários aumentaram em 33% nos Estados Unidos, enquanto aumentaram em 20% na Inglaterra no mesmo período.

É interessante observar que após a Guerra Mexicano-Americana, de 1846 a 1848, na qual os Estados Unidos obtiveram cerca de dois terços de suas terras atuais por meio da guerra e tratados, em 1849, Engels escreveu a Marx:

> "Na América, assistimos à conquista do México e estamos felizes com isso."

No que Marx respondeu a Engels:

> "Entre os Ianques, o sentimento de independência e habilidade individual talvez seja mais forte do que entre os Anglo-Saxões.

Os Espanhóis são realmente degenerados. Mas um Mexicano, esse é o ideal."

Que ignomínia! Tão distorcidos foram seus julgamentos e tão distantes de suas teorias sociais!

Na comparação dos PIBs, os Estados Unidos superaram em mais do que o dobro o PIB da Alemanha e da Inglaterra no período de 1870 a 1913.

Estados Unidos e Países Europeus - PIB (milhões de dólares de 1990)			
	1870	1900	2013
Estados Unidos	98.374	211.678	517.383
Alemanha	72.149	115.581	237.332
Inglaterra	100.180	149.596	224.618
França	72.100	92.906	144.489

Os Estados Unidos otimizam as liberdades individuais e do mercado, dentro do melhor de Adam Smith, dentro dos limites de lei consensual, no âmbito do sistema eleitoral e sob a guarda da Suprema Corte.

Rússia

Na Rússia, em 1917, ocorreu a primeira Revolução Socialista.

Marx previu que as revoluções socialistas aconteceriam nos países capitalistas avançados devido à contradição entre a produção socializada e a apropriação individualizada dos meios de produção. As revoluções socialistas, entretanto, ocorreram em países econômicos periféricos, com a agricultura centralizada, com os *Senhores da Terra* vivendo em cidades urbanas em pouca interação com os *camponeses* no dia a dia, como descrito nos livros *As origens sociais da democracia e da ditadura*, de Barrington Moore, e *Estado e revolução*, de Theda Skocpol.

Em 1480, Ivan, o Grande, libertou a Rússia de dois séculos de domínio mongol, estabelecendo o domínio moscovita. Em 1533, Ivan, o Terrível, tornou-se príncipe de Moscou, e primeiro czar da Rússia, de 1547 a 1584, estendendo o império à Sérvia. A construção e inauguração da Catedral de São Basílio em Moscou data de 1561, expressando a alma do Império Russo. Em 1613, após um longo período de instabilidade econômica e política, Mikhail Romanov é coroado czar da Rússia, lançando as bases da Dinastia Romanov.

Em 1682, Pedro, o Grande, é coroado czar da Rússia. Diferentemente de seus predecessores, Pedro, o Grande, foi educado por tutores que quebraram a tradição do ensino direcionado para como ser um czar, mas estudando história, ciência e filosofia dentro da perspectiva do Iluminismo. Pedro, o Grande, foi de fundamental importância para a modernização da Rússia, de acordo com os valores e os procedimentos da Europa Ocidental. Entre 25 e 26 anos de idade, foi para Londres e Amsterdã, trazendo ideias e know-how para a modernização da cultura e dos costumes, do exército, e da reorganização do governo, o início da industrialização do país.

Em 1703, Pedro, o Grande, fundou e transferiu a capital de Moscou para São Petersburgo, organizando a frota russa no Mar Báltico para conter a expansão Sueca. São Petersburgo continua sendo o centro cultural russo de então até os dias de hoje, com o Palácio de Verão de Peterhof, em 1723; a Universidade de São Petersburgo, em 1724; o Palácio de Inverno do Hermitage, em 1763; o Balé Bolshoi, em 1764; a capital de Dostoiévski, Tolstói e Tchaikovsky. No sul, em 1698, Pedro, o Grande, fundou a primeira cidade planejada de Taganrog para a frota russa no Mar Negro.

Catarina, a Grande, governou a Rússia de 1762 a 1796. Ela estendeu e consolidou as fronteiras, demarcando as terras russas com a Polônia de 1772 a 1795, anexando a Crimeia no Mar Negro em 1783, então do Império Otomano, como uma porta para o Mediterrâneo e rota para o Oriente, estendendo as terras russas até os Urais e o Mar Cáspio.

No início do século XIX, em 1812, Napoleão invadiu e foi derrotado pela Rússia, com 1 milhão de soldados de ambos os lados e civis mortos no total. Napoleão estava à frente de um exército de 685 mil soldados, e a Rússia se defendeu com um exército de 488 mil soldados inicialmente, 900 mil soldados ao final. De 340 mil a 400 mil soldados franceses foram mortos, com 150 mil a 210 mil soldados russos mortos também durante a guerra.

Napoleão não levou em conta três fatores principais. Primeiro, quando chegaram a Moscou, em junho de 1812, Napoleão recebeu uma cidade vazia e queimada pelos próprios russos, nada para administrar. Segundo, o czar Alexandre I permaneceu na capital São Petersburgo, a 700km de Moscou, cidade que Napoleão não conseguiu alcançar. Terceiro, a assim chamada *Mãe Inverno*, com temperaturas além do suportável pelos franceses, jogando Napoleão sob o fogo da Rússia, em sangue e vergonha.

No século XIX, a Rússia esteve envolvida em 29 guerras.

No final do século XIX e início do século XX, as ideias de Marx tornaram-se preponderantes no movimento operário russo. O extremismo proposto por Rosa Luxemburgo em *Reforma ou revolução* foi o pensamento predominante entre os russos para a ação política. Adicionalmente, o *determinismo histórico* da Teoria Marxista era o conceito predominante de revolução que os russos adotaram. Em *A concepção materialista da história*, de 1897, Plekhanov afirma que "as forças produtivas à disposição do homem determinam todas as suas relações sociais"; e em seu livro *O papel do indivíduo na história*, de 1898, Plekhanov afirma que "a liberdade é meramente necessidade transformada em mente", conceituando a ação do homem como "um elo inevitável na cadeia de eventos inevitáveis".

Em 1900, o PIB do Império Russo correspondia a um terço do PIB do Império Britânico.

(milhões de dólares de 1990)		
	1900	1900
Império Britânico		351.527
Inglaterra	149.596	
Império Alemão		126.172
Alemanha	115.581	
Império Francês		108.772
França	92.906	
Império Russo		106.299
Rússia	92.662	

No início do século XX, a dívida nacional russa aumentou consideravelmente devido primeiramente à construção da Ferrovia Transiberiana, de 1891 a 1904, com 9.300km de Moscou a Vladivostok, no Oceano Pacífico Norte, e em segundo lugar, à Guerra Russo-Japonesa, de 1904 a 1905, em relação à Manchúria na China e na Coreia, com 58 mil a 86 mil baixas russas e 43.300 a 120 mil baixas japonesas. De 1900 a 1914, a dívida externa russa aumentou em 43,5%.

Em *O que fazer*, de 1902, Lenin advoga a organização da vanguarda do movimento revolucionário em um partido, o instrumento para levar o povo à revolução.

A tensão política estava presente na Rússia no final do século XIX e início do século XX. Em 1861, o czar Alexandre II instituiu a Reforma da Emancipação, abolindo a servidão e possibilitando a compra de terras pelo campesinato. Em 1906, o czar Nicolau II procedeu às Eleições Legislativas para o Parlamento sob convulsões sociais. Em 1912, o Partido Comunista russo foi fundado sob a liderança de Lenin.

Com o início da Primeira Guerra Mundial, de 1914 a 1917, o índice de produção industrial da Rússia caiu 24,3%, e a dívida externa russa aumentou 518,1%, com o saldo da balança comercial cada vez mais negativo.

Durante a Primeira Guerra Mundial, as baixas russas variaram entre 1,8 milhão e 2,3 milhões de pessoas.

Em fevereiro de 1917, os camponeses deram início a uma tomada massiva das propriedades dos latifundiários. O czar Nicolau II abdicou em março de 1917, com a constituição do Governo Provisório para a organização das eleições para a Assembleia Constituinte, a Revolução de Fevereiro. Durante o outono de 1917, a Rússia experimentou revoltas populares e apropriações de terras por parte dos camponeses, concomitantemente às contínuas derrotas das tropas russas na frente de combate da Primeira Guerra Mundial.

Em setembro de 1917, a Rússia é declarada como uma república. Em outubro de 1917, os bolcheviques, sob a liderança de Lenin, tomaram o poder com a ajuda do Exército Vermelho, uma milícia militar formada por ex-soldados e camponeses no final da Primeira Guerra Mundial, a Revolução de Outubro. As eleições para a Assembleia Constituinte foram realizadas em novembro de 1917, o Partido Socialista Revolucionário obtendo 37,6% dos votos; os Bolcheviques, 23,3%; o Bloco Socialista Ucraniano, 12,7%; os Cadetes, 4,6%; os Mencheviques, 3%; e os Cossacos, 2%. Em janeiro de 1918, a Assembleia Constituinte foi dissolvida pelos bolcheviques.

Em março de 1917, Nicolau II foi preso, morto em junho de 1918 com sua família.

De 1918 a 1920, a Rússia vivenciou a guerra civil entre o Exército Vermelho, leal aos bolcheviques, e os Russos Brancos, leais às ideias do monarquismo e do capitalismo. Estima-se em mais de 3 milhões o número de baixas entre militares durante o período da revolução e da guerra civil.

A partir de 1921, a Rússia adotou duas políticas distintas, interna e externamente.

Internamente, em 1921, a Rússia adotou a Nova Política Econômica de Bukharin, na convivência da propriedade estatal com a economia privada, para a recuperação e o desenvolvimento da Rússia. Lenin morre, e Stalin assume o poder em 1924. Em 1928, Stalin estabelece a política da *revolução vinda de cima*, com a estatização do setor privado empresarial e da agricultura, conduzindo o país à era do stalinismo.

Externamente, em 1919, a Internacional Comunista COMINTERN, a *Terceira Internacional*, foi fundada para promover revoluções socialistas em todo o mundo, adotando a *Teoria da Revolução em Dois Estágios* para os países economicamente menos desenvolvidos. Os países subdesenvolvidos deveriam primeiro apoiar a revolução burguesa como o primeiro estágio, passando, então, para o segundo estágio da revolução rumo ao socialismo. Em

1943, o COMINTERN foi dissolvido com a formação da *Grande Aliança* entre a Rússia, os Estados Unidos e a Inglaterra durante a Segunda Guerra Mundial.

A Rússia é um país de formação autocrática, no que Weber chama de patrimonialismo. Oscila entre a beleza de sua cultura e a rigidez do domínio autocrático. *Mother Russia.*

China

A China é uma civilização milenar, com alta densidade populacional, forjada na guerra e na disciplina, sob os princípios confucionistas da aceitação coletiva de uma sociedade pacífica e controlada sob poder político centralizado.

A China Antiga data de 2.070 a.C. a 221 a.C. A China Imperial, de 221 a.C. a 1911 d.C. A República da China, de 1912 a 1949. A República Popular da China data de 1949 até os dias de hoje, com distintas transformações.

Em 1900, a Dinastia Qing da China representava o terceiro PIB do mundo, depois do Império Britânico e dos Estados Unidos.

Países do Mundo - PIB I (milhões de dólares de 1990)	
	1900
Império Britânico	351.527
Estados Unidos	211.678
Dinastia Chinesa	205.309
Império Alemão	126.172
Império Francês	108.772
Império Russo	106.299

A China, assim como a Rússia, constituía-se em um país periférico de agricultura centralizada até a primeira metade do século XIX.

Durante a sua história, a China trouxe muitas conquistas técnicas e de engenharia para o mundo, como a seda e a porcelana, na antiguidade; o papel, em 105 d.C.; a pólvora, em 850 d.C.; a primeira impressora, em 868 d.C.; o guarda-chuva, os fósforos, os balões de ar quente, a bússola, a medicina e a acupuntura. Na engenharia, a construção de grandes cidades e de estradas, e a construção da Grande Muralha durante 2 mil anos, de 770 a.C. a 1633 d.C., a maior construção da história mundial, com a estimativa de 400 mil trabalhadores ao longo dos séculos e mais de 20.000km, a única construção do homem que se pode notar a olho nu da Lua.

No final do século XIX e início do século XX, a Dinastia Qing, que governou de 1644 a 1912, encontrava-se política e economicamente enfraquecida.

No século XIX, a China teve que enfrentar três guerras. A Primeira Guerra do Ópio, contra o Reino Unido, de 1840 a 1842, com a Grã-Bretanha obtendo a primeira concessão de Hong Kong em 1842, no Tratado de Nanquim. A Segunda Guerra do Ópio, contra o Reino Unido e a França, de 1856 a 1860, com a Grã-Bretanha obtendo a extensão da concessão de Hong Kong em 1860, estendida em 1898 por 99 anos até 1997. E a Primeira Guerra Sino-Japonesa, de 1894 a 1895, sendo Taiwan então anexada pelo Japão.

As concessões na China eram tratados desiguais entre os países estrangeiros e as cidades ou regiões chinesas visando ao comércio internacional, com a geração de alguns benefícios em contrapartida para os habitantes locais, tendo como regra principal a manutenção dos privilégios dos estrangeiros e das elites locais. A concessão mais longa foi a de Portugal em Macau, de 1557 a 1999. A maioria das concessões data de 1850 e 1860 até 1917 e 1945. Houve 45 concessões durante esse período na China, como outorgas à Áustria, Alemanha, Reino Unido, França, Itália, Bélgica, Japão, Rússia e Estados Unidos, comumente chamado de *imperialismo*, em contraposição ao *colonialismo* clássico nas Américas e na África pelos países europeus.

A unificação da China na primeira metade do século XX foi um processo significativamente conflituoso.

No início do século XX, o nacionalismo e a modernização eram o *leit motiv* dos intelectuais chineses com educação e formação nos países ocidentais. Em 1911, os levantes populares em Wuhan levaram 15 províncias a declarar a independência em relação às concessões estrangeiras. Em 1912, Sun Yat-Sen foi eleito o primeiro presidente do governo provisório da República da China, em Nanquim, governando entre janeiro e março, seguido por Yuan Shikai, ex-primeiro-ministro do Império Qin e comandante do Novo Exército, sob a observância de se manter os ideais republicanos a partir de então. Estima-se que cerca de 220 mil pessoas morreram durante a Revolução Xinhai de 1911.

Em 1915, Yuan Shikai declarou-se imperador da China, renunciando e morrendo em 1916. O período de 1916 a 1925 é conhecido como a Era dos Senhores da Guerra, época de terras fragmentadas e guerra civil sem que houvesse uma autoridade central no país.

Em 1919, o Partido Nacionalista do Kuomintang foi fundado sob Sun Yat-sen, e em 1921, o Partido Comunista Chinês foi fundado sob o COMINTERN. De 1921 a 1927, o Kuomintang foi apoiado pelo COMINTERN e pelo Partido Comunista Chinês, sob a Teoria da Revolução em Dois Estágios para a unificação da China. Em 1925, Sun Yat-Sen morre e Chiang Kai-shek assume a liderança do Kuomintang.

Em 1927, Chiang Kai-shek levou os comunistas ao massacre em Xangai, resultando na ascensão de Mao Tsé-Tung no Partido Comunista e na criação do Exército Vermelho, com a consequente guerra civil com o Kuomintang, de 1931 a 1949. Em 1933 e 1934, Mao Tsé-Tung liderou a Longa Marcha do Exército Vermelho nas províncias Sul, Oeste e Central da China para a obtenção de apoio das províncias contra o Kuomintang.

Em nível econômico, as condições na China encontravam-se muito deterioradas. De 1900 a 1925, o índice salarial dos trabalhadores manuais e dos trabalhadores semiqualificados de Pequim caiu 2% e 17%, respectivamente. De 1930 a 1949, o balanço de pagamentos da China foi continuamente negativo.

Mao Tsé-Tung foi pragmático de duas maneiras distintas durante a Guerra Revolucionária. Primeiro, no *Relatório sobre a Investigação do Movimento Camponês em Hunan*, de 1927, Mao Tsé-Tung diz que não é o proletariado, mas sim os camponeses que deveriam ser a base para a Revolução Socialista na China. Os camponeses querem a terra, e o Marxismo seria a ideologia a ser oferecida ao campesinato para que eles ingressem no movimento revolucionário, segundo seus próprios interesses básicos, em oposição diametral às teorias de Marx. Em Marx, a ideologia é determinada pelo modo de produção, como consequência das relações econômicas. Em Mao Tsé-Tung, a ideologia é um bem autônomo a ser ofertado ao campesinato, como base para a motivação da ação. Em verdade, em 1949, somente 1% da população chinesa era de trabalhadores industriais, e em 1947, somente 3% dos 2.700.000 membros do Partido Comunista eram trabalhadores manuais. Em segundo lugar, Mao Tsé-Tung negociou com muitas cidades e lideranças regionais antes de entrar em uma província, a manutenção da propriedade privada dos meios de produção por até três gerações, assim evitando a destruição da economia pela guerra, preservando o comércio e a indústria para o desenvolvimento futuro da economia chinesa.

Em 1949, a Revolução Comunista Chinesa estabeleceu a República Popular da China, sob a liderança de Mao Tsé-Tung. Chiang Kai-shek retira-se para Taiwan, que havia sido devolvida à China em 1945, no final da Segunda Guerra Mundial.

Estima-se que cerca de 2 milhões de pessoas morreram na Guerra Civil Chinesa de 1945 a 1949.

A China congrega o coletivismo e a individualidade no pragmatismo das relações econômicas com base na disciplina e solidariedade social.

Japão

A história do Japão data do século VII a.C.

O feudalismo no Japão, semelhante ao feudalismo europeu, data de 1200 a 1600. O imperador, fraco em poder, coexistia com o Shogun, o governante militar. No estrato superior da sociedade, coexistiam o imperador, a nobreza e o shogunato. No estrato médio da sociedade, os daimios, ou "senhores feudais", que taxavam em 50% a produção agrícola das camadas mais baixas, e os samurais, guerreiros que davam suporte aos daimios dentro do *código de conduta* estrito do Bushido. No estrato inferior da sociedade, os camponeses, artesãos e os comerciantes. O Japão chegou a ter cerca de 300 daimios no período de 1200 a 1600, em contínuos conflitos e guerras.

O Japão tornou-se uma nação de cultura militarizada, forjada e preparada para a guerra.

No início dos anos 1600, o Japão foi unificado sob o xogunato Tokugawa. De 1600 a 1868, o Japão viveu basicamente em isolamento do resto do mundo, imerso em sua própria vida.

Na segunda metade do século XIX, o Japão passou a enfrentar problemas econômicos e sociais. Com a maior estabilidade política de 1600 a 1868, os samurais, de origem guerreira, ficaram mais pobres, e os comerciantes, mais ricos. Os samurais passaram também a servir em funções burocráticas, nas condições de deterioração econômica da sociedade. Em 1853, o comodoro norte-americano Matthew Perry chega ao Japão, impressionando os japoneses com seus navios e sua tecnologia. Os japoneses atacaram a frota de Perry, sem efeitos, concluindo que deveriam combater o inimigo com as próprias armas do inimigo, o princípio da consciência da necessidade de modificações sociais e do desenvolvimento tecnológico para a sobrevivência na então vizinha competição internacional.

Em 1868, a Restauração Meiji ocorreu no Japão, um ponto de virada do Japão Feudal para o Japão Moderno. O imperador Meiji foi reinstituído ao poder, com a ajuda dos samurais, em detrimento do xogunato Tokugawa, com a mudança da capital de Kyoto para Tóquio. Em 1873, a reforma tributária e fundiária reestruturou a tributação e permitiu a propriedade privada da terra, modernizando o Japão. A nova Constituição foi estabelecida em 1889, na forma de uma monarquia constitucional com um primeiro-ministro, sendo os homens considerados iguais perante a lei. Durante os conflitos da Restauração Meiji de 1868 a 1869, estima-se o total de 15 mil baixas.

O Japão estabeleceu uma burocracia baseada em intelectuais e ex-samurais interessados em um projeto nacional, uma burocracia capaz de formular metas alcançáveis e racionalmente adequadas aos seus objetivos. O Parlamento, a *Dieta Nacional*, foi constituída no formato bicameral, com a

Câmara dos Representantes e a Câmara dos Conselheiros, para pensar e sugerir políticas nacionais para o desenvolvimento do país. A questão, tal qual então percebida, era naufragar ou sobreviver, e o Japão optou pela segunda. A nova ideia era manter o espírito japonês e obter a tecnologia ocidental, todos os esforços nessas direções. Um país mais rico, com poderio militar. As maneiras e a cultura ocidentais tornaram-se obrigatórias.

Os antigos mercadores e a nova classe de mercadores oriundos dos samurais se tornaram a força interna das indústrias civil e militar do país, com a parcela majoritária dos samurais sendo reagrupados no novo Exército Nacional. Os novos empresários e intelectuais foram enviados ao exterior em busca da tecnologia ocidental para a sua implementação no Japão. Educação, ciência e tecnologia tornaram-se a prioridade na formação das novas gerações. Os empresários obtiveram subsídios do Estado para desenvolver a nova indústria e negócios na aliança entre empresas e o Estado, que ainda se vê até hoje. Estradas e trens pavimentaram os caminhos do país para o desenvolvimento econômico e militar. Nesse sentido, o Japão, enquanto projeto, pode ser considerado como a primeira sociedade planejada do mundo moderno, uma sociedade planejada de acordo com seus valores tradicionais e seus objetivos pragmáticos.

O exemplo mais significativo dessa perspectiva foi o relacionamento entre a Mitsubishi e o Governo, na aliança entre o setor privado e o Estado no desenvolvimento de corporações, por alguns denominado como *Japan Inc.*

A Mitsubishi foi fundada em 1870 por Yataro Iwasaki, um comerciante visionário descendente de uma família samurai com experiência em comércio e finanças. A Mitsubishi foi inicialmente estabelecida como uma empresa de navegação, diversificando-se rapidamente para outros setores. De 1874 a 1877, a Mitsubishi foi contratada para o transporte de militares e armamentos pelo Governo japonês. Em 1880, deu início à exploração de minas de carvão no sul do país. Em 1890, a empresa de navios a vapor. Em 1917, carros. Em 1919, finanças. A Mitsubishi sempre esteve intrinsecamente ligada ao Governo, hoje operando em diversos setores, como o bancário, de mineração, automobilístico, de comunicação, indústria pesada, de energia convencional e atômica, química, aviação, tecnologia e muitos outros, com um complexo com 350 mil funcionários.

O Japão experimentou notável crescimento econômico. Alguns citam que o Japão teria feito em quarenta anos o que a Europa tomou duzentos anos para fazer. De 1870 a 1913, o PIB do Japão aumentou 382%, tornando-se a sétima economia do mundo.

De 1906 a 1919, a taxa de poupança japonesa foi de 10,4%, aumentando de 1920 a 1930 para 23,3%. De 1893 a 1926, os salários reais no Japão aumentaram 93%.

Países do Mundo - PIB II (milhões de dólares de 1990)			
	1870	1900	2013
Estados Unidos	98.374	211.678	517.383
China	189.740	205.309	241.431
Alemanha	72.149	115.581	237.332
Rússia	83.646	92.662	232.351
Inglaterra	100.180	149.596	224.618
França	72.100	92.906	144.489
Japão	25.393	37.016	71.653

Nas primeiras eleições gerais de 1880 para a Assembleia, o partido liberal Jiyuto obteve 130 das 151 cadeiras; o partido Taiseikai, 79 cadeiras; o partido Kaishinto, 41 cadeiras, expressando diversas tendências. No longo prazo, os liberais conservadores e os progressistas formaram um sistema hegemônico bipartidário na política japonesa.

Ser mais rico e poderoso era o lema do Japão. O governo japonês teve por referências o Exército Prussiano e a Frota Britânica como exemplos a serem alcançados. O Japão era rico em carvão, mas pobre em recursos naturais como petróleo e ferro. Para competir com os impérios ocidentais, o Japão deveria ser um império também, na percepção dos líderes japoneses em relação à Ásia.

Na Guerra Sino-Japonesa de 1894–1895, o Japão invadiu o norte da China e a Coreia, ricos em petróleo, ferro e outros recursos naturais, anexando a Coreia e obtendo concessões na Manchúria e em Taiwan. À época, o Japão se mostrou muito mais disciplinado e preparado do que as forças chinesas. Estima-se as baixas em 5 mil japoneses e 35 mil chineses.

Na Guerra Russo-Japonesa de 1904–1905, o Japão atacou e destruiu a frota russa de surpresa dois dias antes da declaração de guerra. Ter vencido a Rússia foi um cenário surpreendente para os países do mundo. As baixas estimadas foram de 43 mil a 120 mil japoneses e de 58 mil a 86 mil russos.

O Japão se tornou uma das culturas mais militarizadas da modernidade já vistas.

◉ ◉ ◉

Utilitarismo, funcionalismo, interacionismo, autocracia, pragmatismo e centralismo, noções que contornam e norteiam nossas ações até hoje.

Parece haver alguma racionalidade na ação humana, mas há algo mais errático na história do homem do que a racionalidade supõe.

08

A Primeira Guerra Mundial

Clausewitz disse que "a guerra é a mera continuação da política por outros meios". E vice-versa.

◎ ◎ ◎

As duas guerras mundiais do século XX foram guerras genuinamente europeias, originalmente.

Nenhum continente na história da humanidade presenciou maior número de mortos em guerras do que a Europa. Cerca de 100 milhões de pessoas no século XX. E sempre em recordes nos séculos precedentes.

Segundo Jared Diamond, em sua brilhante obra *Guns, Germs and Steel,* a Europa, por sua condição geográfica de horizontalidade do continente euro-asiático; pelo seu clima de frio a moderado e intenso entre o norte e o sul do continente; na presença de boas terras agriculturáveis; na presença de ferro para a elaboração de instrumentos e armas; e na presença de pandemias às quais tinham que sobreviver, o europeu gerou o desenvolvimento de civilizações mais aguerridas do que em outros continentes, forjados e propensos à guerra, conflitivos em seus interesses.

A Primeira Guerra Mundial beirou o horror dos infernos, de homens mortos pisados por homens que iriam morrer, nas infames trincheiras, no dia a dia da guerra, das pragas e da morte.

A Primeira Guerra Mundial foi originalmente uma guerra do Império Austro-Húngaro e da Alemanha contra os países da Europa Ocidental, aos quais se juntou o Império Russo.

As tensões políticas e econômicas entre o Império Austro-Húngaro e a Alemanha em relação aos países ocidentais, França e Inglaterra, se acirraram ao final do século XIX e início do século XX, na tentativa de expansão das fronteiras econômicas e das colônias por parte do Império Austro-Húngaro e da Alemanha, dentro da política de contenção dessa expansão por parte da França e Inglaterra. O Império Russo junta-se, então, à França e à Inglaterra, desejosos do enfraquecimento do Império Austro-Húngaro a suas portas, e na saída do Mar Negro para o Mar Mediterrâneo em meio ao Império Otomano, que se junta ao Império Austro-Húngaro e à Alemanha.

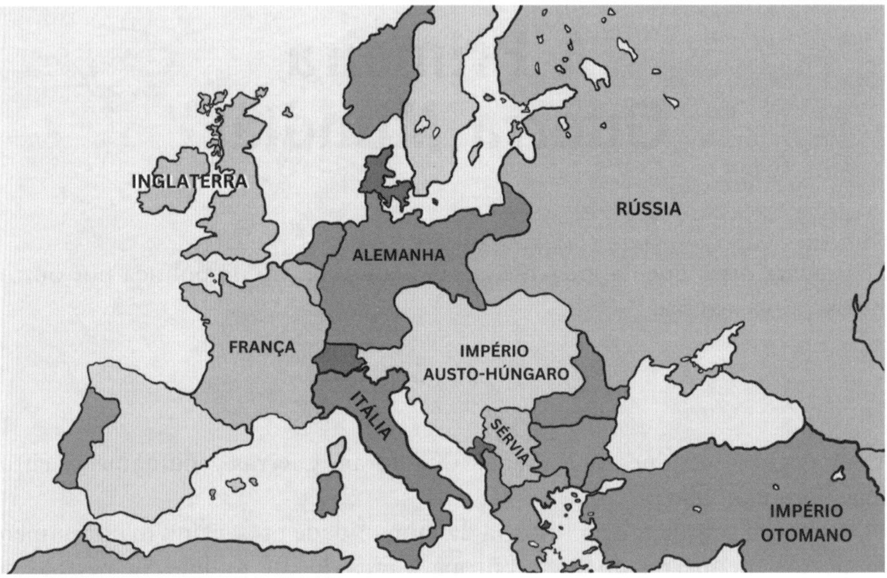

A Europa antes da Primeira Guerra Mundial

Os principais países da Primeira Guerra Mundial formaram dois blocos. A Tríplice Aliança, com o Império Austro-Húngaro, a Alemanha, o Império Otomano e outros países, por um lado; e os Aliados, com a Grã-Bretanha, a França, a Itália, a Rússia, a Sérvia, a Romênia e, ainda, os Estados Unidos e o Japão e outros países, por outro lado. Forma-se o palco de uma guerra geopolítica.

A Primeira Guerra Mundial teve início após o assassinato do arquiduque Francisco Ferdinando da Áustria, em junho de 1914, príncipe herdeiro do Império Austro-Húngaro, por um sérvio-bósnio do movimento separatista da Bósnia em relação ao Império Austro-Húngaro, levando o Império Austro-Húngaro à invasão da Sérvia em julho de 1914.

Os diferentes ritmos de industrialização da Inglaterra e da França, por um lado, e da Alemanha, por outro, o crescimento do nacionalismo e do protecionismo no comércio internacional e a distribuição do mapa de colônias e concessões no mundo contribuíram para a desestabilização da Europa.

As colônias eram importantes para as economias dos países. Em 1900, por um lado, a Inglaterra tinha 33 colônias, territórios e concessões, como Uganda, Somália, Sudão, Jamaica, Guiana, Índia Oriental, e Hong Kong; a França tinha 8 colônias, como a Argélia, Marrocos, Madagascar e Indochina. Por outro lado, a Alemanha tinha 5 colônias, com Camarões e a Namíbia sendo as mais expressivas. A Rússia, que se juntou aos Aliados, tinha 4 colônias. O Japão tinha 2.

O Império Austro-Húngaro foi fundado em 1867 como uma monarquia dual constitucional tendo por base a Áustria e a Hungria, e por cinco regiões e países contíguos da Europa Central, com a sua dissolução em 1918, ao final da Primeira Guerra Mundial. No sul da Europa, o Império Otomano estendeu seu poder a regiões da Arábia, da Ásia e da África.

Em nível econômico, em 1914, o PIB dos países europeus ocidentais Aliados ultrapassava significativamente o PIB da Tríplice Aliança. O PIB dos países Aliados somava US$928 bilhões, e o da Tríplice Aliança, US$473 bilhões. O PIB dos países Aliados, incluindo os Estados Unidos e o Japão, chegava a US$1.850 bilhão.

A guerra se espalhou rapidamente pela Europa e pelo mundo. A Primeira Guerra, então percebida como a “guerra das guerras” que terminaria com todas as guerras, com a estimativa de sua duração para seis meses, perdurou por quatro anos, no resultado do sofrimento.

Em agosto de 1914, a Rússia entra na guerra ao lado dos países eslavos. A Alemanha se junta ao Império Austro-Húngaro, declarando guerra à Rússia. A Alemanha declara guerra à França invadindo a Bélgica para chegar a Paris. A Grã-Bretanha declara guerra à Alemanha e envia tropas à França. O Império Otomano declara guerra à Rússia, preocupado com o Mar Negro, a Crimeia e o Cáucaso. A Primeira Guerra Mundial se instala em sua amplitude.

A Alemanha teve que lutar na Primeira Guerra Mundial em duas frentes diferentes: a Frente Ocidental na *guerra das trincheiras* contra a França e a Inglaterra, e a Frente Oriental contra a Rússia, dividindo suas forças em duas linhas diferentes de combate.

Nas fronteiras da França e da Alemanha, os combates e as baixas foram pesados. Ambos os lados começaram a construir trincheiras, 56.000km no total, ao longo de suas fronteiras, na guerra da carnificina das trincheiras.

Países do Mundo - PIB (PPC) (milhões de dólares)		
	1914	1914
	País(es)	Império/ Região
Império Britânico	328.228	837.372
Império Francês	226.118	289.030
Império Russo	224.301	449.479
Itália	149.449	153.185
Aliados - Europa	**928.096**	**1.729.066**
Estados Unidos	809.887	827.426
Império Japonês	112.151	137.028
Aliados - Mundo	**1.850.134**	**2.693.520**
Império Alemão	371.388	380.734
Império Austro-Húngaro	73.504	158.585
Império Otomano	28.472	68.830
Tríplice Aliança	**473.364**	**608.149**

No Mar do Norte, a Grã-Bretanha impôs bloqueio naval à Alemanha. A Alemanha respondeu com ataques de submarinos declarando todo o mar ao redor da Grã-Bretanha como área militar passiva de ataques. Na Frente Oriental, os alemães infligiram pesadas perdas aos russos e os russos infligiram pesadas perdas ao Império Austro-Húngaro. No Mar Negro e no Cáucaso, forças russas e otomanas se enfrentaram. No Oriente Médio, a Grã-Bretanha ocupou Basra no Golfo Pérsico, estratégico para o abastecimento de petróleo. Na Ásia, o Japão declarou guerra à Alemanha e invadiu a China, interessado que estava nas concessões alemãs na China. A guerra se espalha pelas colônias europeias da África.

No início de 1915, o mundo presencia pela primeira vez o bombardeio aéreo nos céus da Inglaterra por zepelins alemães. Nas trincheiras da Europa Ocidental, gás venenoso e lança-chamas são usados pela primeira vez na história. Em maio de 1915, a Itália entra na guerra ao lado dos Aliados sob a promessa francesa de terras do Império Austro-Húngaro. Em setembro de 1915, a Bulgária entra na guerra ao lado da Tríplice Aliança e derrota a Sérvia. A guerra da carnificina continua ao longo das fronteiras da França e da Alemanha, e em todo o mundo.

De fevereiro a dezembro de 1916, ocorre a mais longa e decisiva Batalha de Verdun no nordeste da França, por terra e nos céus, com combates aéreos e bombardeios de trincheiras, uma das piores batalhas já vistas na história da humanidade, com 750 mil baixas no total.

Em abril de 1917, os Estados Unidos entram na guerra depois de navios norte-americanos serem afundados na costa britânica. No final de 1917, após a Revolução de Outubro sob Lenin, a Rússia assinou armistício com a Alemanha e a Áustria-Hungria.

Em 1918, a Grã-Bretanha, a França e os Estados Unidos enviaram forças para ajudar os Russos Brancos contra o Exército Vermelho. A Grã-Bretanha sofreu cerca de mil baixas, e os Estados Unidos, cerca de quinhentas.

A Primeira Guerra Mundial termina em novembro de 1918.

No total, mais de 100 países estiveram envolvidos na Primeira Guerra Mundial, como Canadá, Austrália, Nova Zelândia, Índia, China, Brasil e outros. Dez milhões de soldados morreram em combate na Primeira Guerra Mundial, 21 milhões de soldados ficaram feridos, 7 milhões de civis morreram pelas consequências da guerra, como 1,5 milhão de armênios em seu deslocamento na Turquia. Em 1914, havia 22 países na Europa. Em 1920, 28 países. O Império Otomano foi dividido em 23 países em 1920, com maior fragmentação.

A Primeira Guerra Mundial foi um tabuleiro de xadrez baseado em percepções e oportunidades, interesses e ganhos. Uma guerra para nada além de destruição, uma dissolução global para lugar nenhum.

09

A gripe espanhola

Ao final da Primeira Guerra Mundial, a gripe espanhola devastou a Europa. Estima-se que cerca de 500 milhões, ou 25% da população mundial de 1,9 bilhão de pessoas, foram infectadas pela gripe espanhola. Cerca de 5% das pessoas infectadas morreram, o que perfaz o impressionante total de cerca de 20 milhões a 30 milhões de mortes no mundo.

A gripe espanhola se instalou em 1918, e nos três anos seguintes, logo no término da Primeira Guerra Mundial. A Europa estava basicamente destruída, as condições sanitárias eram muito ruins, os países apresentavam carência de recursos financeiros, não havia tecnologia como atualmente, nem medicina nem antibióticos como hoje.

A gripe espanhola, influenza H1N1, constituiu-se na pior pandemia do século XX.

A gripe espanhola afetou todo o mundo. Na Grã-Bretanha, 250 mil pessoas morreram; na França, 400 mil; nos EUA, 675 mil; na Suécia, 34 mil; na Finlândia, 20 mil; na Rússia, 450 mil; na China, de 1 milhão a 1.300.000; no Japão, 350 mil; no Irã, de 900 mil a 2.400.000; na Nova Zelândia, 9 mil; no Brasil, 300 mil; em Gana, 100 mil; na África do Sul, 300 mil; na Índia, de 12 milhões a 17 milhões.

Erros e acertos nas políticas adotadas foram cometidos por toda parte.

A discussão sobre manter fechadas ou abertas as atividades econômicas era frequente.

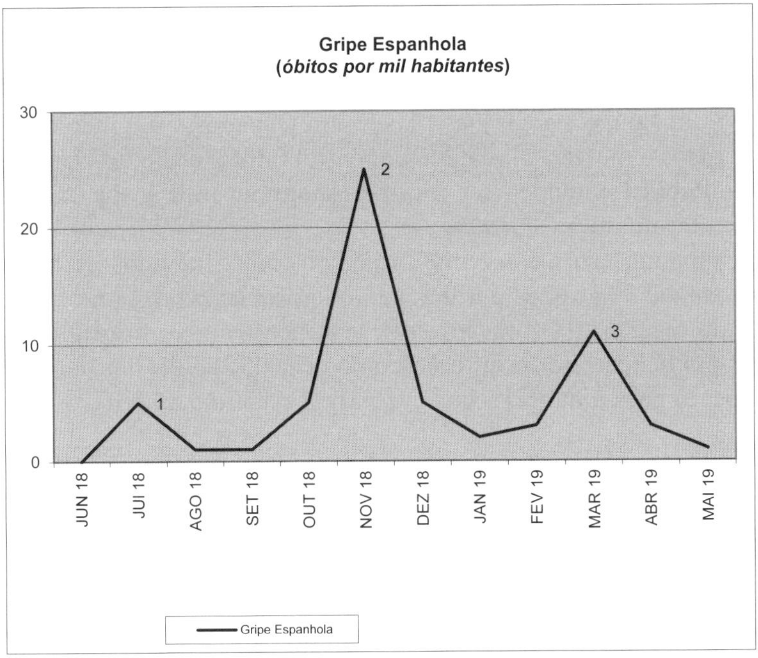

As três "ondas" da gripe espanhola

Corporação da Cidade de Kelowa

AVIDO PÚBLICO

O aviso é para estabelecer que, com o objetivo de prevenir o contágio pela Gripe Espanhola, todas as Escolas públicas e privadas, Igrejas, Teatros, Salas de Cinema, Piscinas e outros lugares de diversão, e reuniões em Auditórios, devem ser fechados até nova notícia.

Todas as reuniões em público consistindo de dez ou mais pessoas ficam proibidas.

D. W. SUTHERLAND.
Prefeito

Kelowna, British Columbia, Canadá

19 de outubro de 1918

Comunicado público da cidade de Kelowa, Canadá

Em muitos países, as atividades escolares foram interrompidas.

Em Nova York, negócios foram fechados, e aglomerações, evitadas. Em São Francisco, cidadãos sem máscaras eram multados em US$5,00 por pessoa. Em Saint Louis, teatros e escolas foram fechados, atingindo índices menores de casos e mortes. Na Filadélfia, entretanto, o chefe do Departamento de Saúde Pública entendeu ser a gripe espanhola uma gripe comum, com 15 mil mortes no início de 1919.

Na medicina, erros e acertos foram também cometidos. A aspirina foi prescrita em até 30 gramas por dia, gerando problemas de saúde para as pessoas por decorrência da dosagem ineficaz e excessiva. No Brasil, um panfleto de saúde pública sugeria o quinino como remédio de prevenção, um antigo medicamento para a malária, ineficaz para a gripe espanhola.

A influenza hespanhola

CONSELHOS AO POVO

(Da Inspectoria de Hygiene)

1918

EVITAR aglomerações, principalmente à noite.
NÃO fazer visitas.
TOMAR cuidados hygienicos com o nariz e garganta, inalações de vaselina mentholada, gargareijos com água e sal. Com água iodada, com ácido cítrico, tanino de infusões contendo tanino, como folha de goiabeira e outras.
TOMAR, como preventivo, internamente qualquer sal de quinino nas doses de 25 a 50 centigramas por dia, e de preferencia no momento das refeições.
EVITAR toda a fadiga ou excesso physico.
O DOENTE, aos primeiros symptomas, deve ir para a cama, pois o repouso auxilia a cura e afasta as complicações e contagio. Não deve receber, absolutamente, nenhuma visita.
EVITAR as causas de resfriamento, é de necessidade tanto para os sãos, como para os doentes e os canvalescentes.
AS PESSOAS IDOSAS devem aplicar-se com mais rigor todos esses cuidados.

Comunicado público da autoridade de saúde do Brasil

As consequências na economia foram devastadoras. As empresas experimentaram retração no mercado, exceto empresas de medicamentos, comunicação e serviços. Estima-se que a Primeira Guerra Mundial tenha causado uma queda média de 8% no PIB e 10% no consumo dos países envolvidos, enquanto a gripe espanhola tenha causado uma queda média de 6% no PIB e 8% no consumo da população atingida. Considerando a Primeira Guerra Mundial e a gripe espanhola juntas, o PIB médio caiu 14%, e o consumo, 16% no período.

Quando em Quarentena

As pessoas que estão em quarentena não estão isoladas se elas têm um Telefone da Bell Co.

O Serviço Telefônico da Bell traz alegria e encorajamento para os doentes, e é de valor em incontáveis maneiras.

Os amigos, estejam perto ou de longe, podem certamente se contatar, porque o Serviço Telefônica da Bell é um serviço universal.

COMPANIA TELEFÔNICA DE NOVA IORQUE

Anúncio público da Companhia Telefônica de Nova York

No total, a Primeira Guerra Mundial e a gripe espanhola somaram cerca 40 milhões de mortes.

Qual a miséria humana na combinação de guerra e pandemia!

10

A Segunda Guerra Mundial

A Segunda Guerra Mundial foi uma guerra tecnológica por essência, que termina na explosão apocalíptica do amanhã.

Com o fim da Primeira Guerra Mundial, em 1919, foi assinado na França o Tratado de Versalhes, estabelecendo regras para o controle do exército alemão e reparação financeira pela Alemanha no valor de US$33 bilhões para os países aliados, o equivalente a 82,5% dos US$40 bilhões do PIB alemão em 1925. Em 1931, a Alemanha havia pagado cerca de apenas 15% do total da dívida.

No âmbito internacional, a Liga das Nações foi fundada em São Francisco em 1920 como a primeira organização multilateral moderna, com 58 países no total, com um conselho permanente composto pela Grã-Bretanha, França, Itália e Japão. Os principais objetivos da organização recém-fundada eram os de resolver problemas entre os países, do desarmamento, e do bem-estar social. A Liga das Nações, porém, veio a falhar em seus propósitos devido à baixa representatividade política dos países para se chegar a acordos, exprimindo a fragilidade institucional da organização.

Nazismo

Economicamente, os países, no geral, foram abalados pela sequência da Primeira Guerra Mundial, da gripe espanhola e da Grande Depressão, com a redução do PIB mundial de 1929 a 1933 em 15%.

A Alemanha experimenta o nascimento e expansão do nazismo.

Em 1922–23, a Alemanha incorre na hiperinflação devido à impressão de papel moeda pelo Governo para pagar a dívida de guerra para com os Aliados e administrar o país, resultando em instabilidade social. No final de 1923, um pão podia custar bilhões de marcos em Berlim! A Alemanha foi abalada pela turbulência social.

Os ideais democráticos da República de Weimar se deterioraram.

Em 1932, a situação econômica da Alemanha era pior do que a de outros países da Europa. Durante a Grande Depressão, de 1929 a 1932, a produção industrial da Grã-Bretanha caiu 11%; a da França, 26%; a da Itália, 23%; na Alemanha, 41%.

Adolf Hitler, o líder do nazismo, nasceu na Áustria, ingressando e lutando pelo exército alemão durante a Primeira Guerra Mundial. Foi ferido na Batalha de Somme na França, recebendo a Cruz de Ferro no final da guerra. Sua educação era de nível secundário.

O Partido Nazista — Nacional Socialista dos Trabalhadores Alemães, foi fundado em 1920, sendo Hitler apontado como seu líder em 1922. Em 1923, Hitler falhou na tentativa de golpe de estado em Munique, sendo preso por um ano, quando escreveu *Mein Kampf* (*Minha luta*).

Em 1921, o Partido Nazista formou a SA, *divisão de assalto*, uma milícia paramilitar para ajudar o partido a atingir seus objetivos com violência e intimidação contra opositores e grupos sociais. Em 1932, a SA contava com cerca de 400 mil membros.

Nas eleições federais de 1919, os social-democratas alcançaram 30,8% do eleitorado total. Nas eleições federais de 1924, eles diminuíram para 20,2% do eleitorado total, o Partido Nazista com 15,9%, o Partido do Centro com 10,6%, o Partido Comunista com 6,9%, e outros partidos com 23,4%. Nas eleições federais de 1932, o Partido Nazista de Hitler alcançou 31,1% dos votos no eleitorado total; os social-democratas, 18%; o Partido Comunista, 11,6%; o Partido do Centro, 10,3%; e outros partidos, 7,6%.

Hitler colocava-se em oposição radical ao Tratado de Versalhes e de sua aceitação pela República de Weimar. Hitler atacava simultaneamente os Aliados como *países imperialistas*; os comunistas, como uma tentativa de intervenção estrangeira da Rússia na política alemã; os social-democratas, por estarem de acordo com os pensamentos *esquerdistas*; e o povo judeu e os banqueiros, por *não apoiarem financeiramente* a Alemanha durante o período do pós-guerra. Hitler expressava sua *teoria racial pangermânica da supremacia ariana* sobre outros povos e países com violência e intimidação contra seus opositores e a sociedade.

Na Itália, Mussolini tomou o poder após a Longa Marcha de outubro de 1922 a Roma, à frente do Partido Nacional Fascista, governando a Itália como Il Duche (O Líder), até sua deposição em 1943 e execução em 1945, ao final da Segunda Guerra Mundial.

O nazismo e o fascismo não têm nenhuma ideologia, expressam um estado de espírito exacerbado e contínuo contra os inimigos, dos quais se alimentam de conflito e ódio.

Muitas pessoas dizem que fascismo e comunismo são a mesma coisa, mas são sistemas bem diferentes. A única coisa que têm em comum, o que é muito significativo, é o autoritarismo sem limites, em circunstâncias dadas por cada condição histórica específica de quando ocorrem.

O *socialismo* é baseado nas Teorias Marxistas, que expressam o desejo de abolir as diferenças econômicas entre as classes sociais, tendo por expressão última o *comunismo*, onde todos seriam iguais no modo de produção socializado; o que levou os *países socialistas* à estatização dos meios de produção, governados por partidos políticos burocráticos autoritários, com benefícios econômicos e sociais para as classes mais baixas e benefícios pessoais para os governantes. Historicamente, ocorreu em países agrícolas semiperiféricos devido a revoluções sociais lideradas por partidos políticos, ou pela imposição de um país socialista a outro pela guerra. Em geral, o *socialismo* tende a se dissolver ao longo do tempo devido à ineficiência econômica do *socialismo real*.

O fascismo não tem teoria nem ideologia, mas é consequência de atitude tomada por um grupo político radical em países em depressão econômica, com o apoio de setores empresariais e de alguns grupos das classes médias, contra um suposto inimigo a ser reprimido, justificando o *estado de exceção* com a eliminação da liberdade individual e dos direitos políticos da população em benefício da classe dominante despótica que então se apodera. A horda dos ressentidos sociais, o anti-intelectualismo que leva à barbárie do antissocial. Ocorreu em países como a Alemanha e a Itália após a Primeira Guerra Mundial, como exposto nas obras de George Mosse, sobre o nazismo, e de De Felice, sobre o fascismo, com a tomada gradual do poder por meio da deterioração das instituições sociais, culminando em golpe de estado, semelhante à atualidade da Hungria e à tentativa ocorrida no Brasil.

A social-democracia nada tem a ver com o socialismo em sua forma final. O socialismo é o domínio por um grupo político da economia estatal, com alguns benefícios para as classes mais baixas e privilégios para o estrato dominante, com supressão da liberdade e dos mecanismos de mercado. A social-democracia é baseada na negociação entre as classes altas e baixas, excluindo o socialismo como perspectiva social, e mantendo a liberdade e a economia de mercado com a mediação do Estado para programas e benefícios sociais, com rotação do poder político e controle do Estado pelos partidos, que representam ambos os lados da sociedade. É o caso dos países escandinavos e, guardados aspectos específicos de desenvolvimento histórico, da Nova Zelândia e de outros países.

A social-democracia, em sua prática, tem mais a ver com os países orientados para o mercado do que com os socialistas. Os países liberais orientados para o mercado são baseados na liberdade política e econômica individual, com menor intervenção política do Estado na economia, levando a benefícios econômicos para todas as classes no médio e longo prazo. É o caso da Inglaterra e dos Estados Unidos, economias fortes a partir de suas populações. Após a Grande Depressão de 1929, o *New Deal* de Roosevelt e as ideias keynesianas da década de 1930 alteraram as políticas tradicionais de mercado com a maior participação do Estado em alguns setores da economia, no sentido de criar e preservar empregos e renda para a estabilidade econômica, com política sociais.

Quatro estilos de economia, quatro diferentes tipos de sociedade.

⊙ ⊙ ⊙

No início de 1933, Paul von Hindenburg, presidente da República de Weimar de 1924 a 1934, nomeou Hitler como chanceler da Alemanha. Em 1934, após a morte de Hindenburg, Hitler assumiu o poder como chanceler e como *Der Füher* (*O Líder*) da nação alemã.

Em 30 de junho de 1934, Hitler, com a SS, suprimiu a liderança da SA de Röhm, então em divergência em relação a Hitler, na Noite das Facas Longas, matando a maior parte da liderança do movimento.

Na *Kristallnacht*, em 9 e 10 de novembro de 1938, a Noite dos Cristais Quebrados, mais de 90 judeus foram mortos e 30 mil presos, 7 mil empresas judaicas e 267 sinagogas foram destruídas ou danificadas, um ponto de inflexão da selvageria e da amargura, que vem posteriormente a se tornar em um dos episódios mais terríveis já vistos na história da humanidade, o *Holocausto*, com o assassinato de 6 milhões de judeus em campos de concentração durante a Segunda Guerra Mundial pelos nazistas.

O nazismo foi baseado em violência, destruição e mentiras. Goebbels, o ministro da Propaganda de Hitler de 1934 a 1945, disse que "uma mentira contada uma vez continua sendo uma mentira, mas uma mentira contada mil vezes se torna verdade". O anti-intelectualismo foi um instrumento para suprimir a liberdade e as mentes. É atribuído a Hanns Johst, da Alemanha nazista, o dito "quando ouço a palavra cultura, pego logo a minha arma".

É notável que Galileu tenha dito certa vez que "de todos os ódios, nenhum supera o da ignorância contra o conhecimento".

A Segunda Guerra Mundial

A Segunda Guerra Mundial foi precedida pela Guerra Civil Espanhola de 1936 a 1939, os republicanos sob Franco com o suporte da Alemanha e da Itália, e os nacionalistas, incluindo anarquistas e socialistas, com o suporte da Rússia e da França, com a vitória de Franco e um total de 200 mil mortos durante a guerra.

Em setembro de 1939, a Alemanha invadiu a Polônia, iniciando a Segunda Guerra Mundial. A Grã-Bretanha e a França declararam guerra à Alemanha, e a Rússia invadiu a Polônia ao leste.

No Oriente, o Japão aliou-se ao nazismo e ao fascismo, interessado que estava em expandir seu império para as terras chinesas e conter a expansão da Rússia na China e na Coreia. A guerra europeia torna-se uma guerra mundial.

Em novembro de 1939, o Japão invadiu Nanjing, e a Rússia invadiu a Finlândia.

A Segunda Guerra Mundial foi formada por dois grupos de países. Alemanha, Itália e Japão, o Eixo, por um lado; e Grã-Bretanha, França, Rússia, e Estados Unidos, que entram na guerra no final de 1941, os Aliados, por outro lado.

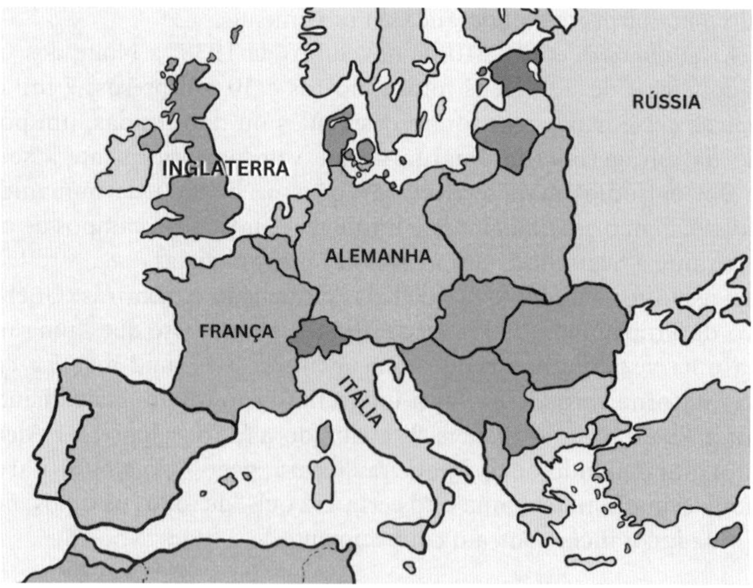

A Europa antes da Segunda Guerra Mundial

Em 1939, o PIB dos países Aliados, com US$1,7 trilhões, superava em muito o PIB dos países do Eixo, com US$719 bilhões. De 1939 a 1945, o PIB dos EUA aumentou 69,6%, e o britânico, 15,3%, enquanto o PIB francês diminuiu 49,3%, e o Russo, 6,3%. Em relação aos países do Eixo, o PIB da Alemanha diminuiu 19,3%; o da Itália, 39,1%; e o do Japão, 21,7%. Se compararmos o PIB do Eixo em 1939, em US$719 bilhões, com o dos Aliados, em US$859 bilhões, sem contar os EUA, que entraram na guerra em 1941, os valores totais do PIB dos países do Eixo e dos Aliados eram equivalentes. A entrada dos EUA em 1941 foi o ponto crítico de virada da guerra.

PIB dos Países - Segunda Guerra Mundial (bilhões de dólares de 1990)				
	Ano			Variação
	1939	1941	1945	% (39-45)
Grã-Bretanha	287	344	331	15,3
França	199	130	101	-49,2
União Soviética	366	359	343	-6,3
Aliados da Europa	**852**	**833**	**775**	**-9**
Estados Unidos	869	1094	1474	69,6
Aliados no Mundo	**1721**	**1927**	**2249**	**30,7**
Alemanha	384	412	310	-19,3
Itália	151	144	92	-39,1
Japão	184	196	144	-21,7
Eixo	**719**	**752**	**546**	**-24,1**

A guerra se espalhou pela Europa. Na primeira metade de 1940, a *Wehrmacht*, as forças do exército alemão, invadiu a Dinamarca, Noruega, França, Bélgica, Holanda e Luxemburgo. Em maio de 1940, 300 mil soldados britânicos e aliados tiveram que se retirar de Dunquerque para a Inglaterra após derrota para os alemães. Em junho, a Rússia invade o Báltico. A Itália invade a Líbia em setembro e a Grécia em outubro. Na Grã-Bretanha, a Batalha da Inglaterra ocorre de junho a outubro de 1940, com o bombardeio aéreo da Inglaterra e a supremacia da Royal Air Force britânica sobre a Luftwaffe alemã.

Na França, a invasão alemã em 10 de maio em 1940 levou apenas 6 semanas para a conquista de Paris e derrota dos franceses. A França, com 5 milhões de soldados no início da Segunda Guerra Mundial, havia construído a Linha Marginot na década de 1930 em suas fronteiras para impedir qualquer possível invasão alemã no país. A Linha Marginot, baseada na concepção anterior de trincheira, mais bem fortificada do que na Primeira Guerra Mundial, não resistiu à moderna Wehrmacht alemã, com sua divisão de tanques Panzer com mobilidade e robustez.

A França capitulou logo no início da guerra. Em 14 de junho, Paris foi tomada sem luta ou destruição. Em 22 de junho, o armistício franco-alemão foi assinado, com a divisão da França pela ocupação alemã ao norte incluindo Paris, e a França de Vichy sob o marechal Pétain ao sul, com dois quintos das terras do país, em conformidade e colaboração para com a Alemanha nazista. No final de junho, as forças italianas ocuparam algumas partes na fronteira do sudeste francês. Em novembro de 1942, a França de Vichy foi em parte ocupada também pela Alemanha.

Da Inglaterra, o general De Gaulle comandou *La Resistance*, a resistência francesa, guerrilheiros que lutavam na tática de guerrilha urbana, informações e contrainformações contra os nazistas e os colaboracionistas franceses. A França de Vichy durou de 12 de junho de 1940 a 25 de agosto de 1944, com a França libertada pelos norte-americanos e Aliados. Pétain foi condenado à morte ao final da guerra em 1945, sendo sua sentença comutada para prisão perpétua. De Gaulle foi reconhecido pelos Aliados como o Líder de *La France Libre*, a França Livre, o *Pai* da Terceira República.

Os tanques alemães foram decisivos nas seis semanas da Batalha da França. Durante a Segunda Guerra Mundial, o tanque russo T-34 foi considerado um tanque melhor do que o Panzer alemão. O tanque Marshall norte-americano era mais leve, mas mais rápido que o Panzer alemão.

Com relação aos tanques, os Aliados somaram 600 mil tanques durante a Segunda Guerra Mundial, sendo 303 mil norte-americanos, 158 mil russos, 131 mil britânicos e 5 mil franceses. Por outro lado, o Eixo somava 210 mil tanques, sendo 120 mil alemães, 79 mil japoneses e 11 mil italianos.

Com relação às aeronaves, os Aliados somaram 609 mil aeronaves durante a Segunda Guerra Mundial, sendo 295 mil norte-americanas, 177 mil britânicas e 136 mil russas. Já o Eixo somava 222 mil aeronaves, sendo 133 mil alemãs, 64 mil japonesas e 13 mil italianas.

Com relação às forças navais, os Aliados somaram 2.182 navios de guerra durante a Segunda Guerra Mundial, sendo 1.216 norte-americanos, 885 britânicos e 81 russos. Já o Eixo somava 2.097 navios de guerra, sendo 1.712 alemães, 291 japoneses e 79 italianos. Em termos de submarinos, os Aliados somaram 568 durante a Segunda Guerra Mundial, sendo 245 norte-americanos, 238 britânicos e 52 russos. Já o Eixo somava 1.416 submarinos, sendo 1.152 alemães, 199 japoneses e 63 italianos.

Com relação ao total de soldados, na Segunda Guerra Mundial, cerca de 37,9 milhões de soldados lutaram do lado Aliado, sendo 12,5 milhões de russos, 12,4 milhões de norte-americanos, 4,6 milhões de britânicos, 5 milhões de chineses, 2,1 milhões de hindus, 780 mil australianos e 680 mil canadenses. Por outro lado, o Eixo somava 21,8 milhões de soldados, sendo 10 milhões de alemães, 6 milhões de japoneses, 4,5 milhões de italianos, 600 mil romenos, 450 mil búlgaros e 350 mil húngaros.

Os números eram definitivamente favoráveis aos Aliados.

Na primeira metade de 1941, a guerra se estende aos Bálcãs e ao norte da África.

Em 22 de junho de 1941, a Alemanha invade a Rússia na Operação Barbarosa, atacando Leningrado (São Petersburgo) e Stalingrado (Volgogrado) em agosto, tomando Kiev em setembro e atacando Moscou em outubro. Quão próximo ficou o desastre para os alemães!

Alemanha

A Alemanha nazista lutou a guerra inicialmente em três frentes diferentes. Primeiro, na Europa Oriental, para o domínio da França e da Inglaterra. Segundo, estendeu a guerra aos Bálcãs e ao norte da África. Terceiro, invadiu a Rússia em busca de petróleo e terras agrícolas, tentando consolidar seu poder sobre toda a Europa Oriental e Ocidental.

Hitler pensou que a Inglaterra se renderia após a derrota e ocupação da França. Mas a Segunda Guerra Mundial foi diferente da Primeira Guerra Mundial. A força aérea e a marinha tornaram-se proeminentes como nunca antes. Após a capitulação da França, a Grã-Bretanha permaneceu como o principal líder na guerra contra a Alemanha nazista na Europa, a chama da resistência e da esperança.

Os nazistas cogitaram a possibilidade da invasão da Inglaterra, mas a avaliação era a de que o poderio aéreo e naval da Inglaterra dificilmente seria superado, deixando a decisão para o fim da guerra, que pensavam iriam vencer. Assim, a Alemanha teve que lutar em três diferentes frentes, na Inglaterra, no norte da África e na Rússia e Europa Oriental. Deixar a Grã-Bretanha para o fim da guerra, invadir a Rússia e subestimar os norte-americanos foram erros cruciais da Alemanha na Segunda Guerra Mundial. A guerra no norte de África deu oportunidade aos norte-americanos de entrarem progressivamente na guerra; a guerra da Europa Oriental era dispersiva de seus esforços, e a invasão da Rússia esgotou a capacidade militar e econômica da Alemanha em avançar na guerra; e a Inglaterra passou a ser o local onde os Estados Unidos mobilizaram suas forças para a invasão da Europa.

Rússia

A Rússia lutou na guerra em três frentes diferentes. Primeiro, resistindo à invasão alemã com bravura e resiliência, com a ajuda da *Mãe Inverno*, virando a guerra após a Batalha de Stalingrado contra a Alemanha até sua derrota final em Berlim. Segundo, estendendo o poderio militar da União Soviética ao Mar Negro e ao Cáucaso. Terceiro, expandindo seu poder militar e sua influência sobre os países da Europa Oriental.

Stalingrado foi uma das piores e mais sangrentas batalhas da história da humanidade, a batalha das camadas de corpos sob corpos sob mais corpos. Um ponto crítico de virada na Segunda Guerra Mundial. A Batalha de Stalingrado ocorreu de agosto de 1942 a fevereiro de 1943, causando de 640 mil a 860 mil baixas alemãs e 1,1 milhão de baixas russas, com a derrota dos alemães. Em novembro de 1943, a Rússia libertou Kiev. Em junho de 1944, os russos derrotaram os alemães na Bielorrússia. Em janeiro de 1945, a Rússia liberta Varsóvia.

Com a derrota dos alemães na Rússia, estes foram gradualmente forçados a retornar a Berlim, com o marechal Zhukov pelo centro da Rússia e o marechal Konev pelo sudeste da Rússia, até a queda de Berlim, em 2 de maio de 1945 e a rendição da Alemanha em 7 de maio de 1945.

Japão

O Japão lutou na guerra em três frentes diferentes. Primeiro invadindo a China visando a sua dominação política e econômica. Segundo, invadindo as ilhas do sul da Ásia em busca de petróleo e outros suprimentos. Terceiro, na luta naval contra os Estados Unidos na tentativa de obter o controle do Oceano Pacífico.

Em 7 de dezembro de 1941, o Japão atacou Pearl Harbor, na madrugada de um domingo, causando graves danos e destruindo a maior parte da frota norte-americana do Oceano Pacífico, matando cerca de 3 mil norte-americanos em solo. Grave erro e a que custo pagar!

Maquiavel diz que não se deve humilhar o inimigo, porque a humilhação leva ao ódio, e o ódio, à vingança. E Sun Tzu diz que, ao cercar o inimigo, é preciso deixar uma saída como alternativa, não para que se deixe o inimigo escapar, mas para impedir que o inimigo lute com a coragem de um leão em desespero.

O ataque a Pearl Harbor, sem *declaração de guerra*, teve precedentes na Guerra Russo-Japonesa de 1904–1905, quando o Japão atacou e destruiu a frota russa no Pacífico, dois dias antes da *declaração de guerra* à Rússia. Que erro o Japão cometeu em Pearl Harbor, pagando preço tão inimaginável em seu futuro próximo, mudando o curso da guerra e da história da humanidade!

Em 8 de dezembro de 1941, Roosevelt e o congresso norte-americano declararam guerra ao Japão, seguida pela declaração de guerra à Alemanha e à Itália em 11 de dezembro de 1941. Foram verdadeiros marcos para a virada da guerra na Europa e no mundo.

Estados Unidos

Os Estados Unidos travaram a guerra em três frentes diferentes. Primeiro, a Guerra do Pacífico com o Japão, por mar e terra. Segundo, pressionando os alemães ao sul da Europa a partir da guerra no norte da África. Terceiro, pressionando os alemães na Europa Continental a partir da Inglaterra, com a invasão da Normandia, da França e da própria Alemanha.

Na Guerra do Pacífico, em abril de 1942, os Estados Unidos bombardearam Tóquio com aeronaves pela primeira vez na história do Japão. Em junho de 1942, os Estados Unidos derrotaram a frota naval japonesa na Batalha de Midway. Apesar de sua inferioridade numérica, os Estados Unidos infligiram ao longo do tempo pesadas perdas à frota japonesa, ponto crítico da virada na Guerra do Pacífico. Em 1943, em fevereiro, os japoneses se retiraram de Guadalcanal. Em julho, os Estados Unidos desembarcaram nas Ilhas Salomão e na Nova Geórgia; em setembro, os australianos chegaram à Nova Guiné; em novembro, os Estados Unidos desembarcaram em Tarawa. A Guerra do Pacífico se espalhou pelas ilhas. Em outubro de 1944, os EUA desembarcaram nas Filipinas. Em maio de 1945, desembarcaram em Okinawa.

Em 6 de agosto de 1945, os EUA lançaram a primeira bomba atômica da história da humanidade, em Hiroshima, matando 150 mil pessoas. Em 9 de agosto de 1945, os EUA lançaram a bomba atômica em Nagasaki, matando 80 mil pessoas no momento da explosão.

Em 2 de setembro de 1945, o Japão apresenta sua rendição.

No norte da África, em outubro de 1942, os britânicos, sob o comando de Montgomery, derrotaram os alemães, sob o comando de Rommel, no Egito. Em novembro de 1942, as forças norte-americanas e britânicas desembarcaram na Argélia e no Marrocos. Em maio de 1943, os alemães se renderam aos Aliados na Tunísia, ficando o norte da África livre das forças do Eixo. Em julho de 1943, a Sicília foi libertada pelos Estados Unidos sob Patton e pelos Britânicos sob Montgomery. Em setembro de 1943, os Aliados desembarcaram em Salerno, na Itália. Em julho de 1944, os Aliados libertaram Roma.

Em agosto de 1944, os Aliados entraram no sul da França, chegando a Paris no final do mês.

Inglaterra

A Inglaterra lutou na guerra em quatro frentes diferentes. Primeiro, e a principal para a sua sobrevivência, na própria Grã-Bretanha, na defesa da ilha na batalha naval e aérea da costa da Inglaterra e do Mar do Norte. Segundo, na guerra do Oriente Médio e norte da África. Terceiro, na guerra na Ásia, junto com as forças hindus e chinesas. Quarto, no planejamento e coordenação conjunta com os norte-americanos, sob a liderança de Eisenhower, na invasão dos Aliados na Normandia, o *Dia D*, em 6 de junho de 1944, e da França.

A Inglaterra foi fundamental no *espírito dos tempos* da resistência e da guerra contra a Alemanha, sob a liderança de Winston Churchill, que simboliza sua mensagem na expressão:

> "Não tenho nada a oferecer senão sangue,
> trabalho, lágrimas e suor."

Ou na melancólica canção de Vera Lynn aos pilotos da Royal Air Force:

> "Vamos nos encontrar novamente,
> Não sabemos onde,
> Não sabemos quando,
> Mas sabemos que nos encontraremos
> novamente em um dia ensolarado."

Em verso estendível e em homenagem a todos, de todos os países e cantos do mundo, que lutaram, sofreram e morreram na Segunda Guerra Mundial.

Após a retirada da força britânica de Dunquerque em maio de 1940, a Inglaterra mostrou sua supremacia na Batalha da Grã-Bretanha de julho a outubro daquele ano contra os alemães nos céus.

Em 1941 e 1942, a Grã-Bretanha participou conjuntamente do esforço da Resistência Francesa, da guerra no Oriente Médio, e da guerra na Ásia junto com os hindus e chineses.

Em 30 de maio de 1942, a Força Aérea Real Britânica bombardeou a cidade de Colônia, trazendo guerra e destruição à Alemanha pela primeira vez. O bombardeio da Alemanha pelas forças aéreas britânica e norte-americana continuaria ininterruptamente até maio de 1945.

Em 6 de junho de 1944, as forças Aliadas, sob o comando de Eisenhower, invadiram a Normandia, mobilizando 156 mil no desembarque à França, apoiados por 195 mil militares navais, a maior operação de guerra naval já vista na história mundial. Ponto crítico de virada em definitivo. O destino da guerra estava selado.

Em 25 de agosto de 1944, Paris é libertada pelos Aliados.

Em 7 de março de 1945, os norte-americanos comandados por Patton cruzaram o Reno em Ramagen, na Alemanha. Em 23 de março de 1945, os britânicos comandados por Montgomery cruzaram o Reno em Wessel, compondo as forças norte-americanas e inglesas na invasão da Alemanha.

De 16 de abril a 2 de maio, os alemães foram derrotados na Batalha de Berlim pelos russos sob o comando do marechal Zhukov e do marechal Konev, uma batalha com cerca de 180 mil mortos.

Em 2 de maio de 1945, Hitler cometeu suicídio. Em 7 de maio de 1945, a Alemanha se rendeu.

A Segunda Guerra Mundial termina na Europa.

A bomba atômica

Em 6 e 9 de agosto de 1945, os EUA lançaram duas bombas atômicas sobre o Japão, em Hiroshima e em Nagasaki.

Ao final, 24 milhões de soldados foram mortos em combate, 49 milhões de civis foram mortos pelo mundo, no total de 73 milhões de vidas perdidas durante a Segunda Guerra Mundial. Vinte e sete milhões eram russos, 6 milhões eram judeus, vítimas do genocídio do Holocausto.

A Segunda Guerra Mundial termina.

11

A Nova Ordem Mundial

Se Clausewitz disse que a guerra é a mera continuação da política por outros meios, seu corolário é também verdadeiro. A economia é também a continuação da guerra por outros meios.

Organizações multilaterais

Após a Segunda Guerra Mundial, organizações multilaterais foram criadas para se estabelecer alguns parâmetros para as economias dos países e a Nova Ordem Mundial.

A Conferência de Bretton Woods teve lugar nos Estados Unidos entre 1º e 22 de julho de 1944, com a presença de 44 países, mesmo antes do final da Segunda Guerra Mundial, como principal evento político-institucional que estabeleceu as principais regras da economia internacional, com a fundação do FMI e do Banco Mundial.

John Keynes e Harry White, economista-chefe do Departamento do Tesouro dos EUA, desempenharam importante papel na Conferência de Bretton Woods.

A Grande Depressão de 1929–1933 reduziu o PIB mundial em 15%.

Adam Smith pensava que a "mão invisível" do mercado responderia por si mesma para o equilíbrio das economias. Na troca de bens e serviços, o mercado geraria o melhor para os indivíduos e o pleno emprego nas sociedades. A demanda poderia exceder a oferta ou a oferta poderia exceder a demanda, com ciclos de relativo desequilíbrio, mas o mercado cuidaria dos ciclos reequilibrando a economia.

Essa afirmação pode estar certa em muitos casos, mas não em todos. O mercado pode criar expectativas que excedam em muito o equilíbrio por si só. Na Grande Depressão, o crescente investimento no mercado de ações diante da progressiva percepção de lucro no valor dos papeis negociados, sem o correspondente valor econômico como contrapartida, levou a uma bolha financeira com a quebra de Wall Street no outono de 1929. Em pânico, as pessoas correram aos bancos, que não eram suficientemente regulamentados quanto ao percentual de recursos que deveriam ter em caixa como reserva financeira para o atendimento de crises, levando à falência de instituições financeiras, de empresas, e ao desemprego.

Keynes, mantendo o mercado como conceito central das economias, contestou as ideias de Adam Smith de livre mercado em si só, afirmando a necessidade da intervenção do Estado com investimentos macroeconômicos e para o equilíbrio regulatório financeiro, com o pleno emprego para a estabilidade e prosperidade contínua das sociedades.

Keynes não foi o único a contestar as ideias de Adam Smith mantendo a ideia geral de mercado. Na Teoria dos Jogos, John Nash viria a mostrar que há situações nas quais, mesmo que todos os atores individuais atuem economicamente de forma racional, o resultado geral pode ser irracional para a coletividade, como, por exemplo, lucrar com o esgotamento dos recursos naturais, quando a política deveria ser o necessário ajuste do mercado à escassez dos recursos para a sobrevivência da sociedade.

O *New Deal* de Roosevelt em 1933, até então sem relação direta com Keynes, propunha o investimento massivo do Estado em infraestrutura e maior controle do setor financeiro para manter a economia e o pleno emprego.

O acordo de Bretton Woods em 1944 estabeleceu o padrão ouro, na paridade de um dólar norte-americano como 1/35 de uma onça de ouro, com variação de ± 1%, como referência para o câmbio no comércio internacional e maior estabilidade das economias. Em 1971, Richard Nixon anunciou a decisão de não manter mais a paridade do dólar e do ouro, dando lugar ao sistema de câmbio flutuante no comércio internacional.

Na sequência de Bretton Woods, o Fundo Monetário Internacional – FMI e o Banco Mundial BIRD – Banco para o Desenvolvimento e Reconstrução Internacional foram fundados simultaneamente em Washington ao final de 1944. O Banco Mundial deveria promover o desenvolvimento econômico entre os países com projetos e empréstimos, e o FMI deveria suprir e regular os desequilíbrios financeiros dos países no mercado internacional.

Em 1945, a ONU foi fundada em São Francisco, com 73 países no total e 5 países permanentes com poder de veto no Conselho de Segurança, Estados

Unidos, Inglaterra, França, Rússia e China, mudando-se para Nova York em 1950–51, hoje com 193 países.

A Nova Ordem Mundial foi formada.

No âmbito da ONU, a Organização para Agricultura e Alimentação – FAO, hoje em Roma, foi fundada na cidade de Quebec em outubro de 1945; a Organização das Nações Unidas para a Educação, a Ciência e a Cultura – UNESCO, hoje em Paris, foi fundada em Londres em novembro de 1945; a Organização Mundial da Saúde – OMS foi fundada em Genebra em abril de 1948; o Acordo Geral sobre Tarifas e Comércio – GATT foi assinado pela primeira vez em Genebra em 1947 e implementado em 1948, seguido pela da Organização Mundial do Comércio – OMC, fundada em 1995 em Genebra; a Organização para Cooperação e Desenvolvimento Econômico – OCDE foi fundada em 1961, em Paris, com 35 países, como instituição para o mercado e democracia, com vantagens comerciais para os participantes; a Conferência das Nações Unidas sobre Comércio e Desenvolvimento – UNCTAD foi fundada em 1964 em Genebra para promover o comércio entre países desenvolvidos e não desenvolvidos; e outras organizações multilaterais nas relações trabalhistas, comunicação, marítimas, aeronáuticas, ambientais, humanitárias, desarmamento e muitas outras.

Na justiça, em junho de 1945, foi fundada em São Francisco a Corte Internacional de Justiça – ICJ, estabelecida em Haia na Holanda em 1946, para dirimir disputas entre países e prestar assessoria jurídica internacional. Em 2002, o Tribunal Penal Internacional foi fundado em Haya, Holanda, como uma tentativa de se estabelecer a jurisdição sobre crimes contra a humanidade e genocídio.

Para o controle de armamento nuclear, em 1957 a Agência Internacional de Energia Atômica – IAEA foi fundada em Viena para promover o uso pacífico e regular o acesso e a expansão da energia atômica para fins militares e comerciais.

Os países também tiveram a iniciativa de se organizar em grupos específicos para a discussão de questões políticas e econômicas. Em 1975, o Grupo dos Sete – G7 foi formado pelos EUA, Reino Unido, Alemanha, França, Itália, Canadá e Japão. No mesmo ano, foi formado o Grupo dos Oito – G8, constituído pelo G7 + Rússia. O Grupo dos Vinte – G20 foi formado em 1999, composto pelo G8 + China, Índia, Austrália, Brasil, Arábia Saudita, Coreia do Sul, Indonésia, Turquia, México, Argentina, África do Sul e União Europeia.

Adicionalmente ao aparato institucional internacional, após a Segunda Guerra Mundial, os Estados Unidos introduziram, em 1948, o Plano Marshall, com US$13,3 bilhões para ajuda econômica à Europa, cerca de US$142,2 bilhões a valores de 2021, com a ajuda do Comitê de Cooperação Econômica Europeia, com 16 países sob a liderança da Inglaterra e da França, na forma de investimentos e empréstimos para o desenvolvimento econômico e estabilidade política e social.

A Guerra Fria

Após a Segunda Guerra Mundial, os Estados Unidos e a Rússia passaram a ser os líderes do mundo, donos de posições econômicas distintas e opostas, do capitalismo e do socialismo, ambos detentores da bomba atômica no final da década de 1940, com a primeira bomba atômica norte-americana sendo lançada em Hiroshima em 1945, e a primeira explosão atômica russa, em 1949.

O mundo tornou-se prisioneiro da Guerra Fria.

No final da Segunda Guerra Mundial, a Alemanha foi dividida na Alemanha Oriental e Alemanha Ocidental, e Berlim, dividida em quatro zonas de ocupação por norte-americanos, russos, ingleses e franceses.

Em 1949, a Organização do Tratado do Atlântico Norte – OTAN foi fundada em Washington, inicialmente formada pelos Estados Unidos, Reino Unido, França, Canadá, Itália, Dinamarca, Noruega, Bélgica, Holanda, Luxemburgo, Islândia e Portugal. Por outro lado, em 1955, foi fundado o Pacto de Varsóvia, inicialmente formado pela União Soviética, Alemanha Oriental, Polônia, Tchecoslováquia, Hungria, Romênia, Bulgária e Albânia. O equilíbrio do terror foi estabelecido, com dois sistemas opostos, com poderio nuclear.

Durante a Guerra Fria, pudemos presenciar alguns momentos difíceis para o mundo. Os mais significativos foram o Muro de Berlim, em 1961, quando tanques norte-americanos e russos estiveram frente a frente, em 27 e 28 de outubro, no Charlie Point, por mais de 24 horas, ameaçando a paz mundial; e a Crise Cubana de 1962, na qual a frota russa, supostamente carregando armas atômicas para implantação em Cuba, felizmente decidiu voltar atrás após o bloqueio norte-americano.

Guerras da segunda metade do século XX

Coreia

No contexto da Guerra Fria, várias guerras ocorreram no mundo na segunda metade do século XX.

De 1950 a 1953, a Guerra da Coreia ocorreu com a Coreia do Sul apoiada pelos Estados Unidos e Inglaterra, e a Coreia do Norte apoiada pela Rússia e China, com cerca de 1 milhão de baixas e 2 a 3 milhões de mortos civis.

Vietnã

De 1955 a 1975, a Guerra do Vietnã ocorreu com o Vietnã do Sul apoiado pelos Estados Unidos com a ajuda da Austrália e Nova Zelândia e outros países, e o Vietnã do Norte apoiado pela China e Rússia, com 58 mil soldados norte-americanos mortos e mais 2 milhões de mortes de civis vietnamitas.

Angola

De 1975 a 2002, a Guerra Civil de Angola ocorreu após a independência de Angola de Portugal, com o Movimento Popular de Libertação de Angola – MPLA no Governo com a ajuda de Cuba e apoio russo, e a Unidade para a Independência Total de Angola – UNITA apoiada pela África do Sul com suporte norte-americano, com a morte de cerca de 1 milhão de soldados e civis.

Angola é um dos países mais importantes da África, rico em terras agrícolas, recursos hídricos e minerais. Angola ilustra a guerra mais significativa na África na segunda metade do século XX.

A colonização europeia no Oriente Médio e na África deixou como legado a divisão e a junção de diferentes culturas, religiões e modos de produção distintos dentro de fronteiras arbitrárias dos novos países colonizados. Em Angola, sete nacionalidades diferentes foram mantidas dentro das fronteiras do país, sendo as mais importantes os quimbundos, os umbundos e os quicongos; quimbundos e umbundos presentes somente em Angola.

Angola foi a guerra mais longa do século XX, uma guerra de 27 anos, de 1975 a 2002; o MPLA transformando o país do socialismo de 1975 a 2002 para uma economia estatal de mercado de 2002 até hoje. Com posição mais homogenia na sociedade angolana, o MPLA venceu as eleições de 2008, 2012, 2017 e 2022.

Bósnia-Herzegovina

No final do século XX, de 1992 a 1995, após a dissolução da União Soviética entre 1989 e 1991, e da Iugoslávia em 1990, ocorreu a Guerra da Bósnia entre a Sérvia, Croácia e Bósnia, com 60 mil soldados e 40 mil civis mortos, totalizando 100 mil óbitos.

O genocídio de Ruanda

Em 1994, em Ruanda presenciou-se o genocídio de 800 mil tutsis pelos hutus. A colonização alemã de antes da Primeira Guerra Mundial e a posterior colonização belga foram realizadas por meio do tutsis, em detrimento aos hutus, com a sequência da Guerra Civil.

A grande transformação do mundo moderno

Estados Unidos e Rússia

Na segunda metade do século XX e início do século XXI, ocorreram cinco grandes eventos na transformação política, econômica e social do mundo moderno. Primeiro, a consolidação dos Estados Unidos como o país líder do mundo; segundo, o desmantelamento da União Soviética de 1989 a 1991; terceiro, a consolidação do Japão como a segunda economia do mundo durante a segunda metade do século XX; quarto, a ascensão da União Europeia de 1958 a 2002; e quinto, a ascensão da China como potência global no século XXI e a economia mais importante do futuro próximo.

Após a Segunda Guerra Mundial, os Estados Unidos e a União Soviética se tornaram os dois líderes mais importantes do mundo, em recíproca anteposição. Em 1980, o PIB dos Estados Unidos era de US$2,9 bilhões, em primeiro lugar; o PIB da União Soviética era de US$1,2 bilhão, em segundo lugar; e o PIB do Japão era de US$1,1 bilhão, em terceiro lugar. Em 1985, US$4,3 bilhões, US$2,2 bilhões e US$1,4 bilhão, respectivamente. Em 1990, durante o período da dissolução da União Soviética de 1989 a 1991, o PIB dos Estados Unidos era de US$6 bilhões, em primeiro lugar; o Japão tornou-se o segundo PIB, com US$3,1 bilhões; e a União Soviética em terceiro, com US$2,7 bilhões. Com a dissolução da União Soviética, o PIB russo caiu para US$0,5 bilhão em 1991.

Os Estados Unidos assumiram a proeminência de país líder na política e na economia desde o final da Segunda Guerra Mundial até hoje.

Na Rússia, após a Revolução em 1917, a União das Repúblicas Socialistas Soviéticas foi formada, com duração de 1922 a 1991, incluindo 15 repúblicas ao longo de sua existência: Rússia, Bielorrússia, Estônia, Letônia, Lituânia, Ucrânia, Geórgia, Cazaquistão, Uzbequistão, Azerbaijão, Quirguistão, Tadjiquistão, Turquemenistão, Armênia e Moldávia.

Na sequência de Stalin, de Kruschev, de Brezhnev e outros, Gorbachev se tornou o último líder da União Soviética implementando a política da *Glasnost*, da *abertura*, e da *Perestroika*, da *reestruturação*. Após a queda do Muro de Berlim em 1989, em 1991, a Federação Russa foi formada, com Boris Yeltsin como primeiro-ministro de 1991 a 1992, no processo de transformar a Rússia do socialismo para uma economia mais orientada para o mercado, na presença concomitante do Estado e do setor privado. Desde 2000, Vladimir Putin foi eleito sucessivamente presidente da Federação Russa.

Recentemente, no início do século XXI, o conflito russo-ucraniano no período de 2014 a 2021, então sem uma declaração formal de guerra, matou 13 mil soldados e 3 mil civis, no embrião de uma guerra geopolítica devido ao conduto do gás russo para a Europa em terras ucranianas e o controle da Crimeia como posicionamento estratégico em relação à Europa Ocidental. Em 2014, em referendo no qual 97% da população da Crimeia votou pela sua integração à Rússia, a Rússia anexou a Crimeia sem resistência significativa. Tão importante é a Crimeia para o acesso ao Mar Negro e para o Mar Mediterrâneo.

Japão

No Japão, após a Segunda Guerra Mundial, a economia experimentou forte desenvolvimento até o final da Guerra Fria, o *Milagre Japonês*, com a importação e desenvolvimento de tecnologia e modernas relações sociais e econômicas.

O Japão perdeu a guerra depois das bombas atômicas de Hiroshima e Nagasaki, que trauma! Em 15 de agosto de 1945, o imperador Hirohito anunciou a rendição japonesa em uma transmissão de rádio para a nação, dizendo que o inimigo "começou a empregar uma bomba cruel, cujo poder de causar danos é realmente incalculável, cobrando o preço de muitas vidas inocentes". Foi a primeira vez na história japonesa que o imperador se dirigiu ao povo e a voz do imperador foi ouvida. Na cultura tradicional japonesa, a família do imperador é considerada como descendente direta da Deusa-Sol Amaterasu, e a manifestação pública de Hirohito ajudou à secularização da imagem do imperador, um momento significativo para o que viria a ser.

O modelo japonês de desenvolvimento econômico pós-guerra baseou-se em um pacto hegemônico entre Estado, empresários e trabalhadores, promovendo e compartilhando a riqueza como objetivo comum da nação. Em 1955, liberais e democratas fundaram o Partido Liberal Democrático – LDP, dominante desde então, com estabilidade política para o país. No final da segunda metade do século XX, o Japão tornou-se a segunda economia do mundo, em seguida aos EUA, em primeiro lugar, à frente da Alemanha, em terceiro lugar.

Neste início do século XXI, a China assume a segunda posição na liderança dos PIBs mundiais, com o Japão em terceiro lugar.

União Europeia

Na Europa Ocidental, em 1958, a Comunidade Econômica Europeia – EEC foi formada pela França, Alemanha Ocidental, Bélgica, Itália, Holanda e Luxemburgo sob o *Tratado de Roma*, para o início e desenvolvimento do Mercado Comum Europeu. Em 1985, o *Acordo de Schengen*, na Alemanha, estabeleceu a dispensa de passaporte para 26 países da Europa até 1995. Após a queda do Muro de Berlim em 1989 e a unificação da Alemanha em 1990, em 1993, o *Tratado de Maastricht*, na Holanda, criou a União Europeia – UE hoje com 27 países: Alemanha, França, Itália, Espanha, Portugal, Suécia, Dinamarca, Finlândia, Bélgica, Holanda, Luxemburgo, Áustria, Hungria, República Tcheca, Eslováquia, Eslovênia, Polônia, Estônia, Letônia, Lituânia, Croácia, Bulgária, Romênia, Chipre, Malta, Grécia e Irlanda, com a constituição do Parlamento Europeu, acordos comerciais, compromisso com políticas externas e de segurança, meio ambiente e políticas sociais.

Em 2002, o euro tornou-se a moeda comum para a Zona do Euro, com 19 dos 28 países da UE, Alemanha, França, Itália, Espanha, Portugal, Finlândia, Estónia, Letónia, Lituânia, Bélgica, Holanda, Luxemburgo, Áustria, Eslováquia, Eslovénia, Chipre, Malta, Grécia e Irlanda. Reino Unido, Suécia, Dinamarca, Hungria, República Tcheca, Polônia, Croácia, Bulgária e Romênia decidiram manter sua própria moeda.

Depois de tentar dominar a Europa em duas guerras mundiais, a Alemanha de certa forma "incorporou" a UE e a Zona do Euro por economia, tanto a guerra quanto a economia como distintas manifestações de domínio por meios diferentes, nas palavras de Clausewitz.

Na Zona do Euro, o Banco Central Europeu – ECC em Frankfurt detém a política monetária, e os países a política fiscal em acordo com algumas regras. Os países devem limitar os juros de longo prazo em 2%, a inflação anual em 1,5%, e a dívida nacional preferencialmente abaixo de 60% do PIB.

Na crise fiscal grega de 2015, a Grécia atingiu 170% da dívida nacional em relação ao PIB, com dificuldades para pagar seus empréstimos internacionais. No referendo de junho de 2015, 61% votaram "NÃO", recusando as condições oferecidas pelos credores internacionais. O governo de Tsipras fez uso do "NÃO" para obter vantagens, chegando a um acordo com a UE em julho de 2015 para um resgate em três anos e ajuste da austeridade financeira, permanecendo na UE e na Zona do Euro até hoje.

Inglaterra

Na Inglaterra, no referendo de 2016, 52% dos britânicos votaram pela saída da UE, com base na percepção nacionalista do mercado de trabalho para os ingleses em oposição à crescente imigração, e para o fortalecimento econômico da Inglaterra. No final de janeiro de 2020, a Inglaterra deixou formalmente a EU negociando acordos comerciais com esta e bilaterais com outros países, para o presente e o futuro.

China

Na China, após políticas equivocadas que levaram à Grande Fome em 1958–1962 e à Revolução Cultural de 1966, a morte de Mao Tsé-Tung, em 1976, foi seguida pela liderança de Deng Xiaoping no país de 1978 a 1989, introduzindo reformas voltadas para o mercado e o desenvolvimento. A China investiu pesadamente em infraestrutura, energia, indústria, urbanização, educação, tecnologia e negócios. Deng Xiaoping é considerado como o *Arquiteto da China Moderna*.

Em 1997, Hong Kong, antiga concessão da Grã-Bretanha de 1860, estendida em 1898 por 99 anos até 1997, foi devolvida à China sob o acordo tácito de se manter a economia de mercado e a democracia eleitoral.

Em 2010, a China tornou-se a segunda maior economia do mundo, depois dos Estados Unidos, em primeiro lugar, à frente do Japão, em terceiro lugar. Hoje, o PIB PPC da China já ultrapassou o PIB PPC dos EUA, e é estimado que o PIB chinês possa superar o PIB dos EUA até o final da década de 2020.

Xi Jinping lidera a China de 2012 até os dias de hoje.

A independência das colônias

No norte da África, em 1922, o Egito tornou-se independente da Grã-Bretanha; em 1943, a Líbia tornou-se independente da Itália, expulsando as forças britânicas em 1952 após sua ocupação; em 1952, a Tunísia tornou-se independente da França, assim como o Marrocos, em 1956, e a Argélia, em 1962.

No Oriente Médio, em 1923, formou-se a Arábia Saudita; em 1946, a Síria; e em 1948, o Líbano, ambos se tornando independentes da França.

Em 1919, o Afeganistão tornou-se independente da Grã-Bretanha, sendo ocupado e travando guerra com tropas russas dentro do país de 1979 a 1989, surgindo o Talibã a partir de 1994.

Em 1932, o Iraque tornou-se independente do protetorado britânico, com Saddam Hussein como presidente do Partido Socialista Ba'ath de 1979 a 2003. No mesmo ano de 1932, o Irã também se tornou independente da Grã-Bretanha, a República Islâmica do Irã sendo proclamada em 1979 com o Aiatolá Khomeini como líder supremo até 1989.

Guerras e conflitos no século XXI

O Oriente Médio

A Guerra do Golfo de 1990–1991 no final do século XX e a Guerra do Iraque de 2003 no início do século XXI foram guerras estritamente do petróleo. Os conflitos do Oriente Médio são baseados em dois fatores econômicos e culturais: o petróleo e a contraposição dos interesses de Israel e dos países ocidentais em relação aos interesses dos países árabes e islâmicos. Difícil solução.

Em 2002, o Oriente Médio representava 65% das reservas mundiais de petróleo; o Iraque, 13%. Os Estados Unidos representavam 6% das reservas, 13% da produção e 25% do consumo mundial de petróleo. A Venezuela, importante fornecedora de petróleo aos Estados Unidos, então sob Hugo Chávez, com dificuldades políticas de relacionamento entre os dois países, representava 9% das reservas mundiais, juntamente com o México. Em 2003, os EUA invadiram o Iraque sob a premissa da existência de armamento químico e relação com o terrorismo internacional, o que nunca foi confirmado. A Guerra do Golfo de 1990–1991 causou cerca de 30 mil mortes, e a Guerra do Iraque de 2003, cerca de 60 mil mortes.

Certamente existem muitos pontos de tensão política que podem resultar no agravamento dos conflitos no mundo de hoje, como a Guerra da Ucrânia, a relação Estados Unidos-China em torno de Taiwan, a relação Estados Unidos–Europa Ocidental–Rússia, a Coreia do Norte, a Crimeia, o Afeganistão, o Irã, Hong Kong, a Venezuela, os Bálcãs, a Caxemira e o Oriente Médio, entre outros.

A guerra Hamas–Israel iniciada no segundo semestre de 2023 exemplifica o nível das tensões internacionais. A possibilidade da generalização do conflito no Oriente Médio se estende do norte da África ao Afeganistão, como uma contraposição de interesses entre os países árabes e islâmicos e o mundo ocidental, como descrito na obra-prima de Samuel Huntington *Clash of Civilizations*.

No Oriente Médio, a criação de Israel em 1948 levou a conflitos difíceis de serem resolvidos. Salienta-se o recente acordo de paz obtido por Israel e os

Emirados Árabes, minado pela guerra Hamas–Israel. Os palestinos reivindicam um Estado-Nação, algo até hoje não resolvido.

A criação de Israel remota ao fim da Primeira Guerra Mundial. Em 1916, um ano antes do fim da Primeira Guerra Mundial, Inglaterra, França e Rússia assinaram o *Acordo Sykes-Picot*, no qual a Palestina ficaria sob proteção britânica, francesa e russa após a guerra, dado o desmantelamento do Império Otomano. Em 1920, sob a Liga das Nações, a Inglaterra foi designada para um Mandato Britânico para a Palestina e Jordânia de 1922 a 1948, simultaneamente com um Mandato Francês para o Líbano e a Síria.

Em 3 de setembro de 1947, a Assembleia da ONU aprovou a partição da Palestina em Estados judeus e palestinos por 33 votos, representando 72% dos países, contra 13 votos no total. Votaram a favor os Estados Unidos, União Soviética, França, Canadá, Austrália, Nova Zelândia, Bélgica, Holanda, Suécia, Noruega, Dinamarca, Belarus, Tchecoslováquia, Polônia, Ucrânia, Brasil, África do Sul e outros 16 países; votaram contra a Síria, Líbano, Arábia Saudita, Iêmen, Egito, Iraque, Irã, Paquistão, Afeganistão, Turquia, Índia, Grécia e Cuba; o Reino Unido, a China e outros oito países se abstiveram. Israel deveria manter cerca de metade do território palestino. A Palestina manteria a Cisjordânia entre Israel e a Jordânia, as Colinas de Golã, na fronteira norte com o Líbano e Síria, e a Faixa de Gaza, no sudoeste com o Mediterrâneo e o Egito. Jerusalém ficaria sob a administração da ONU.

As guerras, no entanto, levaram a uma distribuição diferente da divisão original.

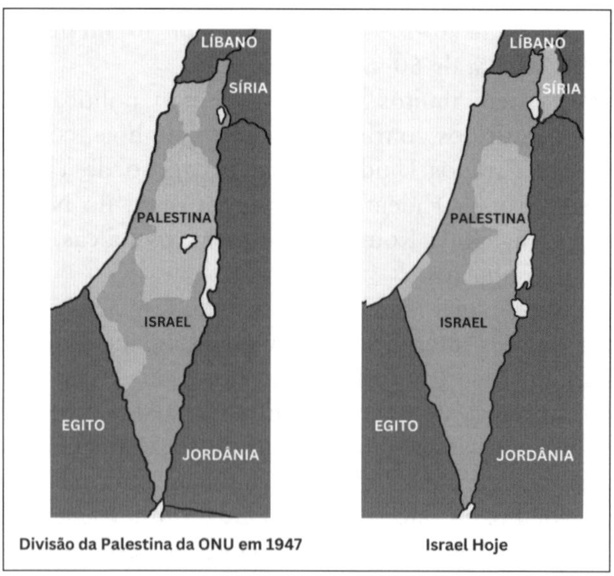

Israel e a Palestina

A fundação de Israel foi declarada em 14 de maio de 1948, seguida pela Guerra da Independência, até 1949. Durante a guerra, Israel incorporou parta da Cisjordânia e a Jerusalém Ocidental, cabendo aos árabes a Jerusalém Oriental. O armistício foi assinado em 23 de fevereiro de 1949 com a Jordânia, Líbano, Síria e Egito, sendo Jerusalém proclamada capital de Israel em 13 de dezembro de 1949.

A partir de então, Israel e os países árabes travaram contínuos conflitos armados e guerras, como a Crise de Suez contra o Egito, em 1956; a Guerra dos Seis Dias, em 1967, contra o Egito, a Síria e a Jordânia; os conflitos de 1967 a 1970 com o Organização de Libertação da Palestina – OLP; a Guerra do Yom Kippur, em 1973, contra o Egito e a Síria; a Guerra do Líbano, em 1982, contra o Líbano e a OLP; o conflito ao sul do Líbano, de 1985 a 2000, com o Hezbollah; a Primeira e a Segunda Intifadas, de 1987–1993 e 2000–2005, contra a OLP na Cisjordânia e o Hamas na Faixa de Gaza; a Segunda Guerra do Líbano, de 2006, contra o Hezbollah; a Guerra de Gaza, de dezembro de 2008 a janeiro de 2009, contra o Hamas; os conflitos de 2012 e 2014 na Faixa de Gaza; e a recente guerra Hamas–Israel iniciada no segundo semestre de 2023. Hoje, Israel controla cerca de dois terços das Colinas de Golã, que fornecem mais da metade do abastecimento total de água da região; cerca de metade da Cisjordânia, com a outra metade representada pela Autoridade Nacional Palestina; estando a Faixa de Gaza, em guerra, sob o controle do Hamas. Estima-se que, de 1948 a 1997, cerca de 20 mil soldados israelenses morreram, com maior número de baixas entre as forças árabes.

A Primavera Árabe

De 2011 a 2012, a Primavera Árabe ocorreu nos países do norte da África e Oriente Médio, como uma manifestação e revolução contra os governos autocráticos, dentro dos limites dos valores islâmicos. Em 2011, Ben Ali foi derrubado do governo na Tunísia; Mubarak, no Egito; Kadafi, na Líbia. As revoluções se estenderam ao Bahrein e ao Iêmen, com manifestações no Marrocos, na Argélia, no Iraque, Irã e outros países. No decorrer das Primaveras Árabes, estimam-se cerca de 61 mil a 140 mil mortes no total.

A Guerra da Síria

Na Síria, em 2011, o movimento armado pela deposição de Assad transformou-se em uma guerra que continua até hoje, uma guerra que se tornou um conflito internacionalizado, com a participação de três grupos principais: primeiro, as forças do governo sírio, apoiadas pelo Hezbollah, pela Rússia e pelo Irã; segundo, as forças curdas, apoiadas pelos EUA, pela Alemanha, Turquia, Jordânia, por Israel e pela Arábia Saudita de diferentes maneiras e diferentes perspectivas; terceiro, grupos remanescentes do Estado Islâmico, originalmente formado em 2004 por radicais islâmicos e forças iraquianas então derrotadas. A guerra causou, até o momento, cerca de 250 mil mortes e 4 milhões de refugiados.

O Estado Islâmico

O Estado Islâmico é um movimento terrorista radical que se espalhou pelo Oriente Médio a partir de 2004, sendo combatido pelos Estados Unidos, Rússia, França e alguns estados árabes. Em 2019, os Estados Unidos reivindicaram a derrota do Estado Islâmico.

A Guerra do Afeganistão

A Guerra do Afeganistão data de outubro de 2001, após o ataque terrorista de 11 de setembro de 2001 de Bin Laden às Torres Gêmeas em Nova York, com 2.997 mortes. Os Estados Unidos mobilizaram suas forças no combate contra a Al Qaeda e o Talibã, sendo Bin Laden morto em 2 de maio de 2011, no Paquistão. O presidente Joe Biden retirou recentemente as tropas norte-americanas do Afeganistão, com o Talibã tomando o poder em 2021. Estimam-se cerca de 25 mil baixas para os EUA e aliados e 70 mil baixas para o Talibã e o Al Qaeda.

Coreia do Norte

Após o fim da Guerra da Coreia, em 1953, e a constituição da Coreia do Norte e da Coreia do Sul, os dois países seguiram padrões diferentes e opostos de desenvolvimento econômico, a Coreia do Sul voltada para o mercado, e a Coreia do Norte voltada para o estado socialista. A Coreia do Norte joga um perigoso jogo ao ameaçar continuamente os Estados Unidos, o Japão e outros países com a possibilidade de uma guerra atômica. Hoje, a Coreia do Norte, com 25 milhões de habitantes, apresenta PIB de US$28 bilhões, enquanto a Coreia do Sul, com 52 milhões de habitantes, apresenta PIB de US$1,6 trilhão.

O conflito Índia-Paquistão

O conflito hindu-paquistanês na Caxemira representa uma ameaça de guerra para a região. A Caxemira apresenta importantes reservas de água e recursos naturais com fronteira com a Índia, o Paquistão e a China. A Índia é hoje o quinto PIB do mundo, com US$2,9 trilhões; o Paquistão com PIB de US$278 bilhões; a China com US$14,3 trilhões. Todos os três países detêm armas nucleares.

A Guerra da Ucrânia

A Rússia e a Ucrânia travam a maior guerra na Europa desde a Segunda Guerra Mundial, uma guerra geopolítica que abrange o apoio e participação de importantes *players* mundiais, como os Estados Unidos, a OTAN e a Europa Ocidental pelo lado da Ucrânia, a China, e outros países, como suporte à Rússia. Trata-se de guerra crítica, onde a legitimidade interna dos governantes Putin e Zelensky em seus países depende da vitória, com a ampliação da escalada militar pelos dois lados, e perigo nuclear, dependendo de erros e acertos dos governantes envolvidos em nível mundial.

Hamas-Israel

Em 7 de outubro de 2023, eclode a guerra entre o Hamas e Israel, com a invasão do Hamas a Israel em atividade terrorista com a morte de 1.200 judeus, sequestro de cerca de 250 pessoas como reféns e a retaliação indiscriminada de Israel, como o bombardeamento de Gaza e a morte de mais de 10 mil civis e militares em seu primeiro mês, ambas as atitudes fora dos parâmetros do Direito Internacional, com sérias consequências para o mundo, ainda não solucionadas e de difícil solução.

⊙ ⊙ ⊙

Mundo complexo e fracionado, em crescente perigo.

12

As economias de hoje

O PIB Mundial

O PIB Mundial cresceu de US$1,4 trilhão, em 1960, para US$96,5 trilhões, em 2021.

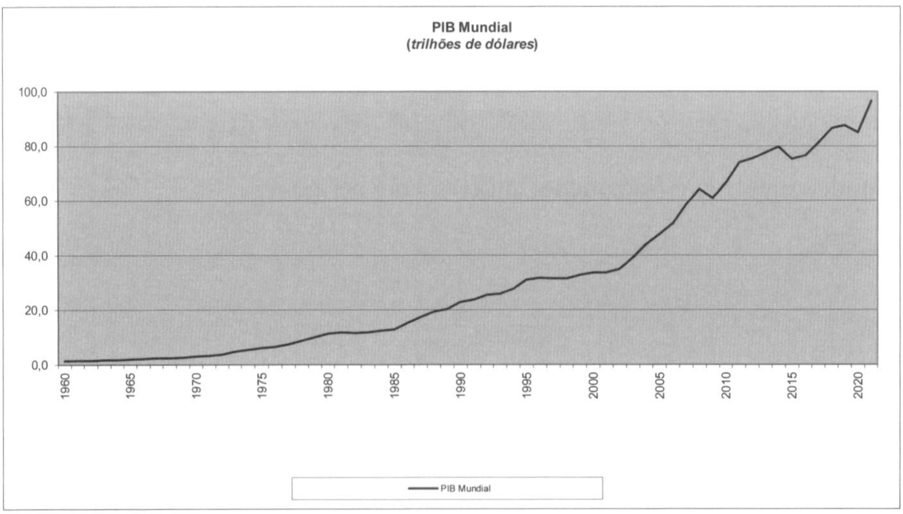

De 1960 a 1970, o PIB Mundial cresceu 2,1 vezes; 3,8 vezes de 1970 a 1980; 2 vezes de 1980 a 1990; 1,5 vez de 1990 a 2000; 2 vezes de 2000 a 2010; e 1,3 vez de 2010 a 2020.

	PIB Mundial Banco Mundial (US$ trilhões)							
Ano	1960	1970	1980	1990	2000	2010	2020	2021
PIB Mundial	1,4	3,0	11,3	22,8	33,8	66,6	85,1	96,5
Crescimento na década		2,1	3,8	2,0	1,5	2,0	1,3	

Crises econômicas

De 1960 a 2021, o mundo experimentou crescimento significativo, com variações no PIB devido a crises econômicas de diversas origens.

De 1970 a 1980, o mundo experimentou notável crescimento, com a economia aumentando 3,8 vezes na década devido ao aumento da produtividade na incorporação de novas tecnologias à produção e acentuado processo de urbanização, com a otimização da mão de obra rural na transição para a industrialização urbana.

Em 1979, o mundo passou pela 2ª Crise do Petróleo, após a Revolução Iraniana com a diminuição da oferta de petróleo. Em 1960, a Organização dos Países Exportadores de Petróleo – OPEP foi fundada em Bagdá pela Arábia Saudita, Irã, Iraque, Kuwait e Venezuela, como cartel para impor os preços do petróleo aos países no mercado internacional. Em 1973, a OPEP elevou o preço do petróleo pela primeira vez no mercado internacional, com pouco efeito, já que os preços estavam subestimados no mercado global. Os aumentos em 1979 foram significativos, diminuindo o ritmo do crescimento mundial na década de 1980. Hoje, a OPEP é formada pela Arábia Saudita, Irã, Iraque, Kuwait, Venezuela, Emirados, Argélia, Líbia, Angola, Nigéria, Congo, Gabão e Guiné, representando 79,4% das reservas comprovadas de petróleo do mundo.

Com a dissolução da União Soviética em 1989–91, observou-se a relativa desorganização dos mercados na Europa Oriental e na Ásia, com a diminuição do ritmo de crescimento da economia global na década de 1990. Em 1997, com a devolução de Hong Kong da Inglaterra para a China, a bolsa de valores despencou 15% em Hong Kong, espalhando-se a crise da bolsa de valores por todo o mundo.

Na década de 2000, o PIB mundial aumentou significativamente, refletindo a crescente internacionalização da economia, realocação das plantas industriais pelos países, aumento do comércio de *commodities*, aumento do comércio internacional, internet e e-commerce.

Em 2008, a crise financeira norte-americana do *subprime* derrubou o PIB em 5,1% no ano. A origem da crise foram os sucessivos refinanciamentos de hipotecas imobiliárias nos Estados Unidos sem lastro financeiro, levando à falência de bancos e instituições financeiras, como o Lehman Brothers e outros, com variações no PIB mundial.

A partir de 2014, o mundo tem sido afetado pela soma de diversas crises, como a crise financeira grega e seus reflexos na economia da União Europeia; a crise financeira russa na variação dos preços do petróleo; a crise da Ucrânia devido a conflitos armados com a Rússia; a crise política venezuelana afetando a economia e a produção de petróleo; a crise brasileira devido a erros na política econômica; o *crash* da bolsa chinesa de 2015 e relativa desaceleração do crescimento econômico; a crise turca de 2018 com a desvalorização da moeda nacional; a situação de impasse da Guerra da Síria; a pandemia da covid-19; a Guerra da Ucrânia; a guerra Hamas–Israel; o conflito Venezuela–Guiana, entre outros, com consequências e variações no PIB Mundial.

Retrospectivamente, a crise de 1979 foi uma crise política; a crise dos anos 1980, uma crise de mercado; a crise de 1997, uma crise de confiança; a crise de 2008, uma crise financeira; e a crise de 2014, uma crise de endividamento. Crises levam à desagregação e desordem da economia, com a adaptação de novos modelos para a sequência social. Em 2020 e 2021, a covid-19 trouxe-nos a crise do imprevisível. A Guerra da Ucrânia traz-nos a crise do perigo nuclear. A guerra Hamas–Israel traz-nos a crise dos limites, onde o homem se mostra em suas piores faces do horror.

O PIB de 2019 a 2021

Nas últimas duas décadas, o PIB Mundial foi impulsionado pela internacionalização da economia, tecnologia, realocação da produção industrial, aumento do comércio de commodities, internet e e-commerce. De 2000 a 2021, o PIB Mundial cresceu de US$33,8 trilhões para US$96,5 trilhões, um aumento de 2,8 vezes no período. O PIB dos Estados Unidos aumentou de US$10,3 trilhões para US$23,3 trilhões, e o da China, de US$1,2 trilhão para US$17,7 trilhões, como principais países do mundo. A União Europeia cresceu de US$7,3 trilhões para US$16,3 trilhões em 2010, com variações nos anos seguintes chegando a US$17,2 trilhões em 2021.

No período de 2000 a 2021, o PIB do Brasil variou de US$0,7 trilhão em 2000 para US$0,5 trilhão em 2002, chegando a US$2,6 trilhões em 2011, como a 6ª economia do mundo. Na sequência, o PIB sofreu variações, chegando a US$1,6 trilhão em 2021, como a 12ª economia do mundo. Com Bolsonaro, o PIB manteve-se em US$1,9 trilhão ao longo de seu governo. Estima-se o PIB brasileiro para 2023 na casa de US$2,1 trilhões.

O PIB Mundial em 2019 somou US$87,8 trilhões, caindo para US$85,1 trilhões em 2020 devido à covid-19, recuperando e crescendo para US$96,5 trilhões em 2021 e US$100,6 trilhões em 2022.

Dentre as 20 primeiras economias do mundo, a única que experimentou crescimento no período da covid de 2019 para 2020 foi a China, com o PIB crescendo de US$14,3 trilhões para US$14,7 trilhões. Os Estados Unidos caíram de US$21,4 trilhões para US$21,1 trilhões; o Japão, de US$5,1 trilhões para US$5 trilhões; a Inglaterra, de US$2,9 trilhões para US$2,7 trilhões; a França, de US$2,7 trilhões para US$2,6 trilhões. A Alemanha e a Suíça mantiveram seus PIBs em US$3,9 trilhões e US$0,7 trilhão, respectivamente.

Em dólares correntes, de 2019 para 2020, o país que mais caiu foi o Brasil, com o PIB variando de US$1,9 trilhão para US$1,5 trilhão, com decréscimo de -22,5%, passando da 9ª para a 12ª economia do mundo. O Brasil foi seguido pela Arábia Saudita, com decréscimo de -14,7%; México, com -14,2%; Rússia, com -11,8%; e Itália, com -9,1%. O único país que experimentou acréscimo de 2019 para 2020 tanto em moeda nacional como em dólares correntes foi a China, com 2,3% e 2,9%, respectivamente.

Dentre as 20 primeiras economias do mundo, todos os países recuperaram e ultrapassaram em 2021 o valor de seus PIBs de 2019. Assim, entre 2019 e 2021, o PIB dos Estados Unidos variou de US$21,1 trilhões para US$23,3 trilhões; da China, de US$14,3 trilhões para US$17,7 trilhões; Alemanha, de US$3,9 trilhões para US$4,3 trilhões; Inglaterra, de US$2,9 trilhões para US$3,1 trilhões. Os dois únicos países que não recuperaram seus índices anteriores de atividade econômica de 2019 a 2021 foram o Brasil, com o PIB caindo de US$1,9 trilhão para US$1,6 trilhão, e o Japão, de US$5,1 trilhões para US$4,9 trilhões.

Banco Mundial - PIB dos 20 maiores Países (trilhões de dólares)								
2019			2020			2021		
Ranking	País	USD	Ranking	País	USD	Ranking	País	USD
1	Estados Unidos	21,4	1	Estados Unidos	21,1	1	Estados Unidos	23,3
2	China	14,3	2	China	14,7	2	China	17,7
3	Japão	5,1	3	Japão	5,0	3	Japão	4,9
4	Alemanha	3,9	4	Alemanha	3,9	4	Alemanha	4,3
5	Índia	2,8	5	Inglaterra	2,7	5	Índia	3,2
6	Inglaterra	2,9	6	Índia	2,7	6	Inglaterra	3,1
7	França	2,7	7	França	2,6	7	França	3,0
8	Itália	2,1	8	Itália	1,9	8	Itália	2,1
9	Brasil	1,9	9	Canadá	1,7	9	Canadá	2,0
10	Canadá	1,7	10	Coreia	1,6	10	Coreia	1,8
11	Rússia	1,7	11	Rússia	1,5	11	Rússia	1,8
12	Coreia	1,7	12	Brasil	1,5	12	Brasil	1,6
13	Espanha	1,4	13	Austrália	1,3	13	Austrália	1,6
14	Austrália	1,4	14	Espanha	1,3	14	Espanha	1,4
15	México	1,3	15	México	1,1	15	México	1,3
16	Indonésia	1,1	16	Indonésia	1,1	16	Indonésia	1,2
17	Holanda	0,9	17	Holanda	0,9	17	Holanda	1,0
18	Arábia Saudita	0,8	18	Suíça	0,7	18	Arábia Saudita	0,8
19	Turquia	0,8	19	Turquia	0,7	19	Turquia	0,8
20	Suíça	0,7	20	Arábia Saudita	0,7	20	Suíça	0,8
Total	**Mundo**	**87,8**	**Total**	**Mundo**	**85,1**	**Total**	**Mundo**	**96,5**

País	Variação do PIB em 2020 FMI (moeda nacional) %	Variação do PIB em 2020 Banco Mundial (dólares correntes) %
Estados Unidos	-3,4	-1,5
China	2,2	2,9
Japão	-4,6	-1,6
Alemanha	-3,7	0,0
Inglaterra	-9,3	-5,6
Índia	-6,6	-5,7
França	-7,9	-3,3
Itália	-9,0	-9,1
Canadá	-5,2	-5,2
Coreia	-0,7	-0,6
Rússia	-2,7	-11,8
Brasil	-3,9	-22,5
Austrália	-2,1	-4,3
Espanha	-10,8	-7,9
México	-8,1	-14,2
Indonésia	-2,1	-5,4
Holanda	-3,9	0,0
Suíça	-2,5	2,8
Turquia	1,9	-5,3
Arábia Saudita	-4,1	-14,6
20 Países	-4,3	-5,6

Características da economia global

A economia mundial apresenta as seguintes características:

	Mundo		
	2010	2015	2021
PIB (Banco Mundial - trilhões de dólares)	66,6	75,2	96,5
Renda Per Capita (ONU - dólares)	9.528,60	10.163,40	11.339,40
Balança de Pagamentos (ONU - bilhões de dólares)	-173	-98	-73
			2021
Taxa de Investimento (Banco Mundial - % PIB)			23
	2010	2015	2021
Crescimento da população (ONU - %)	1,2	1,2	1,1
População Urbana (ONU - %)	52	54	56
Expectativa de Vida (ONU - homens/mulheres)	71/67	73/69	75/70
Desemprego (ONU - % da força de trabalho)	5,9	5,6	5,4
Ensino Secundário (ONU - % homens/mulheres)	70/72	75/76	76/76
Homicídios (ONU - por 100.000 habitantes)	6,0	5,9	5,8
Imigrantes internacionais (ONU - % da população)	3,2	3,4	3,6
Internet (ONU - % da população)	29	41	51

Primeiro, o PIB tem crescido continuamente, de US$66,6 trilhões, em 2010, para US$96,5 trilhões, em 2021, e US$100,6 trilhões, em 2022.

Segundo, a renda per capita média do mundo aumentou de US$9.529,60, em 2010, para US$11.339,40, em 2021.

Terceiro, a balança de pagamentos para o total dos países apresenta índices negativos, ou seja, o mundo encontra-se em situação de endividamento.

Quarto, a taxa média de investimento total dos países na economia, como percentual do PIB, é de 23%.

Quinto, a taxa de crescimento da população mundial encontra-se estável, com o aumento contínuo da população, com crescimento entre 1,2% a 1,1% ao ano.

Sexto, aumenta a população urbana, 52% em 2010, 54% em 2015 e 56% em 2021.

Sétimo, aumenta a expectativa de vida para homens e mulheres, de 71 anos para 75 anos para homens, de 2010 a 2021, e de 67 anos para 70 anos para mulheres no mesmo período.

Oitavo, cai o desemprego na economia, 5,9% em 2010, 5,6% em 2015 e 5,4% em 2021.

Nono, aumenta o percentual de matrículas no ensino secundário para homens e mulheres, de 70% para 76% para homens, de 2010 a 2021, e de 72% para 76% para mulheres no mesmo período.

Décimo, diminui o número de homicídios para cada 100 mil habitantes, 6 em 2010, 5,9 em 2015 e 5,8 em 2021.

Décimo primeiro, aumenta a imigração internacional para os diversos países, com 3,2% de imigrantes na população dos países em 2010, 3,4% em 2015 e 3,6% em 2021.

Décimo segundo, aumenta significativamente o percentual da população no uso da internet, 29% em 2005, 41% em 2015 e 51% em 2021.

Importante observar que, embora haja o aumento do PIB mundial e o aumento relativo da renda per capita, aumenta a desigualdade entre os 10% de maior renda e os 50% de menor renda nas sociedades desde 1980, conforme indicado no *World Inequality Report* de 2022, o aumento da desigualdade como fonte contínua de conflitos sociais.

As economias de hoje

Na análise das economias e dos blocos, faremos uso de quatro indicadores: primeiro, o PIB, que indica o tamanho e a importância do país no mundo; segundo, a renda per capita, que indica o bem-estar geral da população de um país; terceiro, a balança de pagamentos, que indica a eficiência e liquidez do país dentro do mercado internacional; e quarto, a taxa total de investimento, que indica o quanto o país reinveste em sua economia, na poupança e no objetivo do crescimento econômico e social.

Estados Unidos e China

Os dois países líderes na economia hoje são os EUA e a China, significativamente. Em 2021, o PIB dos Estados Unidos foi de US$23,3 trilhões, e o da China, de US$17,7 trilhões, seguidos do Japão, com US$4,9 trilhões, e da Alemanha, com US$4,3 trilhões. A União Europeia somou US$17,2.

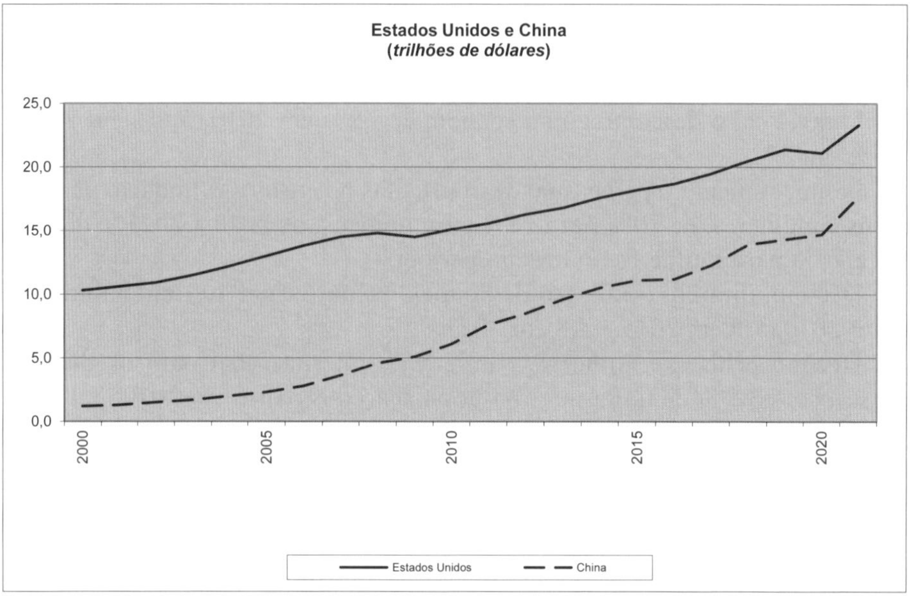

No gráfico, podemos ver os efeitos da crise de 2008 da economia norte-americana, o desaceleramento da economia chinesa com a crise de 2015 e os reflexos da covid-19 em 2020.

O crescimento da economia da China é expressivo. De 1960 a 2021, o PIB norte-americano aumentou 43 vezes, e o chinês, 295 vezes.

	Banco Mundial 1960-2021 PIB dos Estados Unidos e da China (US$ trilhões)						
	1960	1970	1980	1990	2000	2010	2021
Estados Unidos	0,54	1,1	2,9	6,0	10,3	15,0	23,3
China	0,06	0,09	0,19	0,36	1,2	6,1	17,7

A China ultrapassou os Estados Unidos em 2017 no PIB PPC — PIB por Paridade do Poder de Compra, indicador que compara o PIB não pela taxa de câmbio, mas pela capacidade de compra de cesta de bens e serviços em diferentes países, como indicador de qualidade de vida.

	Banco Mundial 2015-2019 PIB PPC (trilhões de dólares de 2017)						
	2015	2016	2017	2018	2019	2020	2021
China	17,4	18,6	19,9	21,2	22,5	23,0	24,9
Estados Unidos	18,8	19,1	19,5	20,1	20,5	20,0	21,1

Nas projeções, a expectativa é a de que o PIB da China possa ultrapassar o PIB dos Estados Unidos possivelmente ainda nesta década.

	PricewaterhouseCoopers 2016-2050 Projeção do PIB (trilhões de dólares de 2016)		
	2016	2030	2050
China	11,4	26,5	49,9
Estados Unidos	18,6	23,5	34,1

De 2010 a 2021, a renda per capita nos Estados Unidos aumentou de US$48.516,20 para US$65.133,70, e na China, de US$4.447,10 para US$10.003,60. A balança de pagamentos dos Estados Unidos encontra-se negativa, a da China, positiva. A taxa de investimento nos Estados Unidos situa-se em 21,3%, próxima da média mundial de 23%, e na China, em 43,7%, significativamente acima da média mundial de 23%. Em 2020, A China recebeu, pela primeira vez, mais investimentos de países estrangeiros do que os Estados Unidos.

	Estados Unidos		
	2010	2015	2021
PIB (Banco Mundial - trilhões de dólares)	16,9	18,2	23,3
Renda Per Capita (ONU - dólares)	48.516,20	56.838,70	65.133,70
Balança de Pagamentos (ONU - bilhões de dólares)	-432	-407	-647
			2021
Taxa de Investimento (Banco Mundial - % PIB)			21,3

	China		
	2010	2015	2021
PIB (Banco Mundial - trilhões de dólares)	6,1	11,1	17,7
Renda Per Capita (ONU - dólares)	4.447,10	7.862,70	10.003,60
Balança de Pagamentos (ONU - bilhões de dólares)	238	293	274
			2020
Taxa de Investimento (Banco Mundial - % PIB)			43,7

Adicionalmente, de 2010 a 2021, a população urbana nos Estados Unidos cresceu de 81% para 82%, e a da China, de 49% para 56%, com campo para a progressiva urbanização da China, que leva ao aumento do PIB devido ao aumento da produtividade na transição do trabalhador rural para o trabalhador urbano.

Na história mundial, o processo de alternância da liderança entre países sempre foi conflitivo. Sempre que um país se torna mais forte que outro, surgem problemas entre eles. Como diz Maquiavel, "um homem é mais rápido em esquecer a morte de seu pai do que a perda de seu patrimônio". Perder a supremacia é um problema que leva a conflitos e pode levar à guerra. Foi o que ocorreu com a Alemanha no início do século XX. A supremacia dos Estados Unidos ocorreu após a vitória dos Aliados na Segunda Guerra Mundial. Na área da tecnologia, os Estados Unidos e a China hoje lutam pela hegemonia no 5G e na inteligência artificial. A possível supremacia econômica da China pode levar a conflitos, mais especificamente em relação a Hong Kong e a Taiwan, no Mar da China Meridional. Trata-se de um cenário preocupante.

Os Estados Unidos, a China e a Rússia são hoje os principais atores do mundo, países de importância na geopolítica e superpotências nucleares. Após os Estados Unidos e a China, vêm hoje o Japão e a Alemanha, economicamente significativos, mas limitados em seus exércitos e sem armas nucleares. A Índia continua crescendo, com crescente importância na estratégia que terá no mundo. A Inglaterra e a França vêm em seguida, com economias significativas e armamentos nucleares, formando com os Estados Unidos, a China e a Rússia os cinco *players* mais importantes do mundo. A Inglaterra está hoje mais relacionada aos Estados Unidos. A França, na Europa, desempenha também o papel de intermediação entre diferentes polos mundiais, como conhecedores de diferenças que tanto vivenciaram.

O que define o jogo do mundo hoje é a energia, a economia e os armamentos.

Rússia

A Rússia, em 2021, situa-se como a 11ª economia do mundo, mas como um dos três principais *players*, juntamente com os Estados Unidos e a China, no cenário mundial. Todos os três países são de dimensões continentais, estrategicamente localizados, com reservas significativas de petróleo, minerais e naturais, terras agriculturáveis, indústria e armamentos nucleares.

Após a Segunda Guerra Mundial, os Estados Unidos se tornaram o primeiro PIB mundial, e a União Soviética, o segundo, lutando pela hegemonia política e econômica internacional. Em 1970, o PIB dos Estados Unidos situava-se como o primeiro do mundo, com US$1,1 trilhão, seguido da União Soviética, com US$433 bilhões, e o Japão em terceiro, com US$209 bilhões. Em 1985, o PIB dos EUA situava-se em primeiro lugar, com US$4,3 trilhões, a União Soviética com US$2,2 trilhões, e o Japão com US$1,4 trilhão. Em 1990, o PIB dos Estados Unidos chega a US$6 trilhões, com o Japão em segundo lugar, com US$3,1 trilhões, superando a União Soviética, em terceiro lugar, com US$2,7 trilhões.

	PIB Estados Unidos, Japão e União Soviética Banco Mundial (trilhões de dólares)				
	1970	1975	1980	1985	1990
Estados Unidos	1,1	1,7	2,9	4,3	6,0
Japão	0,2	0,5	1,1	1,4	3,1
União Soviética	0,4	0,7	1,2	2,2	2,7

É no período pós Segunda Guerra que a União Soviética lidera a corrida espacial, com o satélite Sputnik, pela primeira vez na história em órbita em 1957, e Yuri Gagarin, no espaço pela primeira vez em 1961, sendo superados pelos Estados Unidos em 1969, com Neil Armstrong como o primeiro homem pisando na Lua, com a Apollo 11.

Dois eventos afetaram drasticamente a Rússia no final da década de 1980 e início dos anos de 1990: a queda do Muro de Berlim em 1989 e a dissolução da União Soviética em 1991, com a desorganização da economia.

Após a dissolução da União Soviética, a Rússia passou por oscilações significativas do PIB.

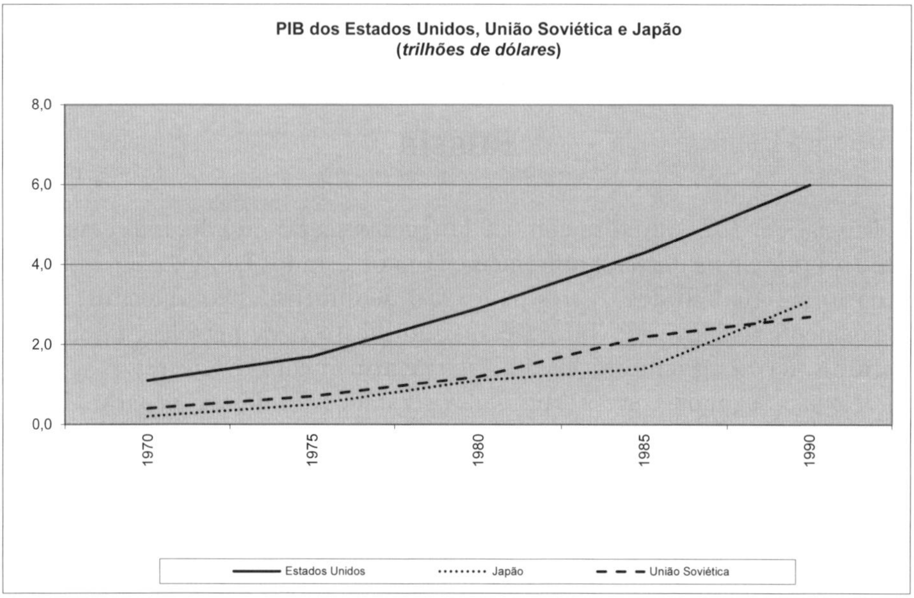

Em 1988, o PIB da Rússia dentro da União Soviética era de US$555 bilhões. Em 1989, ano da queda do Muro de Berlim, o PIB russo caiu para US$507 bilhões. Em 1991, ano da dissolução da União Soviética, o PIB russo foi de US$518 bilhões, caindo para US$196 bilhões em 1999. Em 2008, o PIB russo atinge US$1,7 trilhão, caindo para US$1,2 trilhão em 2009, devido aos efeitos da crise do *subprime* nos Estados Unidos. Em 2013, o PIB russo chega a US$2,3 trilhões, caindo para US$1,3 trilhão em 2016, devido à crise financeira russa de 2015. Em 2019, o PIB da Rússia chega a US$1,7 trilhão, caindo para US$1,5 trilhão em 2020, devido à covid-19, recuperando para US$1,8 trilhão em 2021. A Rússia experimentou variações significativa no PIB sob um estado político centralizado e uma economia privada cartelizada.

	PIB da Rússia Banco Mundial (trilhões de dólares)											
	1988	1989	1991	1992	1999	2008	2009	2013	2016	2019	2020	2021
Rússia	0,56	0,51	0,52	0,46	0,2	1,7	1,2	2,3	1,3	1,7	1,5	1,8

A linha de interrupção do PIB da União Soviética para a Rússia em 1990 pode ser vista na tabela que se segue. O PIB da Rússia é significativamente menor do que o PIB dos Estados Unidos e da China, embora mantenha a sua importância estratégica no mundo.

	PIB dos Estados Unidos, China, União Soviética e Rússia Banco Mundial (trilhões de dólares)						
	1960	1970	1980	1990	2000	2010	2021
Estados Unidos	0,54	1,1	2,9	6,0	10,3	15,1	23,3
China	0,06	0,09	0,20	0,36	1,2	6,1	17,7
União Soviética		0,43	1,2	2,7			
Rússia				0,52	0,26	1,5	1,8

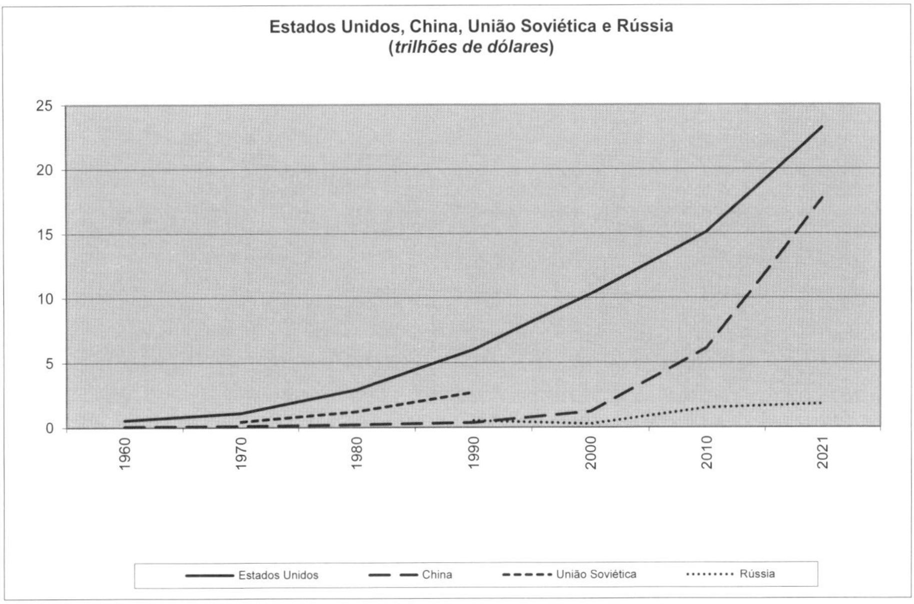

A renda per capita em 2021 na Rússia foi de US$11.605,60, a balança de pagamentos tem se apresentado positiva, e a taxa de investimento é de 23,4%, equivalente à taxa média mundial de 23%.

	Rússia		
	2010	2015	2021
PIB (Banco Mundial - trilhões de dólares)	1,5	1,4	1,8
Renda Per Capita (ONU - dólares)	10.732,20	9.424,50	11.605,60
Balança de Pagamentos (ONU - bilhões de dólares)	68	68	34
			2020
Taxa de Investimento (Banco Mundial - % PIB)			23,4

Japão e Alemanha

Após a Segunda Guerra Mundial, o Japão e a Alemanha recuperaram suas economias, posicionando-se no segundo e terceiro lugar no período entre a dissolução da União Soviética, em 1980, e o final da primeira década deste século XXI, quando foram ultrapassados pela China. Hoje, o Japão e a Alemanha posicionam-se no terceiro e quarto lugar, após os Estados Unidos e a China.

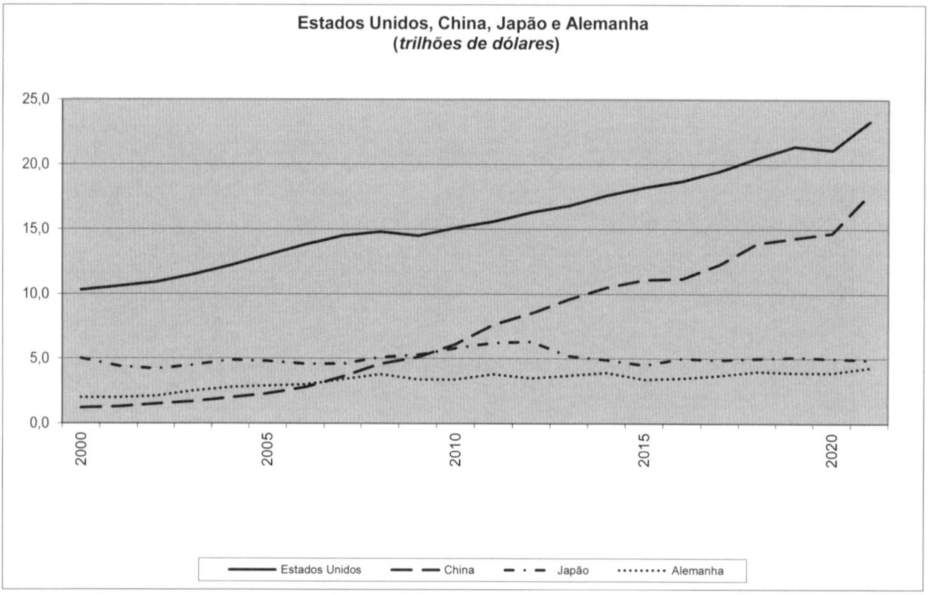

PIB dos Estados Unidos, China, Japão e Alemanha Banco Mundial (trilhões de dólares)							
	1960	1970	1980	1990	2000	2010	2021
Estados Unidos	0,54	1,1	2,9	6,0	10,3	15,1	23,3
China	0,06	0,09	0,20	0,36	1,2	6,1	17,7
Japão	0,04	0,21	1	3,1	4,9	5,7	4,9
Alemanha		0,22	1,0	1,8	2,0	3,4	4,3

O desenvolvimento da Alemanha ocorreu a partir da reforma monetária do pós-guerra, tecnologia, industrialização e mão de obra qualificada. O desenvolvimento do Japão ocorreu com a importação e desenvolvimento de tecnologia, industrialização, exportações e mão de obra qualificada. A partir da primeira década deste século, o Japão perdeu espaço para a China e para outros países em desenvolvimento na atração do capital estrangeiro. A Alemanha, após duas guerras mundiais, obteve a integração da Europa por meio da economia, mas hoje tem que lidar com os problemas e crises da União Europeia. Como diz Peter Senge, "os problemas de hoje são as soluções de ontem".

Nesta última década de 2010 a 2020, as economias do Japão e da Alemanha encontram-se em patamares estáveis.

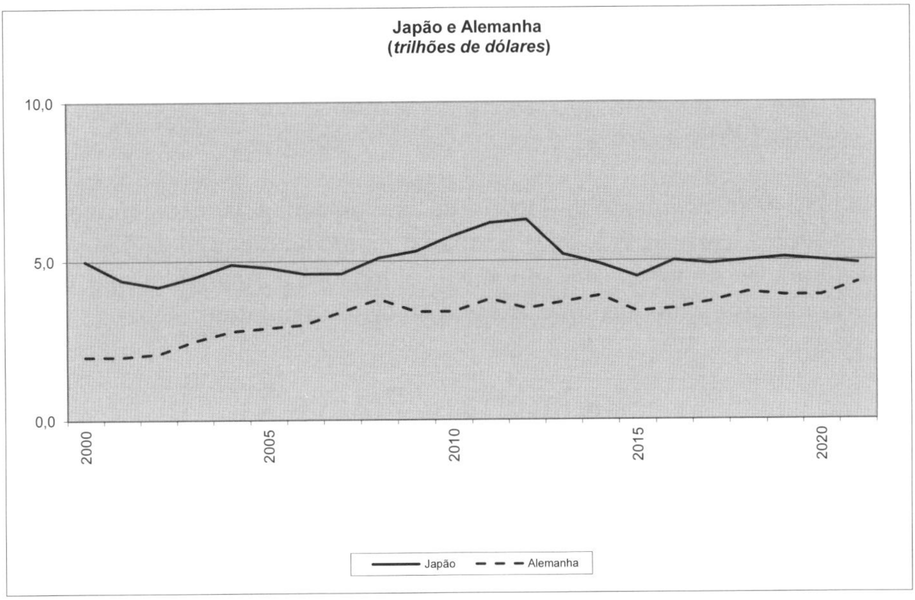

De 2010 a 2021, a renda per capita do Japão variou de US$44.344,10 para US$40.063,50, e a da Alemanha, de US$42.020,00 para US$46.231,60. A balança de pagamentos é positiva para ambos os países.

	Japão		
	2010	2015	2021
PIB (Banco Mundial - trilhões de dólares)	5,8	4,4	4,9
Renda Per Capita (ONU - dólares)	44.344,10	34.296,80	40.063,50
Balança de Pagamentos (ONU - bilhões de dólares)	221	137	165
			2020
Taxa de Investimento (Banco Mundial - % PIB)			25,6

	Alemanha		
	2010	2015	2021
PIB (Banco Mundial - trilhões de dólares)	3,4	3,4	4,3
Renda Per Capita (ONU - dólares)	42.020,00	41.036,10	46.231,60
Balança de Pagamentos (ONU - bilhões de dólares)	196	289	266
			2020
Taxa de Investimento (Banco Mundial - % PIB)			20,4

A taxa de investimento do Japão é de 25,6%, acima da média mundial de 23%, e a da Alemanha é de 20,4%, abaixo da média mundial de 23%.

Embora de importância econômica, o Japão e a Alemanha não detêm poderio militar e armamentos nucleares no cenário mundial.

Inglaterra e França

A Inglaterra e a França situam-se em sexto e sétimo lugar entre as economias mundiais, e a Índia, na quinta posição.

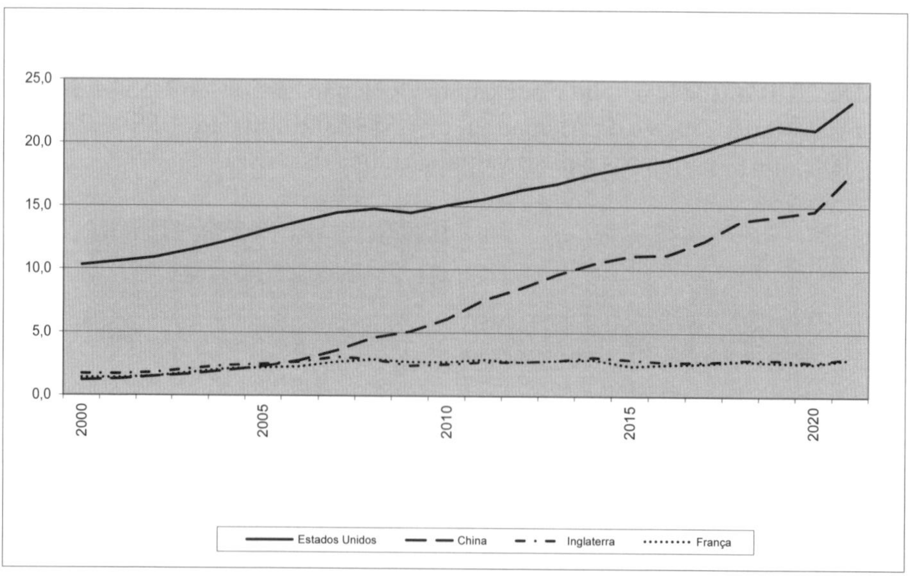

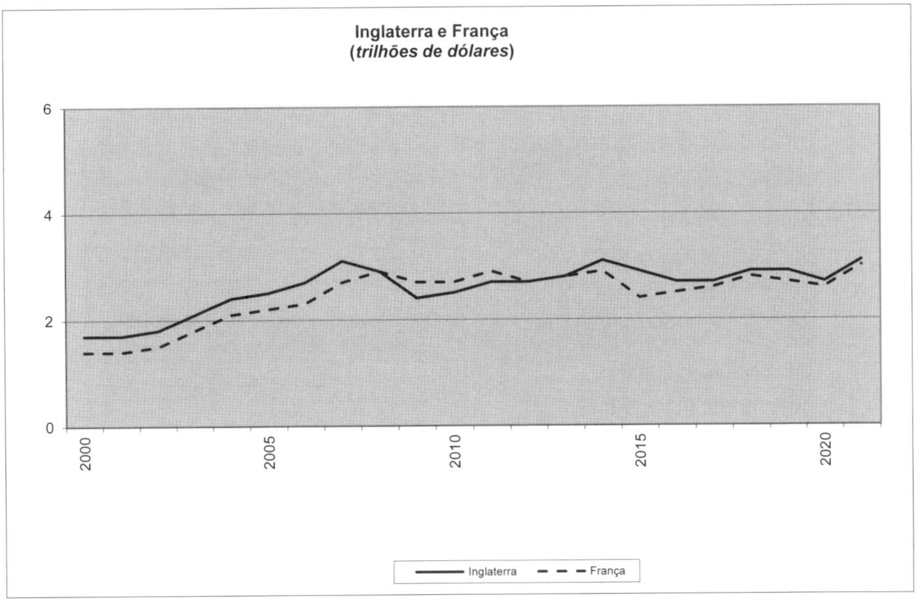

Entre 2010 e 2021, o PIB da Inglaterra variou de US$2,5 trilhões para US$3,1 trilhões, e o PIB da França, de US$2,7 trilhões para US$3 trilhões, em patamares equiparados e estáveis.

A renda per capita da Inglaterra variou de US$39.104,70 para US$41.854,50, e a da França, de US$40.685,30 para US$40.318,80.

	Inglaterra		
	2010	**2015**	**2021**
PIB (Banco Mundial - trilhões de dólares)	2,5	2,9	3,1
Renda Per Capita (ONU - dólares)	39.104,70	44.430,50	41.854,50
Balança de Pagamentos (ONU - bilhões de dólares)	-78	-147	-95
			2020
Taxa de Investimento (Banco Mundial - % PIB)			17,0

	França		
	2010	2015	2021
PIB (Banco Mundial - trilhões de dólares)	2,7	2,4	3,0
Renda Per Capita (ONU - dólares)	40.685,30	36.611,80	40.318,80
Balança de Pagamentos (ONU - bilhões de dólares)	-22	-9	-49
			2020
Taxa de Investimento (Banco Mundial - % PIB)			23,7

A Inglaterra e França são países que sentiram em suas economias a perda de suas colônias na África e Ásia ao longo do século XX. Hoje, o percentual de imigrantes estrangeiros na população da Inglaterra e da França é de 13,8% e de 13,1%, respectivamente; o Japão, com 2,2%; a Alemanha, com 18,8%; os Estados Unidos apresentam percentual de 15,3%, e a China, de 0,1%.

Ambos os países apresentam balança de pagamentos negativa. A taxa de investimento da Inglaterra é de 17%, significativamente abaixo da média mundial de 23%, e a da França é de 23,7%, equivalente à média mundial de 23%.

A Inglaterra e a França apresentam poderio militar e armamentos nucleares. A Inglaterra situa-se hoje dentro da esfera política dos Estados Unidos, e a França como segunda principal economia da União Europeia, com ações limitadas.

Índia

A Índia situa-se hoje como a quinta economia do mundo.

De 2010 a 2021, o PIB da Índia cresceu de US$1,7 trilhão para US$3,2 trilhões, e a renda per capita, de US$1.352,70 para US$2.116,20. A balança de pagamentos torna-se positiva em 2021, e a taxa de investimento é de 30,1%, significativamente acima da média mundial de 23%.

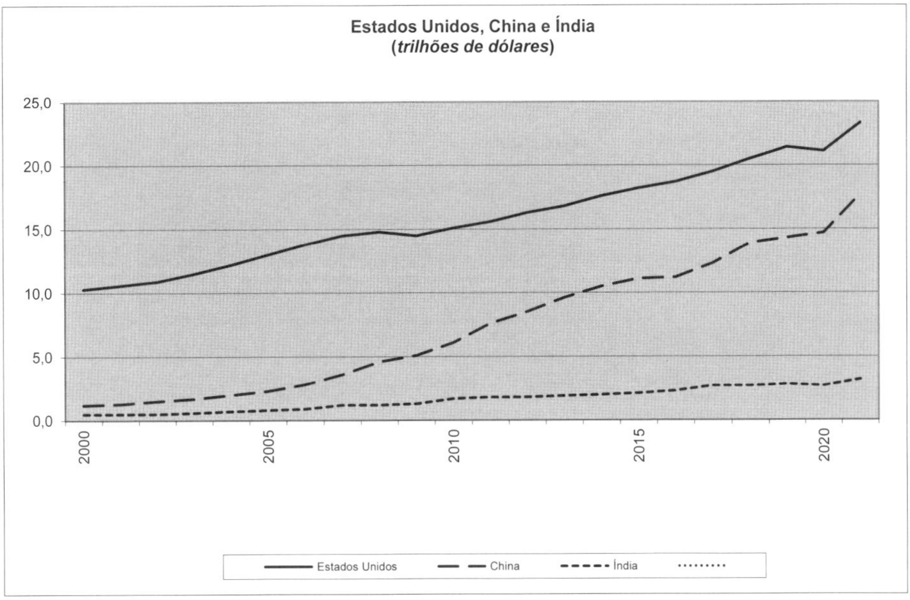

	PIB dos Estados Unidos, China, Japão, Alemanha e Índia Banco Mundial (trilhões de dólares)						
	1960	1970	1980	1990	2000	2010	2021
Estados Unidos	0,54	1,1	2,9	6,0	10,3	15,1	23,3
China	0,06	0,09	0,20	0,36	1,2	6,1	17,7
Japão	0,04	0,21	1	3,1	4,9	5,7	4,9
Alemanha		0,22	1,0	1,8	2,0	3,4	4,3
Índia	0,04	0,06	0,19	0,32	0,47	1,7	3,2

	Índia		
	2010	2015	2021
PIB (Banco Mundial - trilhões de dólares)	1,7	2,1	3,2
Renda Per Capita (ONU - dólares)	1.352.70	1.638,60	2.116,20
Balança de Pagamentos (ONU - bilhões de dólares)	-55	-23	-33
			2021
Taxa de Investimento (Banco Mundial - % PIB)			30,1

A Índia integra-se à economia da Ásia, com exportações para o Ocidente, com poderio militar e armamentos nucleares.

As projeções indicam que a Índia deverá obter o terceiro PIB do mundo até 2050.

	PricewaterhouseCoopers 2016-2050 Projeção do PIB (trilhões de dólares de 2016)		
	2016	2030	2050
China	11,4	26,5	49,9
Estados Unidos	18,6	23,5	34,1
Índia		7,8	28,0

Países da Europa

Se olharmos os países da Europa, vemos que eles apresentam comportamentos similares nas linhas representativas do desenvolvimento econômico, à exceção da Inglaterra, que apresenta padrão próprio.

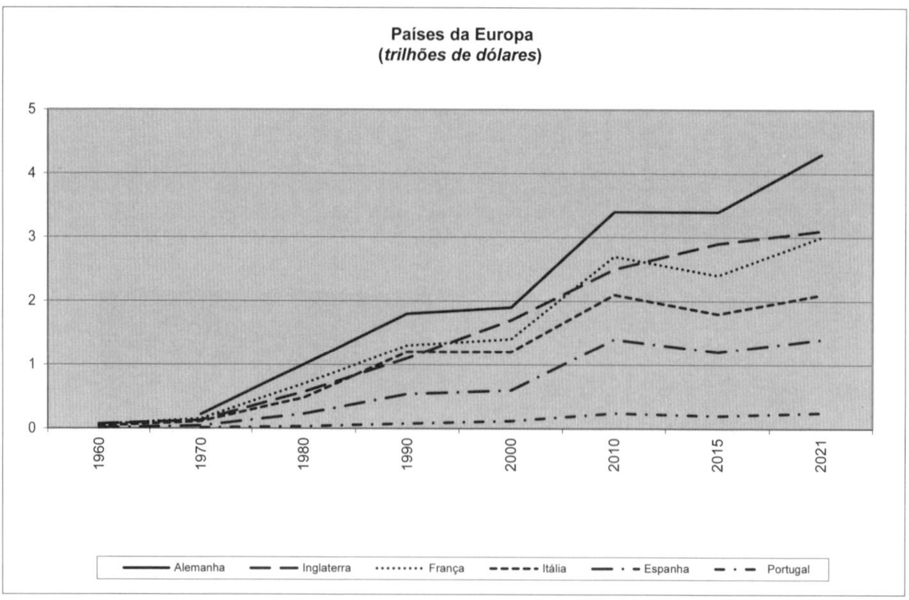

	PIB dos Países da Europa Banco Mundial (trilhões de dólares)							
	1960	1970	1980	1990	2000	2010	2015	2021
Alemanha		0,22	1,0	1,8	1,9	3,4	3,4	4,3
Inglaterra	0,07	0,13	0,57	1,1	1,7	2,5	2,9	3,1
França	0,06	0,15	0,70	1,3	1,4	2,7	2,4	3,0
Itália	0,04	0,11	0,48	1,2	1,2	2,1	1,8	2,1
Espanha	0,01	0,04	0,23	0,54	0,60	1,4	1,2	1,4
Portugal		0,01	0,03	0,08	0,12	0,24	0,20	0,25

União Europeia

A União Europeia foi formada em 1981 para a competição com os Estados Unidos. No período de 2007 a 2009, a União Europeia, na otimização da união de seus países, superou o PIB dos Estados Unidos. A União Europeia, entretanto, detém a política monetária sem deter a política fiscal sobre os países. A partir de 2008, a União Europeia teve que lidar com as crises mundiais conjuntamente com a crises financeiras na União Europeia, estabilizando o patamar do PIB sem índices de crescimento expressivos, sendo superada pela China em 2021, ficando os Estados Unidos, a China e a União Europeia como os três primeiros blocos da economia mundial.

A União Europeia é mais um mercado integrado contínuo com política monetária unificada do que um país unificado sob um poder político definido. Da mesma forma que o Japão e a Alemanha, a União Europeia, embora de importância econômica, não conta com um poderio militar unificado nem com autonomia em relação a armamento nuclear, com seu valor geopolítico aquém dos Estados Unidos, da China e da Rússia.

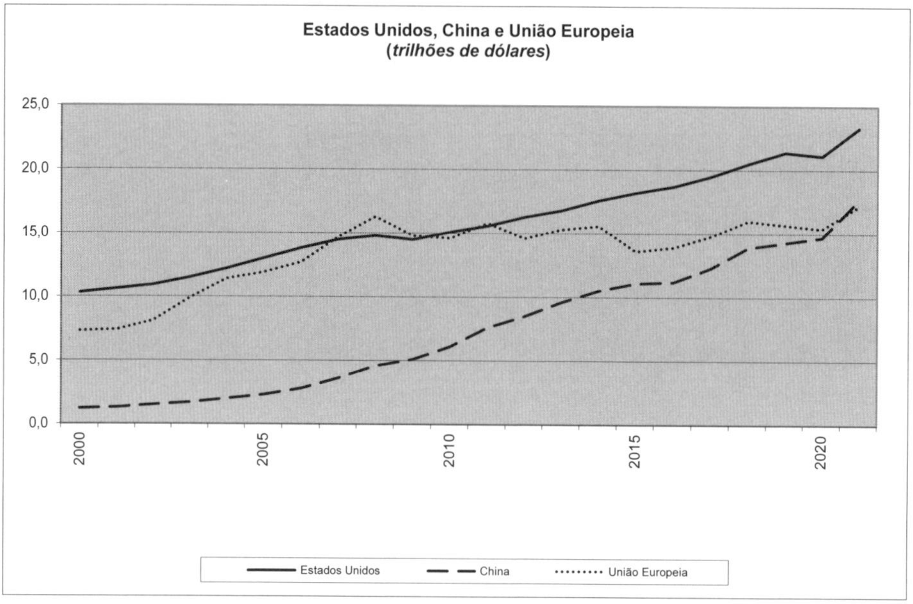

PIB dos Estados Unidos, China e União Europeia Banco Mundial (trilhões de dólares)						
	1980	1990	2000	2010	2015	2021
Estados Unidos	2,9	6,0	10,3	15,1	18,2	23,3
China	0,20	0,36	1,2	6,1	11,2	17,7
União Europeia	3,3	6,5	7,3	14,6	15,7	17,2

Países e Regiões do Mundo

A distribuição do PIB mundial é vital para a compreensão das tendências atuais. Em 1970, os Estados Unidos representavam 36,7% da economia mundial, caindo em 2021 para 24,1%. Da mesma forma, os países que constituem a União Europeia representavam 24,3% da economia mundial em 1970, caindo para 17,8% em 2021.

O Japão e a Alemanha, conjuntamente, representavam 14,3% da economia mundial em 1970, e 9,6% em 2021.

A antiga União Soviética representava 14,3% da economia mundial em 1970. A Rússia, em 2021, representa 1,9% da economia mundial.

	PIB Países e Regiões Banco Mundial (trilhões de dólares)			
	1970		2021	
	PIB	%	PIB	%
Estados Unidos	1,1	36,7	23,3	24,1
China	0,09	3,0	17,7	18,3
União Europeia	0,73	24,3	17,2	17,8
União Soviética	0,43	14,3		
Rússia			1,8	1,9
Japão	0,21	7,0	4,9	5,1
Alemanha	0,22	7,3	4,3	4,5
Leste da Ásia e Pacífico	0,13	4,3	20,8	21,6
Sul da Ásia	0,01	0,3	4,1	4,2
América Latina e Caribe	0,14	4,7	4,6	4,8
Oriente Médio e Norte da África	0,01	0,3	3,7	3,8
África Meridional	0,01	0,3	1,9	2,0
Mundo	**3,0**	**100,0**	**96,5**	**100,0**

Por outro lado, a China passou de 3% da economia mundial em 1970 para 18,3% em 2021. O leste e o sul da Ásia, conjuntamente com o Pacífico, foram de 4,6% em 1970 para 25,8% em 2021. O Oriente Médio e norte da África, de 0,3% para 3,8%. A África Meridional, de 0,3% para 2%.

A América Latina e o Caribe constituem a única região que permaneceu constante de 1970 a 2021, 4,7% e 4,8% respectivamente.

Muito importante, as universidades, como centros de excelência de ensino, mudaram em sua distribuição regional de 2011 a 2023.

Em 2011, os Estados Unidos lideravam o ranking com 45 universidades dentre as 100 primeiras do mundo. Em 2023, os Estados Unidos lideram, com 34 universidades. No total de universidades dos países de língua inglesa, o número de universidades caiu de 65, em 2011, para 55, em 2023.

Na Europa, o número de universidades dentre as 100 primeiras do mundo aumentou de 20 para 26 nesse período.

Na China, o número de universidades dentre as 100 primeiras aumentou de 2 para 7 nesse período. Em Hong Kong, de 2 para 5. No total da Ásia, de 15 para 19.

	Times Higher Education 100 primeiras universidades do mundo	
	2011	2023
Estados Unidos	45	34
Inglaterra	12	10
Austrália	4	7
Canadá	4	4
Língua Inglesa	**65**	**55**
Alemanha	4	9
Holanda	4	7
França	2	4
Suíça	3	4
Outros	7	2
Europa	**20**	**26**
China	2	7
Hong Kong	2	5
Coreia do Sul	2	3
Japão	5	2
Singapura	2	2
Outros	2	0
Ásia	**15**	**19**
Total	**100**	**100**

Países nórdicos

As três principais economias da Escandinávia são a Suécia, a Noruega e a Dinamarca. Todas provêm do mesmo grupo étnico-linguístico-cultural e comungam de modelos políticos e econômicos similares, a social-democracia.

Marx achava que as classes médias desapareceriam dentro do sistema capitalista, sua percepção baseada na diminuição da classe dos artesãos diante da nova industrialização no século XIX. A nova classe de trabalhadores industriais iria crescer e tornar-se majoritária, base da futura revolução socialista.

Ao final do século XIX, a classe de artesões chega a seus limites mínimos, surgindo, entretanto, as novas classes médias do "colarinho branco", estratos sociais administrativos e de pequenos negócios correlatos a bens e serviços da nova sociedade industrial. No início do século XX, as novas classes médias começaram a crescer, e a classe operária chegou a seus limites por volta de 1920, se estabilizando em cerca de 25% da população economicamente ativa em todos os países. Para governar, portanto, os partidos de esquerda abriram mão da representação única da classe operária estendendo seus limites para mais de 50% do eleitorado, face à introdução do 2º turno nos sistemas eleitorais, flexibilizando e negociando seus objetivos. As classes baixas abriram mão da perspectiva revolucionária em prol de benefícios sociais, e as classes altas concederam a aplicação de parte de seus lucros para programas sociais, em um pacto político com rotatividade de poder. O primeiro Partido Social-Democrata foi fundado em 1889 na Alemanha, "social" no sentido da inclusão dos trabalhadores em benefícios econômicos, e "democrata" no sentido de se implementar o voto nas economias capitalistas. Os partidos social-democratas se institucionalizaram na Escandinávia, levando ao progresso econômico e social.

Como grupo de países, a Escandinávia apresenta excelência econômica e social, comparativamente a outros países ou blocos de países.

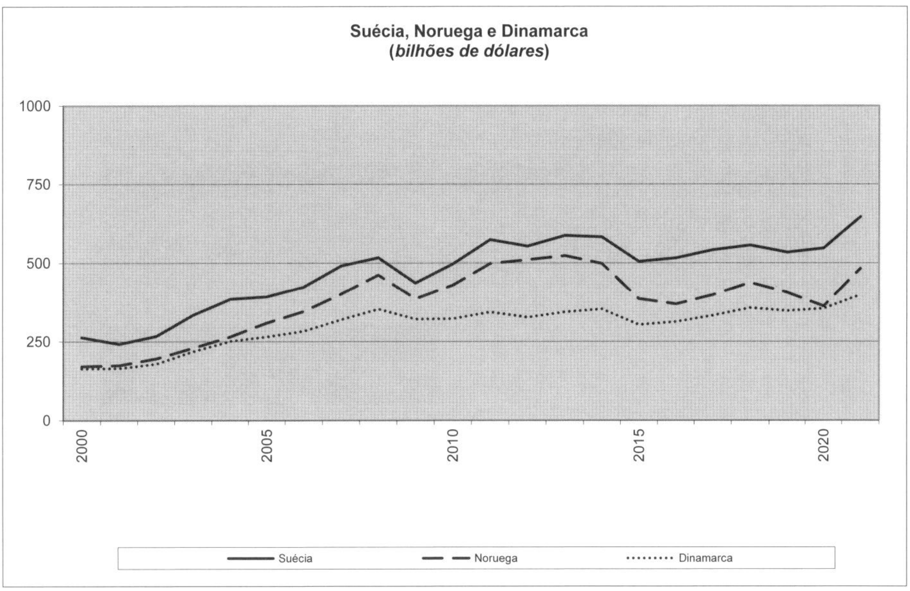

Certamente que os países escandinavos sentem também os efeitos das crises econômicas mundiais, posto que fazem parte do mundo.

	Suécia		
	2010	2015	2021
PIB (Banco Mundial - bilhões de dólares)	496	505	636
Renda Per Capita (ONU - dólares)	52.801,20	51.726,20	52.896,00
Balança de Pagamentos (ONU - bilhões de dólares)	29	17	28
			2019
Taxa de Investimento (Banco Mundial - % PIB)			24,7

	Noruega		
	2010	2015	2021
PIB (Banco Mundial - bilhões de dólares)	429	389	482
Renda Per Capita (ONU - dólares)	87.754,30	74.194,99	74.985,50
Balança de Pagamentos (ONU - bilhões de dólares)	50	31	7
			2018
Taxa de Investimento (Banco Mundial - % PIB)			28,1

	Dinamarca		
	2010	2014	2021
PIB (Banco Mundial - bilhões de dólares)	322	303	398
Renda Per Capita (ONU - dólares)	57.966,60	53.206,10	60.656,90
Balança de Pagamentos (ONU - bilhões de dólares)	21	25	26
			2019
Taxa de Investimento (Banco Mundial - % PIB)			22,7

No cômputo geral, os países escandinavos apresentam altos índices de renda per capita, a Suécia com US$52,896,00, Noruega com US$74.985,50, e Dinamarca com US$60.656,90. Todos apresentam balança de pagamentos positiva, e a taxa de investimento na economia é equivalente ou maior do que a média mundial de 23%, com a Suécia em 24,7%, a Noruega em 28,1%, e a Dinamarca em 22,7%.

Europa Central e Oriental

As duas principais economias da Europa Central e Oriental são a Rússia e a Polônia.

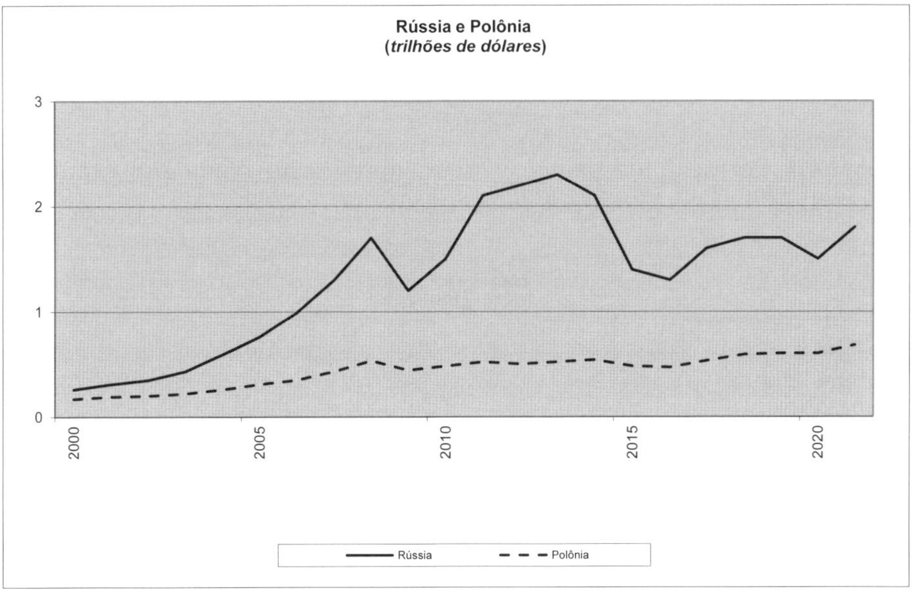

A renda per capita da Polônia é de US$15.727,00. A balança de pagamentos oscila entre positiva e negativa. A taxa de investimento na economia situa-se em 17,3%, abaixo da média mundial de 23%.

	Polônia		
	2010	2015	2021
PIB (Banco Mundial - bilhões de dólares)	476	477	680
Renda Per Capita (ONU - dólares)	12.518,60	12.562,70	15.727,00
Balança de Pagamentos (ONU - bilhões de dólares)	-27	-4	21
			2019
Taxa de Investimento (Banco Mundial - % PIB)			17,3

Espanha e Portugal

Espanha e Portugal, os países ibéricos, apresentam renda per capita de US$29.815,70 e US$23.350,40, respectivamente.

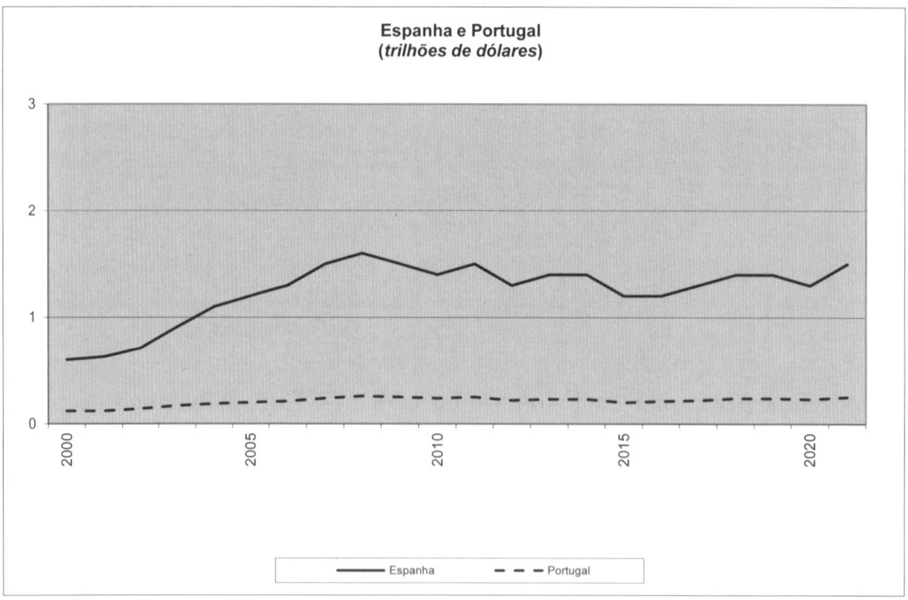

	Espanha		
	2010	2015	2021
PIB (Banco Mundial - trilhões de dólares)	1,4	1,2	1,5
Renda Per Capita (ONU - dólares)	30.272,60	25.606,80	29.815,70
Balança de Pagamentos (ONU - bilhões de dólares)	-52	24	9
			2020
Taxa de Investimento (Banco Mundial - % PIB)			20,2

	Portugal		
	2010	2015	2021
PIB (Banco Mundial - trilhões de dólares)	0,24	0,20	0,25
Renda Per Capita (ONU - dólares)	22.449,90	19.223,30	23.350,40
Balança de Pagamentos (ONU - bilhões de dólares)	-24	1	-2
			2020
Taxa de Investimento (Banco Mundial - % PIB)			19,1

Espanha e Portugal oscilam com valores positivos e negativos na balança de pagamentos, com índices de investimento na economia de 20,2% e 19,1%, respectivamente, abaixo dos 23% da média mundial.

América do Norte

Os Estados Unidos e o Canadá são as duas principais economias da América do Norte, com a economia do Canadá interligada à economia dos Estados Unidos. Os Estados Unidos são responsáveis por cerca de 80% das exportações e 80% importações do Canadá.

A renda per capita do Canadá é de US$46.550,30. A taxa de investimento na economia é de 22,1%, equivalente à média mundial de 23%. A balança de pagamentos tem sido negativa.

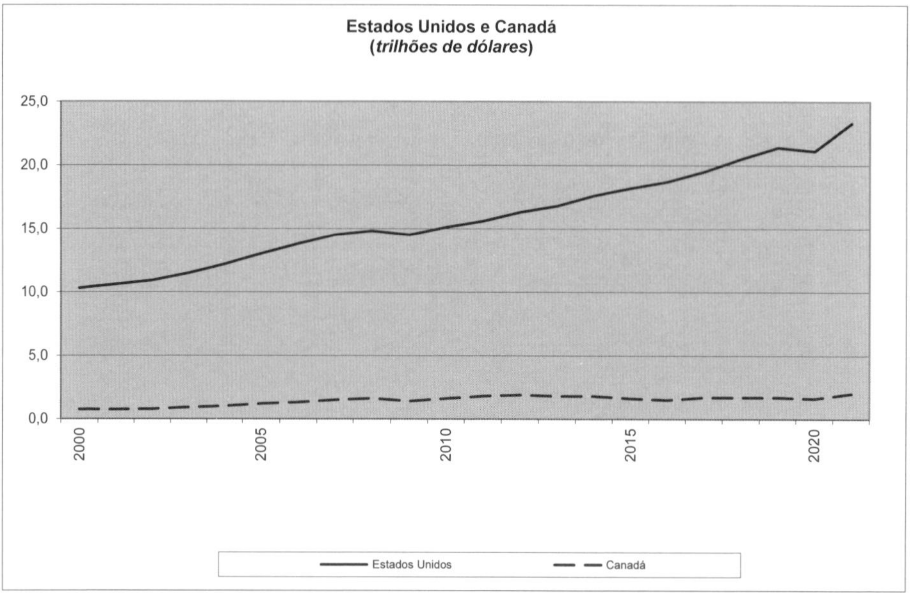

	Canadá		
	2010	2015	2021
PIB (Banco Mundial - trilhões de dólares)	1,6	1,6	2,0
Renda Per Capita (ONU - dólares)	47.361,10	43.193,80	46.550,30
Balança de Pagamentos (ONU - bilhões de dólares)	-58	-55	-30
			2020
Taxa de Investimento (Banco Mundial - % PIB)			22,1

América Latina

O Brasil, o México e a Argentina são as três principais economias da América Latina.

O Brasil observou notável crescimento econômico e social de 2002 a 2011, com o PIB aumentando de US$0,5 trilhão para US$2,6 trilhões no período. De 2011 para 2021, o PIB caiu de US$2,6 trilhões para US$1,6 trilhão. De

2011 a 2022, o PIB brasileiro varia de US$2,6 trilhões para US$1,9 trilhão, na sequência de erros de política econômica de sucessivos governos. A taxa de investimento na economia no Brasil é de 15,4%, muito abaixo da média mundial de 23%.

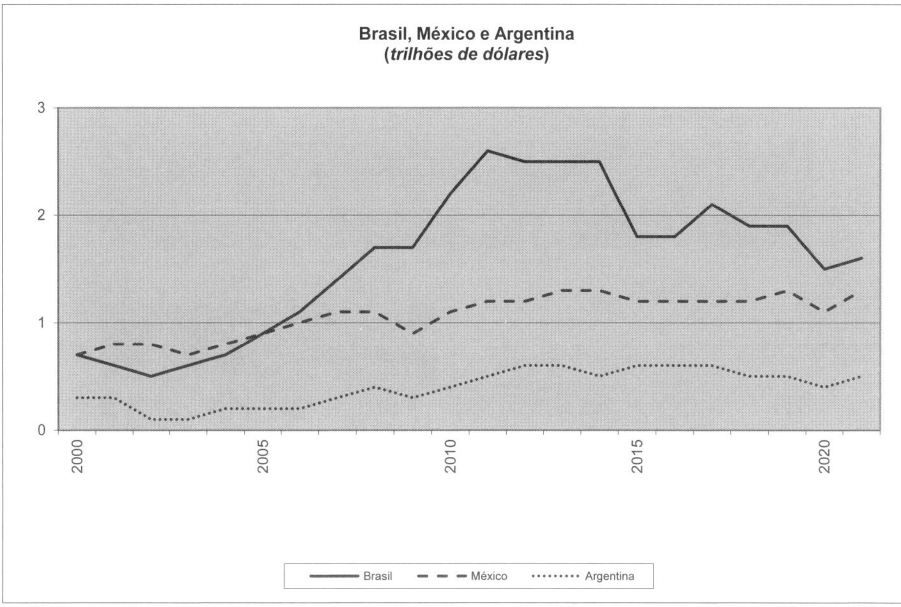

	Brasil		
	2010	2015	2021
PIB (Banco Mundial - trilhões de dólares)	2,2	1,8	1,6
Renda Per Capita (ONU - dólares)	11.286,10	8.814,00	8.755,30
Balança de Pagamentos (ONU - bilhões de dólares)	-79	-56	-24
	2020		
Taxa de Investimento (Banco Mundial - % PIB)	15,4		

	México		
	2010	2015	2021
PIB (Banco Mundial - trilhões de dólares)	1,1	1,2	1,3
Renda Per Capita (ONU - dólares)	9.271,40	9.606,00	9.848,60
Balança de Pagamentos (ONU - bilhões de dólares)	-4	-31	26
			2020
Taxa de Investimento (Banco Mundial - % PIB)			19,3

	Argentina		
	2010	2015	2021
PIB (Banco Mundial - trilhões de dólares)	0,42	0,60	0,49
Renda Per Capita (ONU - dólares)	10.428,60	14.971,50	10.041,50
Balança de Pagamentos (ONU - bilhões de dólares)	-1	-17	2
			2019
Taxa de Investimento (Banco Mundial - % PIB)			17,4

Os dois países com economias significativas que apresentam melhores renda per capita na América Latina são o Chile, com US$14.896,50, e o Uruguai, com US$16.190,10. Ambos apresentam problemas em suas balanças de pagamento, e suas taxas de investimento de 19,9% e 14,8%, respectivamente, são inferiores à média mundial de 23%.

A Venezuela, detentora da maior jazida de petróleo do mundo, é um caso clássico de má administração política e econômica, com os últimos dados disponíveis do PIB para 2014.

	Chile		
	2010	2015	2021
PIB (Banco Mundial - trilhões de dólares)	78	243	317
Renda Per Capita (ONU - dólares)	12.808,10	13.574,20	14.896,50
Balança de Pagamentos (ONU - bilhões de dólares)	3	-5	3
			2020
Taxa de Investimento (Banco Mundial - % PIB)			19,9

	Uruguai		
	2010	2015	2021
PIB (Banco Mundial - trilhões de dólares)	23	53	59
Renda Per Capita (ONU - dólares)	11.992,00	15.613,80	19.190,10
Balança de Pagamentos (ONU - bilhões de dólares)	-0,7	-0,1	-0,3
			2019
Taxa de Investimento (Banco Mundial - % PIB)			14,8

	Venezuela		
	2010	2014	2021
PIB (Banco Mundial - trilhões de dólares)	117	482	
	2010	2015	2021
Renda Per Capita (ONU - dólares)	13.846,90	11.439,20	4.732,80
Balança de Pagamentos (ONU - bilhões de dólares)	5	-16	-3
			2019
Taxa de Investimento (Banco Mundial - % PIB)			

Interessante observar que o Brasil, embora com PIB de US$1,6 trilhão em 2021, no PIB PPC, atinge o valor de US$3,1 trilhões, expressando melhor qualidade de vida do que o presente no PIB nominal, na comparação internacional da equivalência de compra de cesta de produtos e serviços.

Oriente Médio e norte da África

A Arábia Saudita, Israel e os Emirados Árabes são as três maiores economias do Oriente Médio.

Dos conflitos sociais, o conflito entre o indivíduo e o Estado, tão bem descrito por Robert Nisbet, é significativamente presente na origem da formação de nossa civilização. O Oriente Médio engendra nossos problemas e contradições. A paz no Oriente Médio em muito ajudaria a paz mundial.

A renda per capita na Arábia Saudita é de US$23.139,80, em Israel é de US$46.376,50, e nos Emirados, de US$43.103,30. A Arábia Saudita experimenta oscilações na balança de pagamento devido a oscilações no mercado de petróleo, mas nada significativo diante de suas reservas petrolíferas. Os três países apresentam taxa de investimento equivalente ou maior do que a média mundial de 23%, a Arábia Saudita com 27,8%, Israel com 21,9%, e os Emirados com 23,8%.

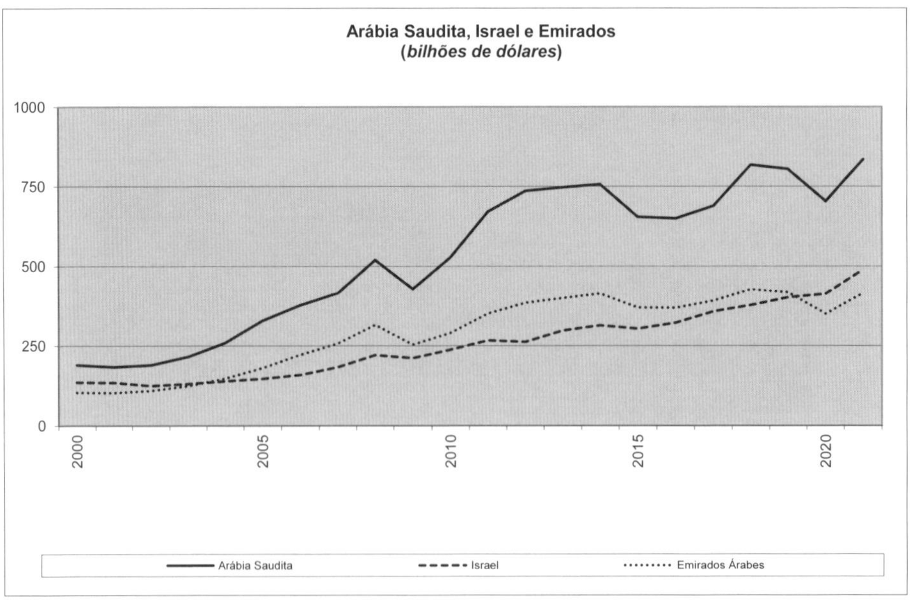

	Arábia Saudita		
	2010	2015	2021
PIB (Banco Mundial - bilhões de dólares)	528	654	834
Renda Per Capita (ONU - dólares)	19.262,60	20.627,90	23.139,80
Balança de Pagamentos (ONU - bilhões de dólares)	67	-56	-19
			2019
Taxa de Investimento (Banco Mundial - % PIB)			27,8

	Israel		
	2010	2015	2021
PIB (Banco Mundial - bilhões de dólares)	238	303	489
Renda Per Capita (ONU - dólares)	31.851,50	37.577,70	46.376,50
Balança de Pagamentos (ONU - bilhões de dólares)	8	16	24
			2020
Taxa de Investimento (Banco Mundial - % PIB)			21,9

	Emirados		
	2010	2015	2021
PIB (Banco Mundial - bilhões de dólares)	290	370	415
Renda Per Capita (ONU - dólares)	33.893,30	38.663,40	43.103,30
Balança de Pagamentos (ONU - bilhões de dólares)	11	287	177
			2019
Taxa de Investimento (Banco Mundial - % PIB)			23,8,

No norte da África, o Egito representa a primeira economia, quarta economia no total da região do Oriente Médio e norte da África.

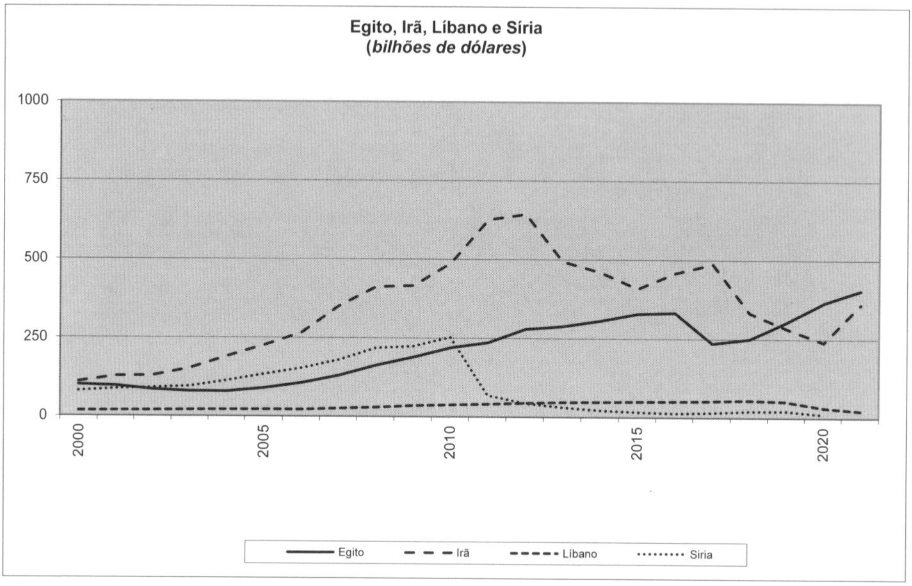

O Egito apresenta renda per capita de US$3.161,30, com balança de pagamentos negativa, e taxa de investimento de 13,8%.

	Egito		
	2010	**2015**	**2021**
PIB (Banco Mundial - bilhões de dólares)	219	329	404
Renda Per Capita (ONU - dólares)	2.593,40	3.437,20	3.161,30
Balança de Pagamentos (ONU - bilhões de dólares)	-4	-17	-14
			2020
Taxa de Investimento (Banco Mundial - % PIB)			13,8,

O Irã sente os efeitos dos embargos econômicos, com a queda do PIB entre 2010 e 2021 de US$487 bilhões para US$360 bilhões.

O Líbano sofre com os efeitos das guerras e conflitos prolongados, com a queda do PIB entre 2010 e 2021 de US$38 bilhões para US$23 bilhões.

A Síria sofre com a Guerra da Síria, com a queda drástica do PIB entre 2010 e 2021 de US$253 bilhões para US$11 bilhões.

	Irã		
	2010	2015	2021
PIB (Banco Mundial - bilhões de dólares)	487	408	360
Renda Per Capita (ONU - dólares)	6.657,80	5.012,40	7.282,00
Balança de Pagamentos (ONU - bilhões de dólares)	29	20	-4
			2020
Taxa de Investimento (Banco Mundial - % PIB)			42,7

	Líbano		
	2010	2015	2021
PIB (Banco Mundial - bilhões de dólares)	38	50	23
Renda Per Capita (ONU - dólares)	7.761,60	7.644,50	7.784,30
Balança de Pagamentos (ONU - bilhões de dólares)	-7	-8	-11
Taxa de Investimento (Banco Mundial - % PIB)			

	Síria		
	2010	2015	2020
PIB (Banco Mundial - bilhões de dólares)	253	17	11
Renda Per Capita (ONU - dólares)	2.830,40	1.060,70	1.193,90
Balança de Pagamentos (ONU - bilhões de dólares)	-367		
Taxa de Investimento (Banco Mundial - % PIB)			

Os Emirados Árabes e Israel assinaram recente acordo de paz, com a intenção próxima de acordo de paz também entre a Arábia Saudita e Israel, minado pela guerra Hamas–Israel.

A Arábia Saudita é a segunda maior reserva comprovada de petróleo e o primeiro exportador de petróleo do mundo, determinante na futura precária estabilidade política da região.

Leste da Ásia e Oceania

A Ásia cresce significativamente. De 1970 a 2021, o leste da Ásia e a Oceania, incluindo a China, passaram de 4,3% para 21,6% da economia mundial, o sul da Ásia, de 0,3% para 4,2%, totalizando a Ásia em 2021 cerca de 25,8% da economia mundial.

A China cresce, o Japão se estabiliza, a Coreia do Sul e a Austrália crescem significativamente também.

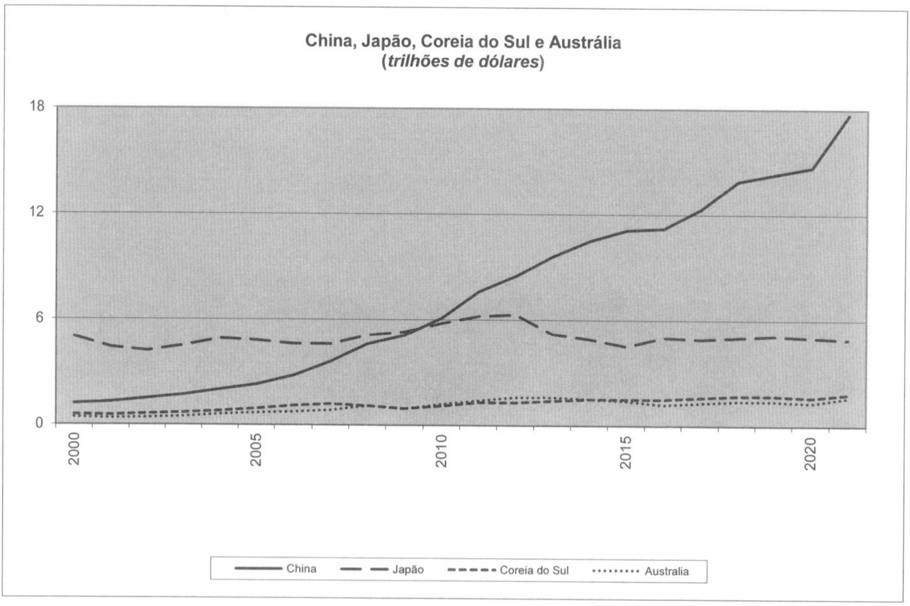

De 2010 a 2021, o PIB da Coreia do Sul cresceu de US$1,1 trilhão para US$1,8 trilhão, e o PIB da Austrália, de US$1,2 trilhão para US$1,6 trilhão. A renda per capita da Coreia do Sul é de US$32.143,10, e da Austrália, de US$54.763,20. Ambos os países apresentam saldo médio positivo em suas balanças de pagamento. A taxa de investimento na Coreia do Sul é de 31,6%, significativamente acima da média mundial de 23%, e a da Austrália é de 22,3%, equivalente à média mundial.

	Coreia do Sul		
	2010	2015	2021
PIB (Banco Mundial - trilhões de dólares)	1,1	1,5	1,8
Renda Per Capita (ONU - dólares)	23.091,20	28.840,70	32.143,10
Balança de Pagamentos (ONU - bilhões de dólares)	27	105	75
			2020
Taxa de Investimento (Banco Mundial - % PIB)			31,6

	Austrália		
	2010	2015	2021
PIB (Banco Mundial - trilhões de dólares)	1,2	1,4	1,6
Renda Per Capita (ONU - dólares)	58.654,10	52.131,40	54.763,20
Balança de Pagamentos (ONU - bilhões de dólares)	-44	-56	33
			2020
Taxa de Investimento (Banco Mundial - % PIB)			22,3

Dois pequenos países que desempenham o papel de interligar mundos diferentes com expertise nas finanças, mercado de petróleo, e de bens e produtos, são Hong Kong e Singapura.

A renda per capita de Hong Kong é de US$40.180,10, e a de Singapura é de US$64.102,70. Ambos os países apresentam balança de pagamentos positiva. A taxa de investimento de Hong Kong está em 19,8%, devido a possíveis problemas políticos, e de Singapura, em 24,7%, acima da média mundial de 23%.

	Hong Kong		
	2010	2015	2021
PIB (Banco Mundial - trilhões de dólares)	172	309	369
Renda Per Capita (ONU - dólares)	32.820,50	43.054,00	49.180,10
Balança de Pagamentos (ONU - bilhões de dólares)	16	10	22
			2020
Taxa de Investimento (Banco Mundial - % PIB)			19,8

	Singapura		
	2010	2015	2021
PIB (Banco Mundial - trilhões de dólares)	96	308	397
Renda Per Capita (ONU - dólares)	46.735,50	55.076,90	64.102,70
Balança de Pagamentos (ONU - bilhões de dólares)	54	57	59
			2019
Taxa de Investimento (Banco Mundial - % PIB)			24,7

Sul da Ásia

Os dois países mais significativos do sul da Ásia são a Índia, como quinta maior economia do mundo e primeira economia da região, e o Paquistão, adversário político da Índia na questão da Caxemira, ambos detentores de armamentos nucleares.

O PIB do Paquistão é de US$348 bilhões, a renda per capita é de US$1.186,70, balança de pagamentos negativa e taxa de investimento de 15,4%.

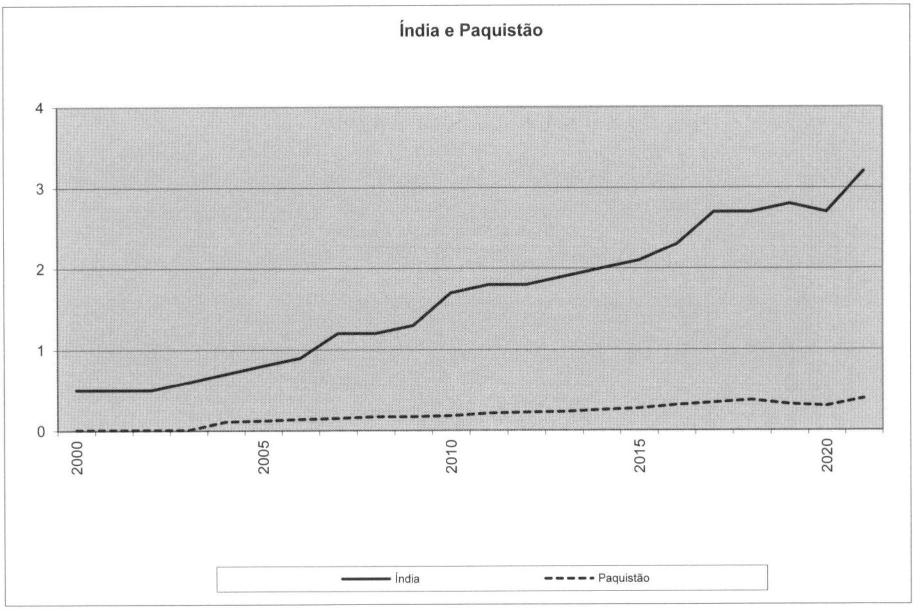

	Paquistão		
	2010	2015	2021
PIB (Banco Mundial - trilhões de dólares)	0,18	0,27	0,39
Renda Per Capita (ONU - dólares)	972,60	1.339,00	1.186,70
Balança de Pagamentos (ONU - bilhões de dólares)	-1	-2	0,2
			2020
Taxa de Investimento (Banco Mundial - % PIB)			15,4

África Subsaariana

Os países mais estratégicos da África Subsaariana são a Nigéria, a África do Sul e Angola, devido às suas economias, sua posição geopolítica e seus recursos naturais.

A Nigéria apresenta renda per capita de US$2.361,20, a África do Sul, de US$6.001,40, e Angola, de US$2.670.90. Todos os três países oscilam na balança de pagamentos. A taxa de investimento é de 25,4% para a Nigéria, 12,4% para a África do Sul e 19,6% para Angola.

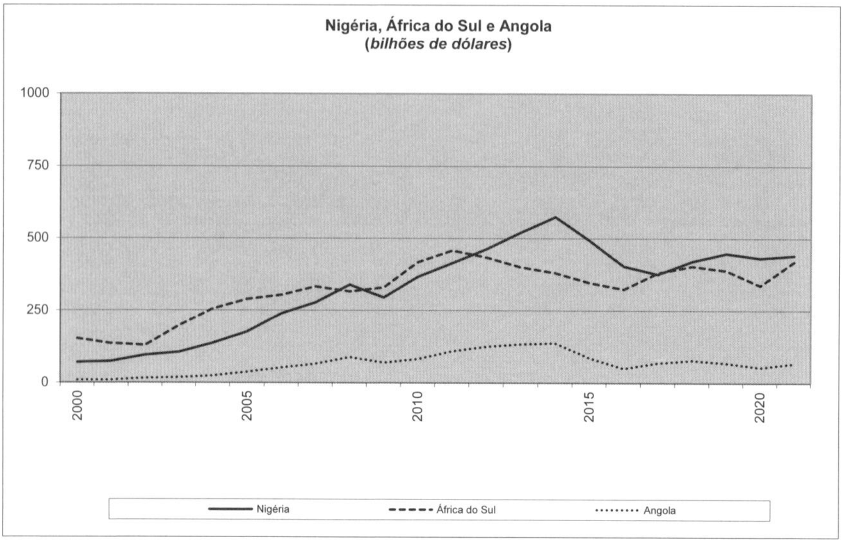

	Nigéria		
	2010	2015	2021
PIB (Banco Mundial - bilhões de dólares)	367	493	441
Renda Per Capita (ONU - dólares)	2.292,40	2.730,40	2.361,20
Balança de Pagamentos (ONU - bilhões de dólares)	13	-15	-16
	2019		
Taxa de Investimento (Banco Mundial - % PIB)	25,4		

	África do Sul		
	2010	2015	2021
PIB (Banco Mundial - bilhões de dólares)	417	347	419
Renda Per Capita (ONU - dólares)	7.328,60	5.730,90	6.001,40
Balança de Pagamentos (ONU - bilhões de dólares)	-5	-14	6
			2020
Taxa de Investimento (Banco Mundial - % PIB)			12,4

	Angola		
	2010	2015	2021
PIB (Banco Mundial - bilhões de dólares)	82	87	67
Renda Per Capita (ONU - dólares)	3.587,90	4.167,00	2.670,90
Balança de Pagamentos (ONU - bilhões de dólares)	7	-10	1
			2019
Taxa de Investimento (Banco Mundial - % PIB)			19,6

⊙ ⊙ ⊙

Energia, economia e armamentos são os fatores-chave para a compreensão do mundo de hoje. Petróleo é energia, mantendo o mundo funcionando.

As próximas décadas serão desafiadoras para a humanidade, com o declínio dos Estados Unidos e o aumento da participação da China no PIB mundial, o agravamento da crise ecológica que se inicia, limitando o acesso de pessoas e países a bens e serviços, com a degradação do meio ambiente e o aumento dos preços, aumento das tensões políticas e sociais, e seus efeitos colaterais e múltiplos dispersos por todo o mundo.

É um mundo de mudanças e está se movendo rápida e desagregadamente.

13

A pandemia da covid-19

A pandemia pode ser pior do que a guerra, como no caso da peste negra, com a morte estimada de 30% a 60% da população da Europa, e da gripe espanhola ao final da Segunda Guerra Mundial, com a morte estimada de 20 milhões a 30 milhões de pessoas. Ambas, a guerra e a pandemia, expressam sofrimento e morte.

Na guerra, você pode ser preso, ferido ou morto, mas você sabe quem são seus inimigos. A destruição e a morte criam escassez de alimentos e produtos, mas, ao final, a população remanescente, com seu capital educacional, pode reconstruir a nova sociedade sobre terras devastadas. Na pandemia, por muitas vezes, você nem sabe quem é o seu inimigo, como ele cerca para te atacar, o inimigo invisível. Na guerra, você pode estimar as forças militares de seu oponente. Na pandemia, há sempre a incerteza do imprevisível ou do desconhecido. No final da guerra, há um *ponto zero*, um ponto definido para recomeçar. A linha do final da pandemia é difusa, não há um *ponto zero* definido para se recomeçar a economia. No fim da guerra, a tristeza é substituída pela esperança. No fim da pandemia, da tristeza, se tenta a recuperação.

A história do homem é uma história de guerras, pandemias e de desenvolvimento econômico, no horizonte limitado da crise ecológica que se inicia.

No caso da covid-19, as atuais condições de desenvolvimento econômico, o desenvolvimento técnico-científico e as condições sanitárias possibilitaram a rápida identificação do vírus e de seus antídotos, diminuindo o número de mortos e minimizando seus efeitos econômicos e sociais. Até janeiro de 2023, para o total mundial de 7,9 bilhões de habitantes, tivemos 675 milhões de casos de covid-19, com 6,7 milhões de óbitos, correspondendo a 8,4% da população mundial contraindo o vírus, 1% de óbitos dentre os que contraíram o vírus, 0,1% de óbitos na população mundial. Comparativamente a outras pandemias, como a peste negra e a gripe espanhola, devido ao nosso atual estágio tecnológico, tivemos significativo êxito no combate à covid-19.

Pandemias

A história das pandemias é trágica.

Dos tempos antigos aos modernos, a primeira epidemia mais significativa registrada foi a peste de Atenas, de 430 a.C. a 427 a.C., que pode ter matado um terço de sua população, levando à derrota de Atenas para Esparta na Guerra do Peloponeso. Estudos indicam que a peste poderia ter sido tifo, sarampo ou varíola.

Em 165 d.C., o Império Romano foi atingido pela peste antonina, que pode ter matado cerca de 10% da população de Roma, contribuindo para o início do declínio do Império Romano. Estudos indicam que a praga poderia ter sido varíola.

De 249 d.C. a 262 d.C., a peste cipriana, originalmente da Etiópia, espalhou-se pelo Mediterrâneo, tendo matado mais de 5 mil pessoas por dia em Roma. Estudos indicam que a praga pode ter sido varíola ou uma febre hemorrágica viral como o ebola.

A peste justiniana, considerada uma das três piores pandemias da história da humanidade, ocorreu entre 541 d.C. a 549 d.C. a partir de Constantinopla e pode ter matado de 25 milhões a 50 milhões de pessoas, cerca de metade da população europeia à época, interrompendo a tentativa de Constantinopla de reconquistar Roma pelo Império do Oriente. Supõe-se que a peste justiniana tenha sido uma peste bubônica.

As pandemias de leprosa na Idade Média, do século XI ao século XIV, trouxeram horror e morte para a Europa, com cerca de 320 hospitais para leprosos sendo estabelecidos na Inglaterra durante esse período.

A peste negra é a maior pandemia já vista na história da humanidade. *La peste*, ou A peste, durou cinco anos, de 1347 a 1351, devastando a Europa e matando cerca de 30% a 60% de sua população, reduzindo a população mundial de 475 milhões para 350 milhões a 375 milhões de pessoas à época. Foi uma peste bubônica, enterrando os fundamentos e crenças do feudalismo com a renovação do Renascentismo, no qual o obscurantismo e a superstição deram lugar à ciência e às artes, mudando o curso da história.

A chegada dos espanhóis e portugueses às Américas também foi um veículo da morte. Colombo chegou ao Caribe em 1492, e Pedro Álvares Cabral, ao Brasil em 1500. Na Ilha Hispaniola, aonde Colombo chegou, a população nativa caiu de 60 mil para 500 pessoas de 1492 a 1548. Em 1520, o Império Asteca foi atingido por uma praga de varíola que reduziu a população asteca de cerca de 17 milhões para 1,3 milhão em 100 anos. Durante os séculos XVI e XVII, estima-se que mais de 90% dos índios norte-americanos, em número equivalente a 56 milhões, podem ter sido mortos por varíola, gripes e outras doenças trazidas pelos europeus, pragas e armas de fogo. Tempos de descobertas e de mortes. Sempre mudando o mundo.

A peste italiana ocorreu em 1629–1631, uma peste bubônica matando mais de 280 mil pessoas, com o aumento do controle de fronteiras e a introdução de saneamento público por parte das autoridades das cidades.

Em 1665–1666, a grande peste de Londres matou mais de 20% da população da cidade, cerca de 100 mil pessoas. Foi uma peste bubônica.

Além da grande peste, o grande incêndio de Londres ocorreu por cinco dias consecutivos, de 2 a 6 de setembro de 1665, queimando 13.200 prédios da cidade, deixando 80% da população desabrigada. Londres foi remodelada. A nova arquitetura de Londres transformou a cidade medieval em uma cidade moderna, com setores planejados, avenidas e ruas largas, códigos e regras de construção. Configurou-se um movimento de *racionalização* das políticas públicas, com a introdução do planejamento, criação do corpo de bombeiros e da indústria de seguros, com maior participação política, econômica e social da população, mudando o curso da história um século antes da Revolução Industrial.

A grande peste de Marselha, trazida por um navio mercante, ocorreu de 1720 a 1722, matando mais de 100 mil pessoas, supostamente bubônica ou pneumônica, com a instituição da *quarentena* e especialização hospitalar em infecções. É considerada a última grande praga da Europa até a gripe espanhola.

As pandemias de *cólera* ocorreram pela primeira vez na Rússia em 1817, se expandindo para a Europa, Ásia, África e Américas até o início do século XX. Estimam-se mais de 150 mil mortos, possivelmente. O tratamento da água tornou-se usual na maioria das cidades do mundo.

Em 1855, a terceira praga na China se espalhou pela Ásia, uma peste bubônica que matou mais de 10 milhões de pessoas, com revoltas políticas na Índia contra os britânicos devido à imposição de quarentena sobre a população.

No final da Primeira Guerra Mundial, a gripe espanhola devastou a Europa de 1918 a 1920. Estima-se que cerca de 500 milhões de pessoas, ou 25% da população mundial de 1,9 bilhão, foram infectadas. Cerca de 5% das pessoas infectadas morreram, o que perfaz o número impressionante de cerca de 20 milhões a 30 milhões de mortes no mundo. A gripe espanhola, o influenza H1N1, foi a pior pandemia do século XX e uma das piores da história mundial.

Mais recentemente, a *pólio* atingiu alguns países como os Estados Unidos, onde os casos saltaram de 5 mil em 1933 para 59 mil em 1952.

Desde a década de 1960, estima-se que as doenças relacionadas ao HIV tenham matado mais de 30 milhões de pessoas no mundo.

Em 2013–2016, o ebola matou 11 mil pessoas, sendo contido na África Ocidental.

Muitos avanços foram alcançados na descoberta de vacinas, como para a varíola, em 1796; contra a raiva, em 1885; contra o tétano, em 1890; a tuberculose, em 1921; a difteria, em 1923; a febre amarela, em 1937; a gripe H1N1, em 1938; a poliomielite, em 1952; o sarampo, em 1971; hepatite B, em 1981; o HPV, em 2006; a vacina contra o rotavírus, em 2006; e vacinas recentes para a covid-19.

Muitos avanços também foram alcançados na medicina, como a morfina, em 1803–1805; estetoscópio, em 1816; transfusão de sangue, em 1818; primeira cirurgia com anestesia, em 1842; primeiro raio X, em 1895; aspirina, em 1899; eletrocardiografia, em 1903; vitamina D, em 1921; insulina, em 1921; penicilina, em 1928; máquina de diálise, em 1943; quimioterapia, em 1946; desfibrilador, em 1947; acetaminofeno, em 1948; máquina artificial pulmonar, em 1953; ultrassonografia, em 1953; primeiro transplante humano, em 1954; marca-passo, em 1958; fertilização *in vitro*, em 1959; anticoncepcional oral, em 1960; coração artificial, em 1963; valium, em 1963; primeiro transplante de coração, em 1967; organismos geneticamente modificados, em 1971; ressonância magnética, em 1971; tomografia computadorizada, em 1971; bomba de insulina, em 1972; cirurgia ocular a laser, em 1973; drogas antivirais, em 1979; pele artificial, em 1981; sequências de DNA, em 1985; cápsula endoscópica, em 1985; *stent* intravascular, em 1988; terapia com células-tronco, em 1998; projeto do genoma humano, em 2000; primeiro pâncreas artificial, em 2016; imagens em 3D de células humanas mais recentemente; e muito mais.

Covid-19

Para enfrentar as pandemias, a desordem é a pior estratégia. Para enfrentar as pandemias, é preciso ter algum planejamento prévio, uma forma definida de lidar com o problema, que deve ser continuamente avaliada e readaptada segundo novas circunstâncias e propósitos.

Adam Przeworski definiu o erro nas ciências sociais como uma relação tripartite entre os objetivos a serem alcançados, as condições externas que possibilitam ou não se atingir os objetivos e as decisões efetivamente tomadas. Na escolha entre o homem e a economia, salvar vidas é a melhor opção, como tentativa pela sobrevivência.

O medo é a tônica de uma pandemia. Quando você *fecha a economia*, criando *restrições*, você estabelece bases conjuntas para a ação racional dos agentes econômicos, que avaliam e administram os riscos da atividade econômica em uma dada direção, dentro dos limites financeiros circunstanciais de cada sociedade. Quando você *abre a economia*, sem criar *restrições*, o medo faz com que os diversos agentes econômicos ajam aleatoriamente em diversas direções, desorganizando a produção. Os países que *fecharam* suas economias tiveram melhores resultados financeiros do que os países que *abriram* suas economias, os primeiros com a racionalização das ações, os segundos com a desorganização da base produtiva.

A melhor estratégia inicial é o lockdown, o distanciamento social com medidas restritivas na medida do possível, com a ajuda financeira e proteção do Estado ao cidadão, voltando gradativamente às atividades econômicas sempre que possível ou se assim necessário, controlando melhor a ocupação e o atendimento hospitalar e investindo em pesquisa médica e vacinas para a população, como no caso da Alemanha. Simplesmente *abrir* a economia não é a solução, porque basta o contágio e o medo para a desorganização da economia, como no caso do Brasil. Quando você *abre* a economia, gera um grande número de mortes e prejuízos financeiros. Quando você *fecha* a economia, diminui o número de mortos, com ganhos financeiros. Salvar vidas, preservando a economia, é sempre a melhor estratégia.

Os dados são muito claros. Em 2020, todos os países que adotaram medidas restritivas em relação à covid, como lockdown, distanciamento social, máscaras e uso de álcool em gel, tiveram melhor desempenho econômico, com menor queda do PIB. Os países que não tomaram providências ou apostaram na *imunização de rebanho* como estratégia inicial tiveram maior queda do PIB. Em 2021, os países que investiram em vacinas em larga escala para a população apresentaram melhor recuperação econômica, e os países que não planejaram a vacinação em massa apresentaram menor recuperação econômica.

Dados para a análise da covid-19

Os primeiros casos de **covid-19** ocorreram entre o final de novembro e início de dezembro de 2019, com seu registro e início da crise em janeiro de 2020. Estaremos aqui considerando **dois períodos distintos para a análise dos dados de casos de covid-19**. O **primeiro ano e meio da covid-19, de janeiro de 2020 a junho de 2021**, onde testamos os efeitos das diferentes políticas sanitárias e econômicas adotadas, considerando-se a data de **8 de junho de 2021 para os indicadores de covid** como referência para análise neste livro; e o **segundo período, de julho de 2021 a janeiro de 2023**, onde os efeitos econômicos da crise pandêmica já se dissipam, voltando as economias a seus cursos normais, tomando como base a data de **31 de janeiro de 2023 para os indicadores de covid**, baseado nos dados do **Worldometers**. Com relação à **vacinação contra a covid-19**, consideramos a data de **13 de junho de 2021 para a vacinação** com base nos dados do **Our World in Data**.

Os três padrões de política econômica e sanitária

Os três padrões distintos de política econômica e sanitária para o enfrentamento da covid-19 são o ***altamente restritivo***, como na China, o ***restritivo***, como na Alemanha, e o ***sem restrições***, como no Brasil. Todos colheram o que plantaram.

O período aqui considerado é de **janeiro de 2020**, quando começa a epidemia, a **junho de 2021**, já com **um ano e meio de pandemia** e **seis meses de vacinação.**

O primeiro modelo de política econômica e sanitária de combate à covid-19 é o *altamente restritivo*, como na China, quando, na identificação do início da pandemia, foram adotadas medidas radicais de isolamento, máscaras e demais providências para conter a expansão da pandemia. Nesse modelo, o surto da pandemia ocorre inicialmente, com a estabilização do crescimento representado por uma linha horizontal.

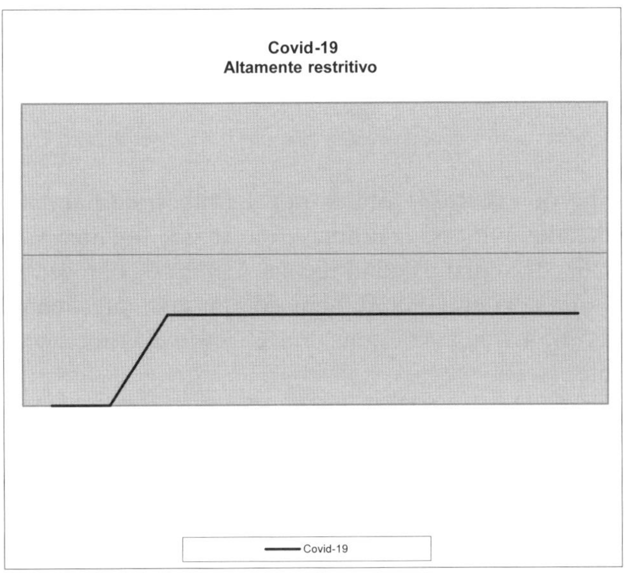

A China, com fortes medidas restritivas e uma média de 3 mortes por 1 milhão de habitantes no período, obteve um crescimento econômico de 2,2% em 2020 em moeda nacional, e de 2,9% em dólares correntes. Entre as 20 principais economias do mundo, a China foi o único país que obteve crescimento econômico tanto em moeda nacional como em dólares correntes.

O segundo modelo de política econômica e sanitária de combate à covid-19 é o *restritivo*, como na Alemanha, quando, na identificação do início da pandemia, foram adotadas medidas de isolamento significativas em relação a outros países da Europa, com lockdown, máscaras e outras providências, em ciclos sucessivos de expansão e retenção da pandemia, assim representados no gráfico.

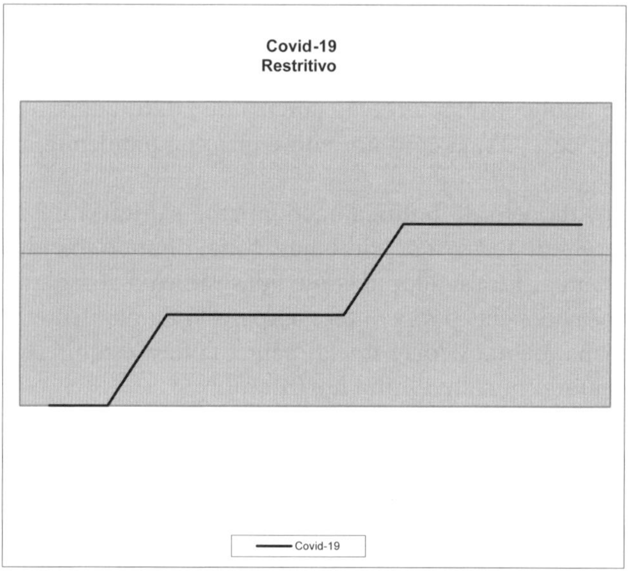

A Alemanha obteve 1.071 óbitos por 1 milhão de habitantes no período, bem abaixo dos índices da Itália, com 2.027; Inglaterra, com 1.874; e França, com 1.683. No plano econômico, a Alemanha obteve variação do PIB de -3,7 em moeda corrente e de 0,0 em dólares correntes, enquanto a Itália obteve -9,0 e -5,6, a Inglaterra com -9,3 e -5,6 e a França com -7,9 e -3,3, respectivamente.

O terceiro modelo de política econômica e sanitária de combate à covid-19 é o *sem restrições*, como no Brasil, que apostou equivocadamente na imunização de rebanho como estratégia inicial, estimulando tratamentos ineficazes, como a hidroxicloroquina, para a covid-19, com 2.218 mortes por 1 milhão de habitantes e queda do PIB de -3,9 em moeda nacional e de -22,5 em dólares correntes, o pior desempenho dentre todas as 20 primeiras economias do mundo.

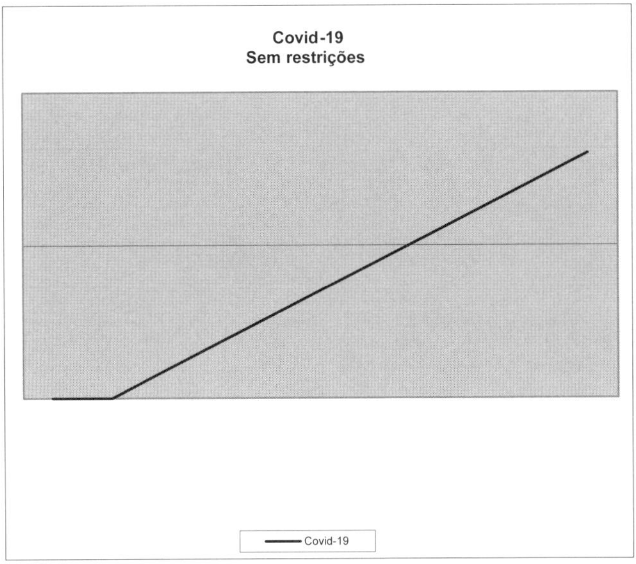

O gráfico representa o padrão da política *sem restrições*, ou melhor, da falta de política, com o crescimento contínuo de casos e óbitos.

Comparando o Brasil com a Alemanha, o que ocorreu na Alemanha foi correto, e o que aconteceu no Brasil foi errado, como exemplos opostos nas economias ocidentais. O que ocorreu na Alemanha pode ser considerado como a consequência de uma ação racional e da proteção social, com a avaliação e adaptação contínua segundo os objetivos e metas definidos. O que ocorreu no Brasil pode ser considerado como o produto da desordem, do negacionismo e do autoritarismo oportunista, sem propósitos definidos ou qualquer plano sobre o que alcançar. A imunização de rebanho é certamente uma meta a ser alcançada ao final no controle das pandemias, mas nunca poderia ter sido escolhida como estratégia inicial para se manter as atividades econômicas como foi no Brasil, deixando pessoas morrerem, e sem resultados econômicos. Salvar vidas é a melhor decisão econômica no combate a pandemias.

Como dizia Joseph de Maistre, "*toute Nation a le gouvernement qu'elle mérite*", ou "cada país tem o governo que merece". Uma *caricatura*, certamente, mas bem próxima do que ocorre.

Adicionalmente, podemos falar em um quarto padrão de ocorrências, em países com grande extensão territorial, como na China, Rússia e Índia, onde os surtos ocorrem separadamente em diferentes estados, províncias ou regiões, com a capacidade de isolamento relativo de áreas subsequentes.

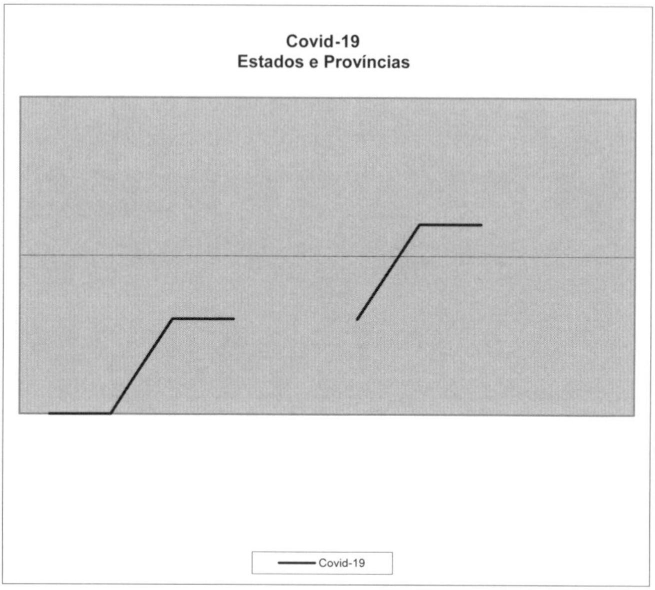

Os surtos ocorrem em áreas subsequentes ao longo do tempo.

Os três países líderes em covid-19

Levando-se em conta o número total de óbitos, os três países líderes em covid-19 em janeiro de 2023 foram os Estados Unidos, o Brasil e a Índia.

Covid-19 - Três primeiros países em Total de Óbitos (31 de janeiro de 2023)								
	País	Total de Casos	Total de Óbitos	Taxa de Mortalidade	Total de Casos/ 1 milhão de hab.	Total de Óbitos/ 1 milhão de hab.	Testes/ 1 milhão de hab.	População
	Mundo	675.133.708	6.761.769		86.613	867		
1	Estados Unidos	104.183.562	1.132.719	1,1	311.177	3.383	3.464.021	334.805.269
2	Brasil	36.809.608	696.892	1,9	170.926	3.236	296.146	215.353.593
3	Índia	44.682.784	530.740	1,2	31.766	377	650.679	1.406.631.776

Os Estados Unidos, com 4,2% da população e 24,2% do PIB mundial, detém 16,7% dos óbitos no mundo. O Brasil, com 2,7% da população e 1,7% do PIB, detém 10,3% dos óbitos mundiais. E a Índia, com 17,6% da população e 3,3% do PIB, detém 7,8% do total de óbitos no mundo.

A linha de tempo da covid-19

No final de novembro de 2019 e início de dezembro de 2019, surge o primeiro caso de coronavírus na província de Wuhan, China.

Na China, em 30 de dezembro de 2019, o médico Li Wenliang, do Hospital Central de Wuhan, informou aos médicos sobre uma nova doença, semelhante à SARS. Em 31 de dezembro de 2019, a primeira mensagem pública sobre o surto foi relatada, com 27 casos. Em 2 de janeiro de 2020, 41 casos foram confirmados laboratorialmente como covid-19. Em 11 de janeiro de 2020, foi confirmada a primeira morte por covid-19. Em 23 de janeiro de 2020, o governo chinês bloqueou a cidade de Wuhan, colocando 18 milhões de pessoas em quarentena pela primeira vez na história.

O coronavírus se espalhou rapidamente pelo mundo.

Na Ásia, a covid-19 chega à Tailândia em 13 de janeiro de 2020; no Japão em 16 de janeiro; Coreia do Sul em 20 de janeiro; Taiwan em 21 de janeiro; Hong Kong em 22 de janeiro; Singapura e Vietnã em 23 de janeiro; Nepal em 24 de janeiro; Malásia em 25 de janeiro; Camboja e Sri-Lanka em 27 de janeiro; Índia e Filipinas em 30 de janeiro.

Na Europa, a covid-19 chega à França em 24 de janeiro; Alemanha em 27 de janeiro; Finlândia em 29 de janeiro; Itália em 30 de janeiro; Espanha, Reino Unido e Suécia em 31 de janeiro.

Na Rússia, a covid-19 se manifesta pela primeira vez em 31 de janeiro.

Nos Estados Unidos, a covid-19 se manifesta pela primeira vez em 20 de janeiro; no Canadá, em 25 de janeiro.

Na Oceania, o primeiro caso ocorre na Austrália em 25 de janeiro; Nova Zelândia em 28 de fevereiro.

No Oriente Médio, os primeiros casos ocorrem nos Emirados Árabes em 29 de janeiro; Irã em 19 de fevereiro; Israel e Líbano em 21 de fevereiro; Iraque em 22 de fevereiro; Arábia Saudita em 3 de março; Síria em 23 de março.

Na América Latina, o primeiro caso no Brasil é datado de 25 de fevereiro; México em 28 de fevereiro; Argentina e Chile em 3 de março; Peru e Colômbia em 6 de março; Venezuela em 27 de março.

No norte da África, Egito em 14 de fevereiro; Argélia em 25 de fevereiro; Marrocos em 3 de março; Líbia em 24 de março,

Na África Meridional, Nigéria em 28 de fevereiro; África do Sul em 5 de março; Angola em 21 de março.

A pandemia da covid-19 torna-se mundial.

A covid-19 no mundo

A pandemia espalha-se rapidamente.

Em casos por dia, o índice atinge 3,8 milhões em janeiro de 2022, com a variante Ômicron, mais contagiosa, mas de menor proporção de óbitos do que as variáveis anteriores. Em óbitos por dia, o índice atinge 16,8 mil em janeiro de 2021, com o índice de 13,1 mil em fevereiro de 2022 com a variante Ômicron.

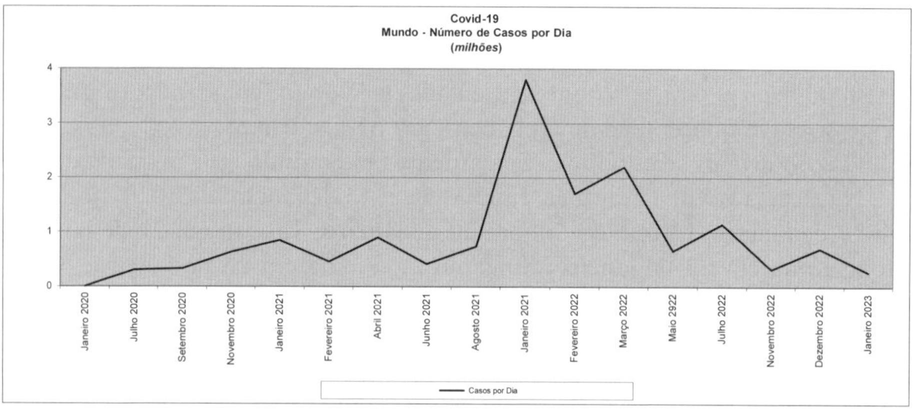

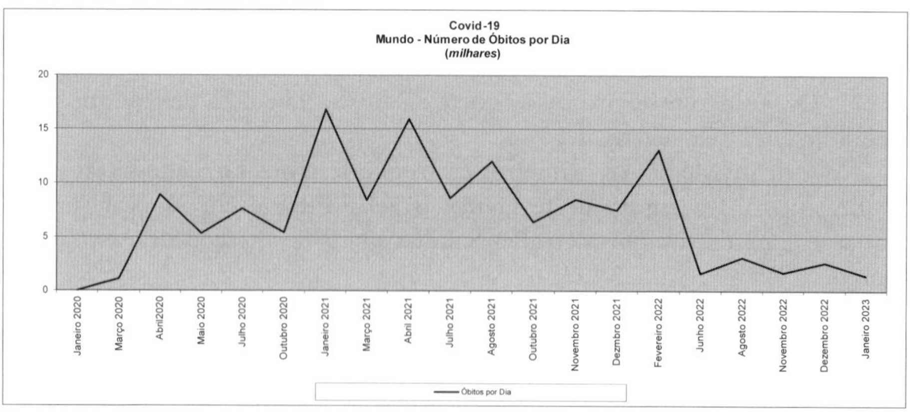

No acumulado, observa-se o forte crescimento inicial de casos no primeiro trimestre em 1.220 vezes, no segundo trimestre em 10 vezes, no terceiro trimestre em 3 vezes, caindo progressivamente nos trimestres subsequentes. O número de óbitos cresce 3.417 vezes no primeiro trimestre, 10 vezes no segundo trimestre, 2 vezes no terceiro semestre, caindo progressivamente nos trimestres subsequentes.

	Covid-19 - Mundo - 2020-2023			
	Total de Casos (primeiro dado do mês)	Aumento Trimestral (vezes)	Total de Óbitos (primeiro dado do mês)	Aumento Trimestral (vezes)
Janeiro 2020	988		17	
Abril 2020	1.106.638	1.120,08	58.094	3.417,29
Julho 2020	11.209.236	10,13	583.686	10,05
Outubro 2020	35.414.078	3,16	1.118.892	1,92
Janeiro 2021	84.705.155	2,39	1.983.093	1,77
Abril 2021	132.248.238	1,56	2.973.386	1,50
Julho 2021	184.458.689	1,39	4.007.265	1,35
Outubro 2021	236.865.628	1,28	4.852.709	1,21
Janeiro 2022	296.914.788	1,25	5.486.756	1,13
Abril 2022	493.858.032	1,66	6.183.030	1,13
Julho 2022	555.278.045	1,12	6.355.180	1,03
Outubro 2022	624.088.441	1,12	6.554.367	1,03
Janeiro 2023	665.930.694	1,07	6.705.422	1,02

Observe-se o acentuado crescimento de casos no trimestre de janeiro a abril de 2022 em 1,6 vez em relação ao trimestre anterior, devido à variante Ômicron, com o aumento de óbitos mantendo-se em 1,3, mesmo valor do trimestre anterior.

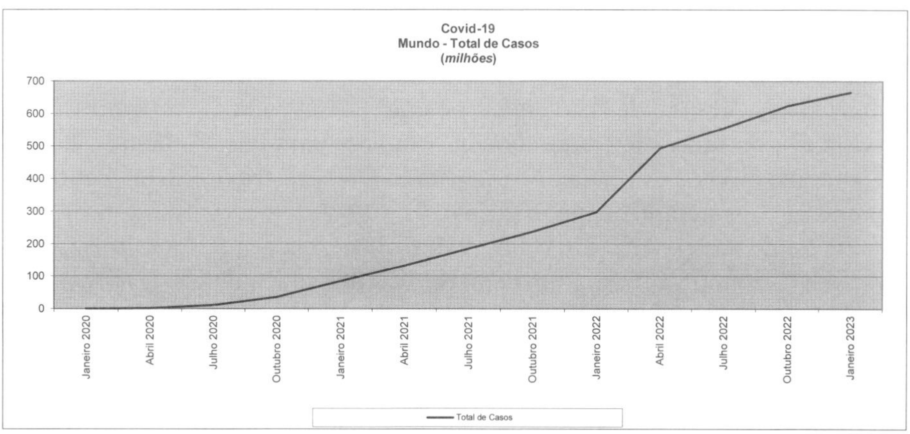

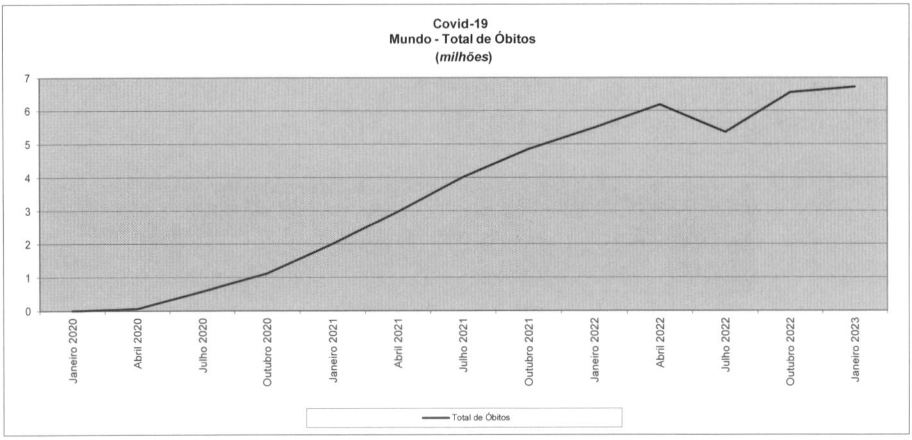

Em 11 de março de 2020, o diretor-geral da Organização Mundial da Saúde, Tedros Ghebreyesus, declarou a covid-19 como pandemia, a pior desde a gripe espanhola.

Em 21 de março de 2020, o secretário-geral da ONU, Antônio Guterres, afirmou que a covid-19 seria então "o maior desafio desde a Segunda Guerra Mundial".

Com base nos números iniciais, que sugeriam transmissão de 1:3, ou seja, de uma para três pessoas, equivalente ao que supostamente ocorreu na gripe espanhola, foram desenhados modelos estatísticos com base na hipótese de possíveis 20% a 25% de infecção da população mundial, com 3% a 5% de óbitos dos infectados como projeções.

Na Alemanha, Angela Merkel afirmou no Parlamento em 11 de março de 2020 que *"é importante entender que a população não tem imunidade* para este vírus, nem há terapia até agora. Especialistas dizem que 60% a 70% da população alemã poderá contrair o coronavírus". Em 18 de março, Merkel falou à nação em uma transmissão de TV dizendo que "Isto é sério. Levem isso a sério. Desde a Segunda Guerra Mundial, nenhum desafio à nossa nação jamais exigiu tal grau de ação comum e unida". Ela pediu pelo "sacrifício da disciplina", dizendo que "para alguém como eu, para quem a liberdade de ir e vir foram direitos duramente conquistados, tais restrições só se justificam quando são absolutamente necessárias".

Em 26 de março de 2020, o Imperial College, em seu *12º Relatório*, afirmou que "o mundo enfrenta uma emergência de saúde pública grave e aguda devido à pandemia global da covid-19 em andamento. A forma como os países responderão nas próximas semanas será fundamental para determinar a trajetória das epidemias nacionais".

Três modelos prospectivos foram desenhados. O primeiro, na ausência de qualquer tipo de intervenção, poderia resultar em 40 milhões de mortes em todo o mundo. O segundo, com estratégias moderadas de mitigação, como o distanciamento social, poderia resultar em 10,5 milhões de mortes. O terceiro, com uma estratégia mais radical de isolamento, poderia resultar em 570 milhões de infecções e 1,9 milhão de mortes. Em 31 de janeiro de 2023, os dados são de 675 milhões de infecções e de 6,7 milhões de mortes, dentro dos limites entre os segundo e terceiro cenários.

Em 13 de março de 2020, o CDC nos Estados Unidos previu de 200 mil a 1,7 milhão de mortes no país, compatível com as projeções do Imperial College. Em 31 de janeiro de 2023, os óbitos nos Estados Unidos somaram 1,3 milhão.

Estudos iniciais mostravam que a pandemia da covid-19 poderia durar cerca de três anos em sucessivas ondas, como no estudo de Laurie Garrett com picos sucessivos de covid-19.

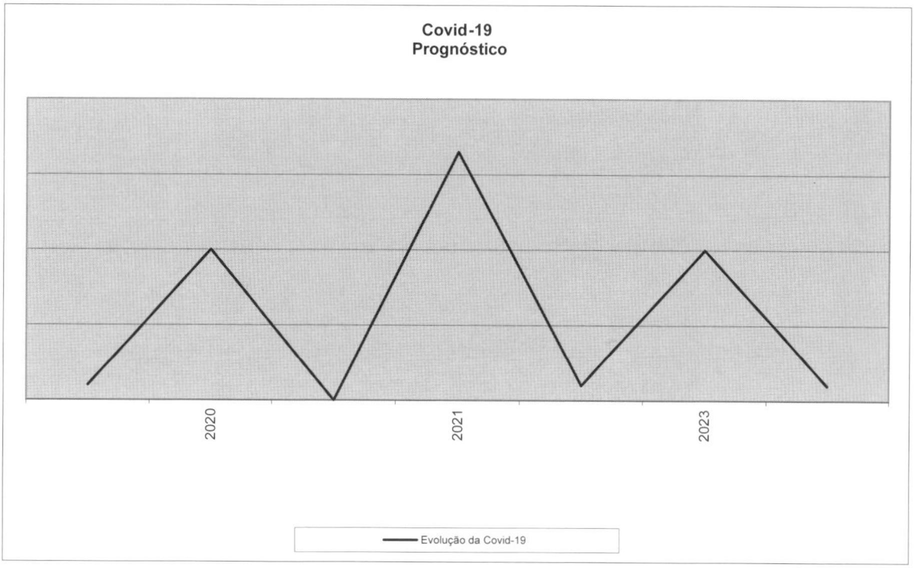

A linha de tempo das vacinas

Na medicina, os esforços para a solução de doenças e da saúde pública chegaram ao limite do possível e do alcançável.

Mais de duzentas vacinas foram desenvolvidas e testadas em todo o mundo com uma agilidade sem precedentes. Uma vacina costuma levar de três a cinco anos para ser desenvolvida. No caso da covid-19, foram desenvolvidas com sucesso vacinas que têm sido aplicadas na população mundial desde dezembro de 2020. As principais vacinas em uso, em diferentes países, são a Pfizer (Estados Unidos–Alemanha), Moderna (Estados Unidos), Janssen (Estados Unidos), Oxford-AstraZeneca (Inglaterra), Sputnik V (Rússia), Sinovac (China) e Covaxin (Índia).

A primeira dose de vacina foi aplicada na Rússia em 5 de dezembro de 2020; Inglaterra em 8 de dezembro de 2020; Estados Unidos em 15 de dezembro de 2020. China em 18 de dezembro de 2020; Alemanha, Itália e Espanha em 27 de dezembro de 2020; França em 28 de dezembro de 2020; Irlanda em 30 de dezembro de 2020; Índia em 16 de janeiro de 2021; Brasil em 17 de janeiro de 2021; Nova Zelândia em 20 de fevereiro de 2021; Austrália em 22 de fevereiro de 2021.

Em junho de 2021, a União Europeia liderava a vacinação mundial, com 67 doses aplicadas por 100 habitantes, seguida pela América do Norte, com 66, para uma média de 31 no mundo. A América do Sul com 33, Ásia 30, Oceania 17, África 3.

Continente	Vacinação (por 100 habitantes)
União Europeia	67
América do Norte	66
Europa	56
América do Sul	33
Ásia	30
Oceania	17
África	3
Mundo	31

Em relação à renda, os países de renda alta receberam 67 doses por 100 habitantes; os de renda média-alta, 45; os de renda média-baixa, 11; e os de renda baixa, 1, para uma média de 31 no mundo.

Renda	Vacinação (por 100 habitantes)
Renda Alta	67
Renda Média Alta	45
Renda Média Baixa	11
Renda Baixa	1
Mundo	31

A tabela a seguir expressa os índices de vacinação para os países em junho de 2021, a Inglaterra na 19ª colocação, os Estados Unidos na 28ª, a Alemanha na 40ª e o Brasil na 87ª.

Rank	País	Vacinação por 100 habitantes	Rank	País	Vacinação por 100 habitantes
1	Gibraltar	231	51	Grécia	66
2	Emirados Árabes	140	52	França	65
3	Seicheles	140	53	Polônia	65
4	Malta	133	54	Finlândia	64
5	Caymans	132	55	Eslovênia	63
6	São Marino	128	56	Irlanda	63
7	Israel	123	57	Butão	63
8	Bermuda	120	58	Estônia	63
9	País de Gales	114	59	China	62
10	Aruba	114	60	República Tcheca	61
11	Jersey	112	61	Suécia	61
12	Bahrain	111	62	Noruega	60
13	Guernsey	109	63	Antígua	59
14	Escócia	108	64	São Cristóvão e Névis	58
15	Mongólia	108	65	República Dominicana	57
16	Chile	107	66	Ilhas Cook	54
17	Inglaterra	107	67	Ilhas Virgens Britânicas	54
18	Ilha de Man	106	68	Eslováquia	54
19	Grã-Bretanha	105	69	Andorra	54
20	Irlanda do Norte	98	70	Dominica	52
21	Curaçao	98	71	Barbados	52
22	Hungria	98	72	Croácia	51
23	Anguila	97	73	Groenlândia	51
24	Qatar	97	74	Montserrat	50
25	Uruguai	94	75	Lituânia	50
26	Turks e Caicos	93	76	Arábia Saudita	45
27	Islândia	93	77	Marrocos	45

⇨

Rank	País	Vacinação por 100 habitantes	Rank	País	Vacinação por 100 habitantes
28	Estados Unidos	92	78	Romênia	44
29	Maldivas	91	79	Kuwait	43
30	Ilhas Faroe	82	80	Montenegro	42
31	Mônaco	81	81	Polinésia Francesa	41
32	Chipre	79	82	Turquia	40
33	Canadá	77	83	Hong Kong	39
34	Wallis e Futuna	76	84	Macau	39
35	Singapura	75	85	Guiana	38
36	San Martin	75	86	Costa Rica	37
37	Bélgica	74	87	Brasil	37
38	Sérvia	73	88	Argentina	36
39	Dinamarca	72	89	Ilhas Maurício	36
40	Alemanha	72	90	El Salvador	36
41	Lituânia	72	91	Nova Caledônia	35
42	Itália	70	92	República do Norte do Chipre	34
43	Áustria	70	93	Cambodja	32
44	Espanha	69	94	Cuba	30
45	Nauru	69	95	Panamá	30
46	Liechtenstein	68	96	Albânia	29
47	Luxemburgo	68	97	Coreia do Sul	29
48	Portugal	67	98	México	29
49	Suíça	67	99	Tonga	28
50	Holanda	67	100	Azerbaijão	27
	Mundo	31		Mundo	31

A distribuição para as 20 primeiras economias mostra a Inglaterra liderando, com 107 doses por 100 habitantes, os Estados Unidos com 92, a Alemanha com 72 e o Brasil com 37.

O declínio das mortes após a vacinação é evidente.

Nos Estados Unidos, os casos diários caíram significativamente após o início da vacinação com Biden, de 825 mil, em 6 de janeiro de 2021, para 57 mil, em 31 de dezembro de 2021.

Rank	País	Vacinação por 100 habitantes	Rank	País	Vacinação por 100 habitantes
1	Inglaterra	107	11	Arábia Saudita	45
2	Estados Unidos	92	12	Turquia	40
3	Canadá	77	13	Brasil	37
4	Alemanha	72	14	Coreia do Sul	29
5	Itália	70	15	México	29
6	Espanha	69	16	Austrália	23
7	Suíça	67	17	Rússia	23
8	Holanda	67	18	Japão	19
9	França	65	19	Índia	18
10	China	62	20	Indonésia	12
	Mundo	31		Mundo	31

No Brasil, em Serrana, estado de São Paulo, com 45.644 habitantes, o governo de São Paulo aplicou a vacina Sinovac em 95% da população maior de 18 anos. Os resultados foram significativos. Após a vacina, houve redução de 80% dos casos sintomáticos, redução de 86% das internações, redução de 95% das mortes, em comunicado público do governo do Estado de São Paulo.

Comunicado público do governo do Estado de São Paulo

A distribuição de casos nos países

Considerando-se a distribuição para os dez primeiros países de maior incidência de casos no mundo, para o período de um ano e meio de janeiro de 2020 a junho de 2021, e o período de três anos de janeiro de 2020 a janeiro de 2023, em julho de 2021, os Estados Unidos, a Índia e o Brasil lideraram em quantidade de casos; em janeiro de 2023, os Estados Unidos, a Índia e a França lideraram em quantidade de casos. A China, onde a covid-19 se originou, encontra-se na 98ª e 91ª colocações nos dois períodos, respectivamente.

Considerando-se a distribuição para os dez primeiros países de maior número de óbitos no mundo, para o período de um ano e meio de janeiro de 2020 a junho de 2021, e o período de três anos de janeiro de 2020 a janeiro de 2023, em ambos os períodos, os Estados Unidos, o Brasil e a Índia lideraram em número de óbitos. A China encontra-se na 63ª e 89ª colocações nos dois períodos, respectivamente.

Covid-19					
	(janeiro 2020 a junho 2021)			(janeiro 2020 a janeiro 2023)	
	País	Total de Casos		País	Total de Casos
	Mundo	174.494.562		Mundo	675.133.708
1	Estados Unidos	34.227.708	1	Estados Unidos	104.183.562
2	Índia	29.042.478	2	Índia	44.682.784
3	Brasil	16.985.812	3	França	39.524.311
4	França	5.713.917	4	Alemanha	37.758.773
5	Turquia	5.293.627	5	Brasil	36.809.608
6	Rússia	5.145.843	6	Japão	32.532.905
7	Inglaterra	4.522.476	7	Coreia do Sul	30.176.646
8	Itália	4.233.698	8	Itália	25.453.789
9	Argentina	3.977.634	9	Inglaterra	24.274.361
10	Alemanha	3.710.931	10	Rússia	21.950.192
		112.854.124			397.346.931
		64,7% dos casos mundiais			58,9% dos casos mundiais
98	China	91.300	91	China	503.302

Covid-19					
	(janeiro 2020 a junho 2021)			(janeiro 2020 a janeiro 2023)	
	País	Total de Óbitos		País	Total de Óbitos
	Mundo	3.754.882		Mundo	6.761.769
1	Estados Unidos	612.715	1	Estados Unidos	1.132.719
2	Brasil	474.614	2	Brasil	696.892
3	Índia	352.091	3	Índia	530.740
4	México	228.838	4	Rússia	395.067
5	Peru	186.757	5	México	332.190
6	Inglaterra	127.841	6	Peru	218.863
7	Itália	126.588	7	Inglaterra	204.171
8	Rússia	124.496	8	Itália	186.833
9	França	110.062	9	Alemanha	165.563
10	Colômbia	92.496	10	França	164.233
		2.436.498			4.027.271
		64,9% dos óbitos mundiais			59,6% dos óbitos mundiais
63	China	4.636	89	China	5.272

Segue-se a tabela geral para o total de casos, total de óbitos, taxa de mortalidade, casos por milhão de habitantes, óbitos por milhão de habitantes e testes por milhão de habitantes para os vinte primeiros países no período de janeiro de 2020 a junho de 2021, objeto de nosso estudo.

Covid-19 - Indicadores								
	País	Total de Casos		País	Total de Óbitos		País	Taxa de Mortalidade
1	Estados Unidos	34.227.708	1	Estados Unidos	612.715	1	Vanuatu	25,0
2	Índia	29.042.478	2	Brasil	474.614	2	Iêmen	19,6
3	Brasil	16.985.812	3	Índia	352.091	3	Saara Ocidental	10,0
4	França	5.713.917	4	México	228.838	4	México	9,4
5	Turquia	5.293.627	5	Peru	186.757	5	Peru	9,4
6	Rússia	5.145.843	6	Inglaterra	127.841	6	Sudão	7,5
7	Inglaterra	4.522.476	7	Itália	126.588	7	Síria	7,3

⇨

Covid-19 - Indicadores								
	País	Total de Casos		País	Total de Óbitos		País	Taxa de Mortalidade
8	Itália	4.233.698	8	Rússia	124.496	8	Egito	5,7
9	Argentina	3.977.634	9	França	110.062	9	Somália	5,2
10	Alemanha	3.710.931	10	Colômbia	92.496	10	China	5,1
11	Espanha	3.707.523	11	Alemanha	89.994	11	Montserrat	5,0
12	Colômbia	3.593.016	12	Argentina	81.946	12	Equador	4,8
13	Irã	2.980.116	13	Irã	81.362	13	Bósnia	4,6
14	Polônia	2.875.729	14	Espanha	80.236	14	Bulgária	4,3
15	México	2.434.562	15	Polônia	74.255	15	Zimbábue	4,1
16	Ucrânia	2.216.654	16	África do Sul	57.063	16	Tanzânia	4,1
17	Peru	1.984.999	17	Indonésia	51.992	17	Bolívia	3,9
18	Indonésia	1.869.325	18	Ucrânia	51.333	18	Afeganistão	3,9
19	África do Sul	1.699.849	19	Turquia	48.255	19	Comores	3,8
20	Holanda	1.665.846	20	Romênia	31.155	20	Hungria	3,7

	País	Casos por 1 milhão hab.		País	Óbitos por 1 milhão hab.		País	Testes por 1 milhão hab.
1	Andorra	178.043	1	Peru	**5.592**	1	Dinamarca	10.240.243
2	Montenegro	158.936	2	Hungria	**3.101**	2	Gibraltar	7.707.410
3	República Tcheca	155.115	3	Bósnia	**2.900**	3	Ilhas Faroe	5.874.460
4	San Marino	149.715	4	República Tcheca	**2.815**	4	Chipre	5.760.226
5	Bahrein	143.830	5	Gibraltar	**2.791**	5	Emirados Árabes	5.212.442
6	Gibraltar	127.665	6	San Marino	**2.647**	6	Áustria	5.078.571
7	Seychelles	126.027	7	Macedônia	**2.622**	7	Luxemburgo	4.630.589
8	Maldivas	124.687	8	Bulgária	**2.588**	8	Bermuda	4.591.544
9	Eslovênia	122.957	9	Montenegro	**2.538**	9	Inglaterra	2.773.015
10	Luxemburgo	110.562	10	Eslováquia	**2.274**	10	Bahrein	2.700.653

⇨

	País	Casos por 1 milhão hab.		País	Óbitos por 1 milhão hab.		País	Testes por 1 milhão hab.
11	**Suécia**	106.393	11	**Brasil**	**2.218**	11	**São Bartolomeu**	2.663.806
12	**Aruba**	103.173	12	**Bélgica**	**2.152**	12	**Ilhas do Canal**	2.591.374
13	**Lituânia**	103.010	13	**Eslovênia**	**2.112**	13	**Andorra**	2.501.874
14	**Estados Unidos**	102.844	14	**Itália**	**2.097**	14	**República Tcheca**	2.419.321
15	**São Bartolomeu**	101.464	15	**Croácia**	**1.984**	15	**Turcos e Caicos**	2.417.840
16	**Estônia**	98.120	16	**Polônia**	**1.964**	16	**Hong Kong**	2.212.189
17	**Holanda**	97.019	17	**Inglaterra**	**1.874**	17	**Malta**	2.132.622
18	**Bélgica**	92.060	18	**Estados Unidos**	**1.841**	18	**Singapura**	2.098.495
19	**Uruguai**	91.474	19	**Colômbia**	**1.800**	19	**Malvinas**	2.044.488
20	**Israel**	90.026	20	**Argentina**	**1.798**	20	**Islândia**	2.008.747

Se considerarmos, entretanto, os sete maiores países em território do mundo, Rússia, Canadá, China, Estados Unidos, Brasil, Austrália e Índia, e se considerarmos os estados ou províncias desses países como se fossem um país à parte, a França se classifica em primeiro lugar no total de casos, seguida por Maharashtra/Índia em segundo, com a Turquia em terceiro, a Inglaterra em quarto e a Itália em quinto. Entre os vinte primeiros lugares, a Índia apresenta três províncias; os Estados Unidos, três estados; e o Brasil, um estado.

Covid-19		
	Países, Estados e Províncias	Total de Casos
1	**França**	5.713.917
2	**Maharashtra, Índia**	5.564.348
3	**Turquia**	5.293.627
4	**Inglaterra**	4.522.476
5	**Itália**	4.233.698
6	**Argentina**	3.977.634

⇨

Covid-19		
	Países, Estados e Províncias	Total de Casos
7	Califórnia, Estados Unidos	3.797.335
8	Alemanha	3.710.931
9	Espanha	3.707.523
10	Colômbia	3.593.016
11	São Paulo, Brasil	3.370.234
12	Irã	2.980.116
13	Texas, Estados Unidos	2.965.364
14	Polônia	2.875.729
15	Kerala, Índia	2.483.992
16	Karnataka, Índia	2.436.716
17	México	2.434.562
18	Flórida, Estados Unidos	2.329.867
19	Ucrânia	2.216.654
20	Nova York, Estados Unidos	2.159.547

China

A covid-19 se originou na China da Província de Wuhan.

O bloqueio imediato de Wuhan em 23 de janeiro de 2020, colocando toda a população em quarentena apenas 21 dias após os primeiros casos comprovados em laboratório de covid-19, foi eficaz para o controle do aumento da epidemia. Para uma população de 1,4 bilhão, a China teve apenas cerca de 91 mil casos e 4.636 mortes, no indicador de 3 mortes por 1 milhão de habitantes, para uma média mundial de 481; o Brasil, 2.218; e os Estados Unidos, 1.841, no período de janeiro de 2020 a junho de 2021. Se considerarmos o número de casos e o número de mortes em relação à população, a China é o país mais bem-sucedido no controle da covid-19 no mundo entre as economias de porte.

Os gráficos para a China mostram que o número de casos acumulados se tornou basicamente constante a partir de março de 2020, e o número de mortes tornou-se basicamente constante a partir de maio de 2020, indicando o controle da pandemia.

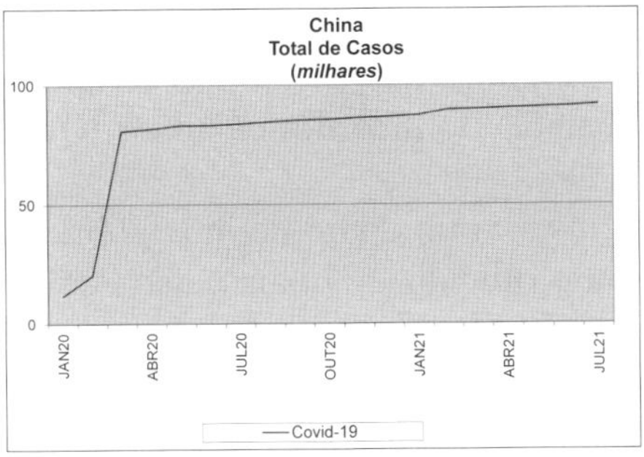

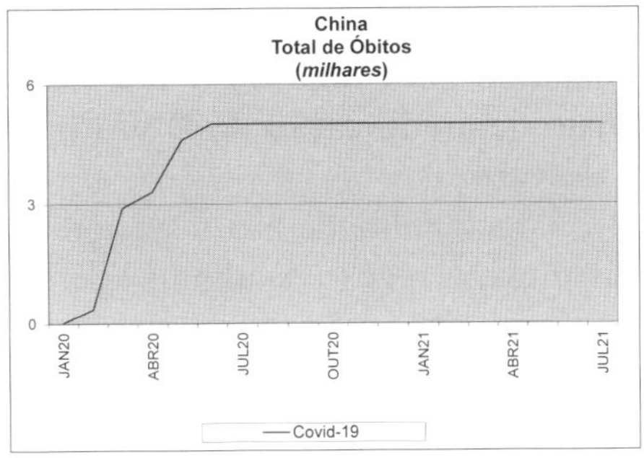

Os surtos na China de março a maio de 2022 e de novembro de 2022 a janeiro de 2023 foram controlados de forma equivalente.

Reação de líderes políticos

São duas as questões. A primeira, se *abrir* ou *fechar* a economia. A segunda, se *tomar* ou *não tomar* as vacinas.

As discussões variaram do racional ao esdrúxulo.

Em relação à economia, os argumentos para *fechar* a economia, em verdade, com a adoção de medidas restritivas, provinham da avaliação da gravidade da situação, com o temor de que algo equivalente à gripe espanhola pudesse acontecer, com a necessidade de lockdown, uso de máscaras, afastamento, uso de álcool gel e outras medidas preventivas, na expectativa da rápida obtenção de vacina para se atingir a imunização das pessoas. Os argumentos para *abrir* a economia, ou seja, deixar as atividades fluírem como estavam, provinham da percepção da menor gravidade da pandemia, usualmente comparada às gripes comuns, no argumento de que a maior paralisação da economia geraria mais danos do que as consequências da covid-19, na aposta da *imunidade de rebanho*, não como consequência final da pandemia, mas como estratégia inicial de ação. Adicione-se à defesa da abertura da economia a vertente política de que o lockdown e medidas restritivas seriam contrárias à liberdade individual e do direito de ir e vir. Muitos argumentavam ter sido o vírus da covid-19 criado em laboratório na China com o intuito político da destruição e controle do Ocidente. Qual o desvario!

Em relação às vacinas, o mundo correu na busca rápida do seu desenvolvimento e das soluções. A primeira vacina foi obtida em menos de um ano, possibilitando debilitar a pandemia em suas maiores consequências, como ocorrido em eras não tecnológicas. Por outro lado, muitos minimizaram a importância das vacinas, sempre apostando na lei da seleção natural dos mais fortes e na *imunidade de rebanho* como estratégia inicial de ação. Muitos argumentaram que a primeira vacina, a Sinovac, da China, teria um *chip* embutido para o controle dos cidadãos, e mesmo que as vacinas teriam o efeito de modificação do DNA, para o controle político dos cidadãos. Qual o desvario!

A racionalidade e o negacionismo se instalaram como cunhos políticos distintos. A reação de alguns líderes beirou o ridículo e o hilário, não fossem as sérias consequências de seus atos.

Na Bielorrússia, o presidente Alexander Lukashenko disse inicialmente que "aqui não há vírus", desconsiderando o perigo da covid-19, recomendando "vodca e sauna" como solução para a pandemia. No Turcomenistão, o presidente Gurbanguly Berdimuhammedow negou a existência da covid-19, proibindo inclusive o uso do nome coronavírus, por achar que ele não existia.

Em 2020, nos países que lideraram com sucesso a crise da covid-19, a popularidade dos líderes políticos aumentou significativamente. Na Alemanha, a aprovação da primeira-ministra Angela Merkel aumentou 27% em popularidade, atingindo 71% de aprovação. Na Inglaterra, o primeiro-ministro Boris Johnson conseguiu manter sua taxa de aprovação de 55% após adoecer e mudar drasticamente sua percepção e políticas em relação à covid-19. Na França, o presidente Macron, após adotar medidas restritivas em relação à covid-19, subiu 13% em popularidade, atingindo 51% de aprovação. Na Itália, o primeiro-ministro Giuseppe Conte, após a adoção de medidas restritivas, aumentou em 27% sua popularidade, alcançando 71% de aprovação. Na Nova Zelândia, a aprovação da primeira-ministra Jacinda Ardern aumentou de 55% para 87% em abril no curso do combate à covid-19.

Nos Estados Unidos, Trump tomou algum tempo para perceber a gravidade e para agir em relação à pandemia da covid-19.

Um estudo da Universidade de Columbia, publicado no *New York Times* em 21 de maio de 2020, afirmou que se ações mais restritivas tivessem sido tomadas antes de 1º de março muitas vidas poderiam ter sido salvas. Em 3 de maio de 2020, em vez de 65 mil, os óbitos poderiam ser de cerca de 29 mil, se as ações tivessem sido tomadas uma semana antes, e de 11 mil, se duas semanas antes.

O presidente Trump chegou mesmo a dizer que teria tomado cloroquina para prevenir o coronavírus, apesar da falta de evidências da utilidade desse medicamento contra o vírus.

Preocupado com o custo político das decisões para lidar melhor com a covid-19, Trump acusou a China de ter colocado os países em perigo pela possibilidade de ter a China construído o vírus em laboratório em Wuhan, sem que houvesse qualquer evidência nesse sentido. Além disso, Trump acusou a Organização Mundial da Saúde – OMS de lidar com a covid-19 de acordo com os interesses chineses, retirando o apoio financeiro dos Estados Unidos à OMS e ameaçando deixar a organização.

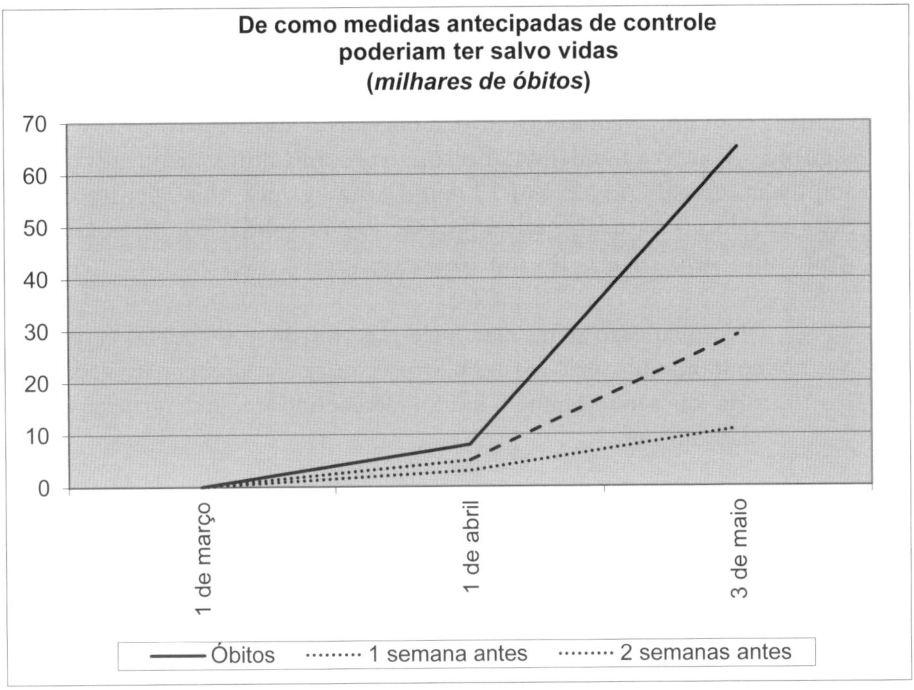

Nos Estados Unidos, o Dr. Anthony Fauci, diretor do Instituto Nacional de Alergia e Doenças Infecciosas e membro do grupo-tarefa da covid-19 da Casa Branca, em oposição a Trump, passou a ter importante papel nas decisões do país, na recomendação do distanciamento social e demais providências médicas para minimizar os efeitos da covid-19, com as medidas recomendadas sendo adotadas por vários estados.

O baixo desempenho da economia norte-americana e a má gestão da crise da covid-19 foram os dois principais fatores para a derrota de Trump nas eleições presidenciais de 2020 para Biden por 51% a 47% no voto popular, e 306 a 232 no Colégio Eleitoral. Depois de assumir a presidência, Biden introduziu um programa de vacinação em larga escala, tendo alcançado o índice de 92 doses de vacinas por 100 pessoas no país em 13 de junho de 2021.

No Brasil, Bolsonaro foi eleito em 2018 com 32% do eleitorado total no primeiro turno e 39% do eleitorado total no segundo turno como solução de extrema direita após o colapso do PT e do PSDB como partidos tradicionais e da imagem dos políticos em geral devido à Lava Jato. Bolsonaro, como ex-capitão, deixou tacitamente o Exército Brasileiro em 1983 após a condução de greve dentro da corporação por questões salariais, o que é ilegal, segundo a legislação brasileira, e devido à então atribuição a ele de plano para explodir o sistema de abastecimento de água do Rio de Janeiro para chamar a atenção da população para os baixos salários da corporação, conforme noticiado pela imprensa. Não apenas com o apoio da direita, mas Bolsonaro teve também como base de apoio o movimento religioso evangélico brasileiro, que cresceu de 5% em 1990 para 25% em 2018 na população, que acredita em teorias criacionistas com uma veia anticientífica em seus pensamentos.

Logo no início da pandemia, Bolsonaro, como amplamente divulgado pela imprensa, classificou a covid-19 como uma "gripezinha", dentro de um processo de seleção natural, mal expressando sua solidariedade às famílias dos acometidos pelo vírus e dos mortos.

> "No meu caso particular, pelo meu histórico de atleta, caso fosse contaminado pelo vírus, não precisaria me preocupar, nada sentiria ou seria, quando muito, acometido de uma *gripezinha* ou *resfriadinho*."

Alguns integrantes de seu governo atribuíram o "vírus chinês" ao interesse econômico da China pelo domínio do mundo, com a *politização* do vírus, mais preocupados que estavam com a abertura da economia do que com o número crescente de mortos. Sem máscaras e sem procedimentos de segurança, Bolsonaro finalmente testou positivo em julho de 2020 para covid-19, mantendo, entretanto, sua postura *antivírus* e *contra a vacina*.

No Brasil, a política de *imunização de rebanho* foi aplicada de forma equivocada pelo Governo Bolsonaro, com resultados drásticos. Em vez de perceber a imunização como uma meta a ser alcançada após o controle do vírus e da vacinação da população, no Brasil de Bolsonaro, a *imunização de rebanho* foi tida como uma estratégia inicial da exposição da população ao vírus, valendo-se do chamado "tratamento precoce" com hidroxicloroquina e ivermectina, a primeira sendo uma droga para o tratamento da malária, e a segunda, para o tratamento vermífugo, duas drogas comprovadamente sem eficiência no tratamento de vírus. Que desastre!

O mais esdrúxulo foi a aprovação da hidroxicloroquina no Brasil em protocolo para o tratamento da covid-19, indicada pelo Ministério da Saúde, onde passou a ser requerida pelos hospitais aos pacientes a assinatura do seguinte documento:

> "Termo de Ciência e Consentimento
>
> Fui devidamente informado(a), em linguagem clara e objetiva pelo(a) médico(a), de que as avaliações médicas ou laboratoriais revelaram possibilidade ou comprovação de diagnóstico:

> COVID 19 causada pelo coronavírus SARS-COV-2
>
> E com base neste diagnóstico me foi orientado o seguinte tratamento/procedimento: Cloroquina ou Hidroxicloroquina em associação com Azitromicina.
>
> ...
>
> Compreendi, portanto, que não existe garantia de resultados positivos para a COVID-19 e que o medicamento proposto pode inclusive apresentar efeitos colaterais; estou ciente de que o tratamento com cloroquina ou hidroxicloroquina associada à azitromicina pode causar os efeitos colaterais descritos acima e outros menos graves ou menos frequentes, os quais podem levar à disfunção de órgãos, ao prolongamento da internação, à incapacidade temporária ou permanente e até ao óbito.
>
> ...
>
> Por livre iniciativa, aceito correr os riscos supramencionados e dou permissão/autorização voluntária para que os medicamentos sejam utilizados da forma como foi exposto no presente termo. Esta autorização é dada ao(à) médico(a) abaixo identificado(a), bem como ao(s) seu(s) assistente(s) e/ou outro(s) profissional(is) por ele selecionado(s); Tive a oportunidade de esclarecer todas as minhas dúvidas relativas ao(s) procedimento(s), após ter lido e compreendido todas as informações deste documento, antes de sua assinatura."

Em outro exemplo, Marcos Pontes, tendo sido astronauta brasileiro da NASA e que se tornou ministro da Ciência no Governo Bolsonaro, testou positivo para covid-19 e teria sido registrado ter tomado ivermectina para a covid-19. Que surrealismo para um ministro da Ciência!

Na frente do Palácio da Alvorada, residência oficial do presidente da República, onde Bolsonaro costumava se encontrar com grupos de simpatizantes no início da manhã no assim chamado "cercadinho", seguidores entoavam uma música que em muito lembrava as antigas procissões de fanáticos durante a peste negra na Idade Média:

> "Cloroquina, cloroquina,
> Cloroquina lá no SUS
> Eu sei que tu me curas,
> Em nome de Jesus"

As críticas de Bolsonaro às vacinas contra a covid-19 chegaram a extremos:

> "Se tomar vacina e virar jacaré, não tenho nada a ver com isso."

Em outra afirmação:

> "A vacina tem comprovação científica ou está em estado experimental? Está experimental."

Tomar ou não tomar hidroxicloroquina passou a ser uma questão *política*. A questão tornou-se tão radical, que Bolsonaro disse:

> "Quem é de *direita* toma cloroquina, quem é de *esquerda*, Tubaína." (*refrigerante regional à base de guaraná*)

Governadores e médicos do país entraram em oposição a Bolsonaro, introduzindo lockdowns e instituindo as vacinas, sob a liderança de João Doria, então governador do Estado de São Paulo, no combate à covid-19.

Importante observar que Bolsonaro colocou ***sigilo de cem anos*** para seu ***cartão de vacina***. Ao final do governo, foi constatada a possibilidade de fraude no cartão de vacina de Bolsonaro, atestando ter tomado vacina que não teria sido tomada, para efeitos de possíveis viagens ao exterior.

Bolsonaro perdeu as eleições presidenciais de 2022 para Lula, devido ao desempenho negativo da economia, à má gerência da crise da covid-19 e às sucessivas tentativas da quebra da ordem institucional no país. Lula foi eleito para a manutenção da democracia, a recuperação econômica e para trazer benefícios sociais para a população, baseado no *recall* positivo de seu governo de 2003 a 2010.

As tentativas de *golpe de estado* pós-eleitorais agravaram o quadro.

Europa

A covid-19 chega à Europa por meio da França e rapidamente se espalha pela França, Itália, Espanha e outros países.

Países inicialmente em situação crítica, sem conhecimentos sobre a pandemia da covid-19, a Itália, França e Espanha apresentaram padrões semelhantes na evolução de casos e de óbitos, a Itália com 2.097 mortes por 1 milhão de habitantes, a Espanha com 1.715 e a França com 1.683, para o período considerado.

Covid-19 - Europa (10 primeiros países)								
	País	Total de Casos	Total de Óbitos	Taxa de Mortalidade	Total de Casos/ 1 milhão de hab.	Total de Óbitos/ 1 milhão de hab.	Testes/ 1 milhão de hab.	População
	Mundo	174.494.562	3.754.882		22.386	481		
1	**França**	5.713.917	110.062	1,9	87.358	1.683	1.335.656	65.408.321
2	**Inglaterra**	4.522.476	127.841	2,8	66.294	1.874	2.773.015	68.218.595
3	**Itália**	4.233.698	126.588	3,0	70.119	2.097	1.116.486	60.378.772
4	**Alemanha**	3.710.931	89.994	2,4	44.160	1.071	730.427	84.033.929
5	**Espanha**	3.707.523	80.236	2,2	79.269	1.715	1.095.549	46.771.688
6	**Holanda**	1.665.846	17.695	1,1	97.019	1.031	829.861	17.170.259
7	**Suécia**	1.080.733	14.508	1,3	106.393	1.428	1.007.985	10.157.981
8	**Bélgica**	1.071.271	25.041	2,3	92.060	2.152	1.226.689	11.636.675
9	**Portugal**	853.034	17.036	2,0	83.886	1.675	1.176.750	10.168.925
10	**Suíça**	698.798	10.844	1,6	80.196	1.244	903.795	8.713.618

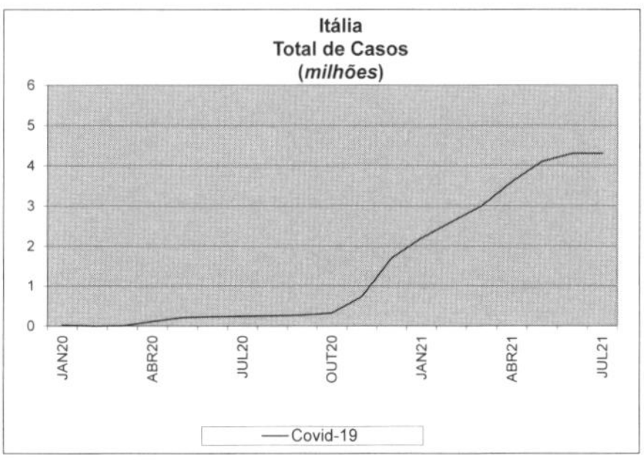

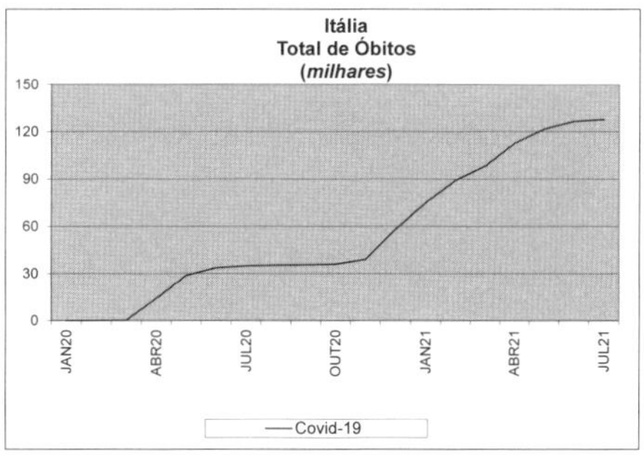

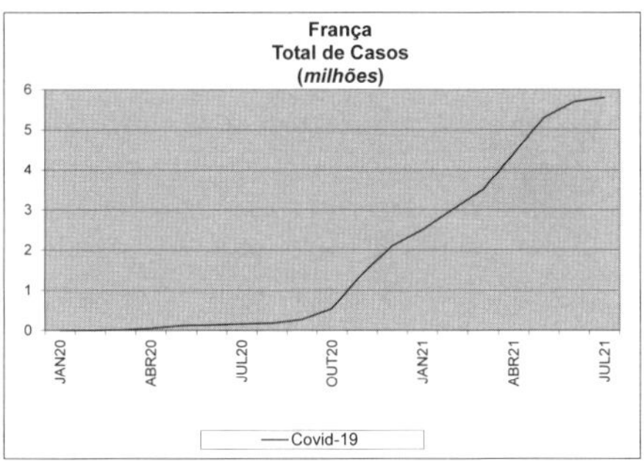

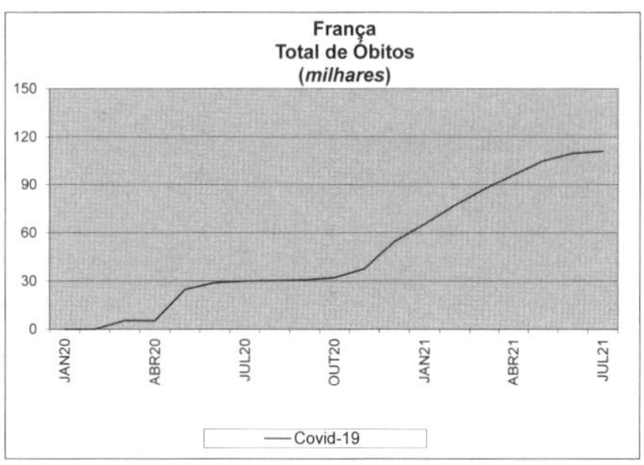

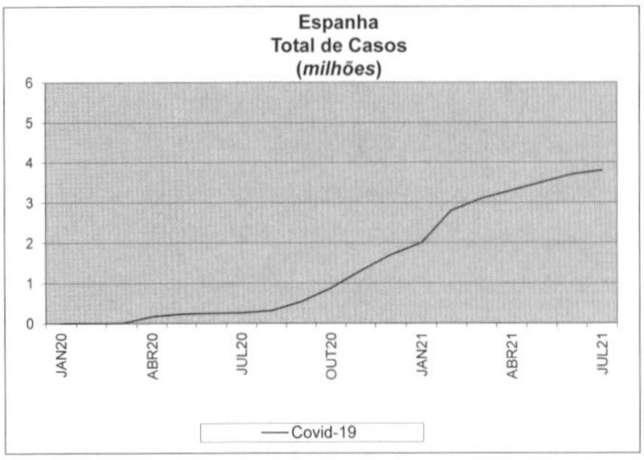

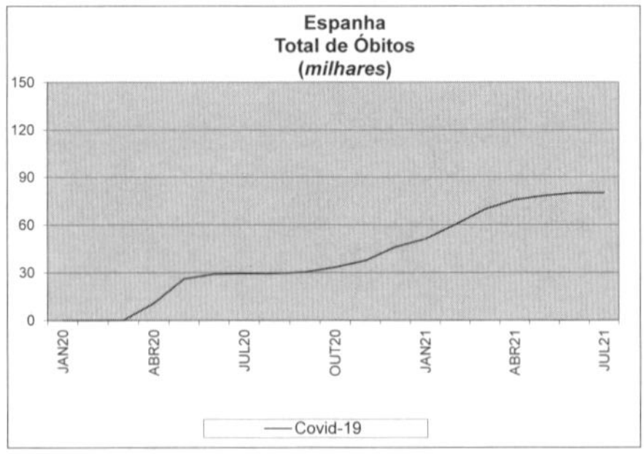

No caso da Alemanha e da Inglaterra, a Alemanha tomou a decisão política de *fechar* a economia na espera da vacinação para a racionalização das atividades produtivas, e a Inglaterra, de *abrir* a economia para a minimização da gravidade da crise e com a expectativa da *imunidade de rebanho*. A Alemanha apresentou 1.071 óbitos por 1 milhão de habitantes, e a Inglaterra, 1.874 para o período, com a Alemanha obtendo melhor resultado no PIB do que a Inglaterra.

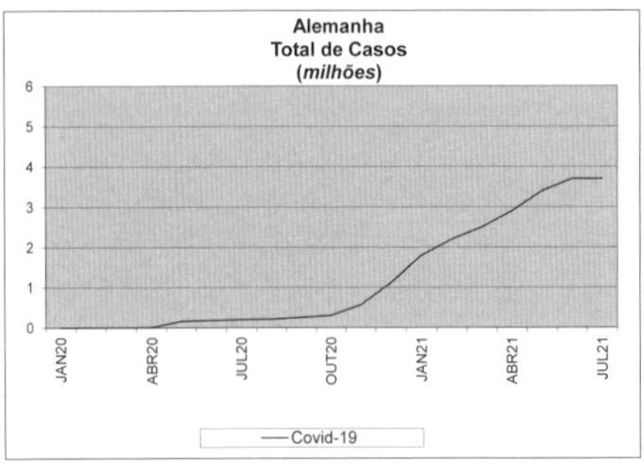

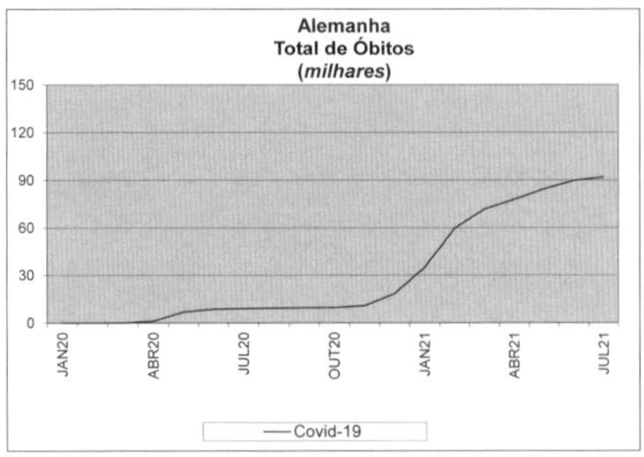

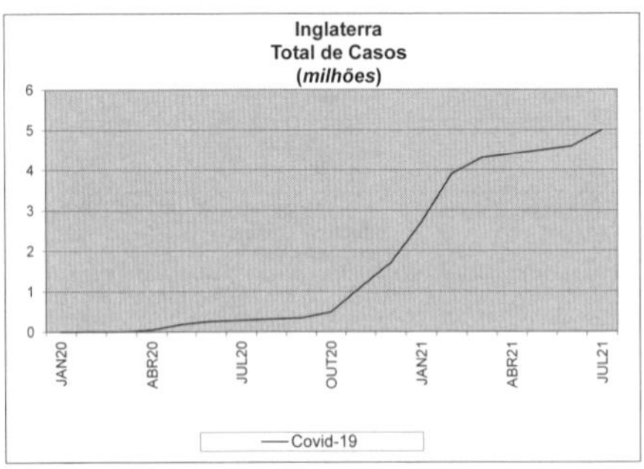

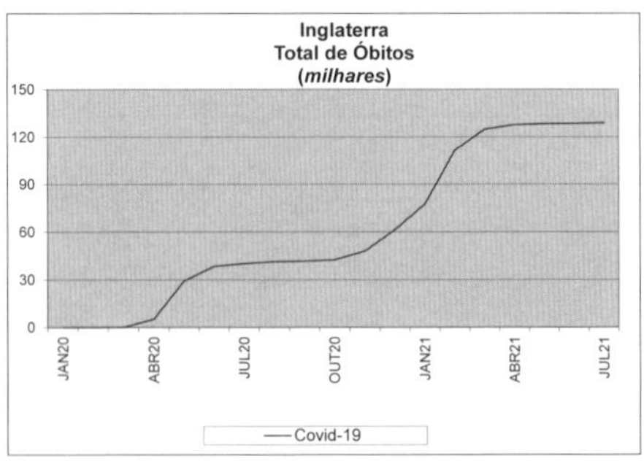

Portugal obtém controle adequado entre o obtido pela Alemanha e os países da Europa.

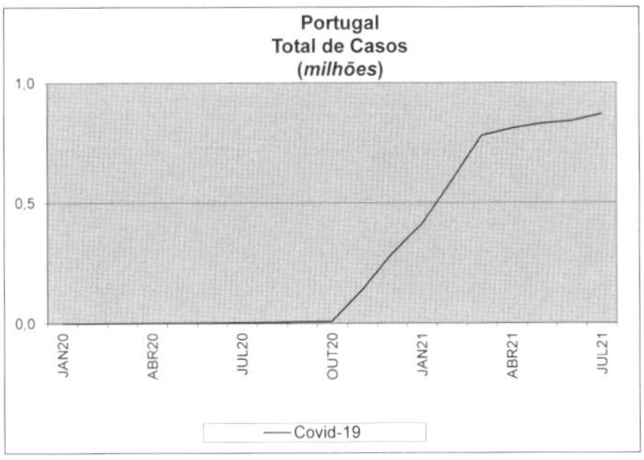

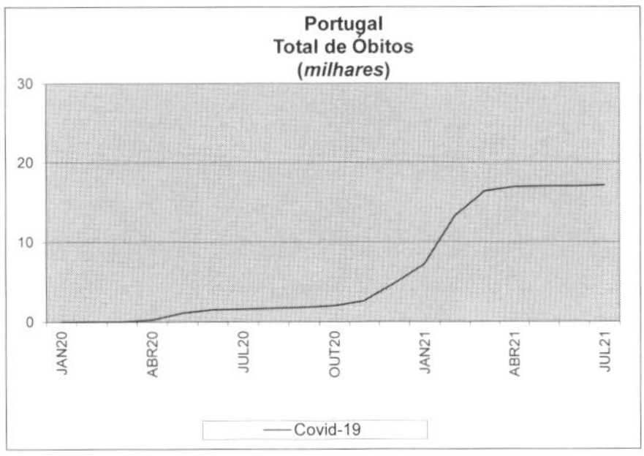

Países nórdicos

Os países escandinavos constituem exemplo significativo para o entendimento das decisões tomadas pelos diversos países, pela sua comparabilidade política, étnico-cultural e socioeconômica. A Suécia tomou a iniciativa de *abrir* a economia, a Noruega e a Dinamarca, de *fechar* a economia, com resultados positivos para a Noruega e a Dinamarca e negativos para a Suécia em relação a óbitos e PIB.

A mesma lógica se aplica aos demais países. A Suécia, que apostou inicialmente na *imunidade de rebanho* para a continuidade da atividade econômica, apresenta 825 óbitos por 1 milhão de habitantes, enquanto Dinamarca e Noruega, com medidas mais restritivas, 432 e 144 óbitos, respectivamente. Em 2020, o PIB da Suécia em moeda nacional caiu em -2,2%, o da Dinamarca, -2,0%, e o da Noruega, -0,7%. Em junho de 2021, a Dinamarca lidera a vacinação, com 72 doses aplicadas por 100 habitantes, com resultados melhores do que a Suécia e a Noruega, com 61 e 60 doses por 100 habitantes, respectivamente.

Covid-19 - Países Nórdicos

	País	Total de Casos	Total de Óbitos	Taxa de Mortalidade	Total de Casos/ 1 milhão de hab.	Total de Óbitos/ 1 milhão de hab.	Testes/ 1 milhão de hab.	População
	Mundo	174.494.562	3.754.882		22.386	481		
1	**Suécia**	1.543.802	8.376	0,5	151.979	825	1.007.985	10.157.981
2	**Dinamarca**	287.325	2.520	0,9	49.443	434	10.240.243	5.811.234
3	**Noruega**	127.066	784	0,6	23.269	144	1.070.808	5.460.749
4	**Finlândia**	93.394	959	1,0	16.832	173	927.985	5.548.755
5	**Islândia**	6.612	30	0,5	19.260	87	2.008.747	343.308

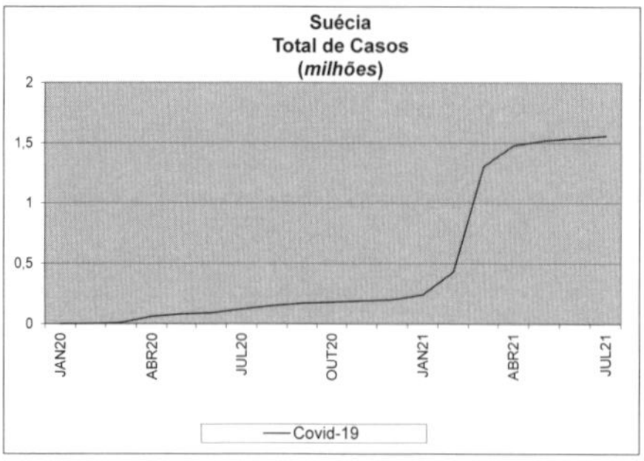

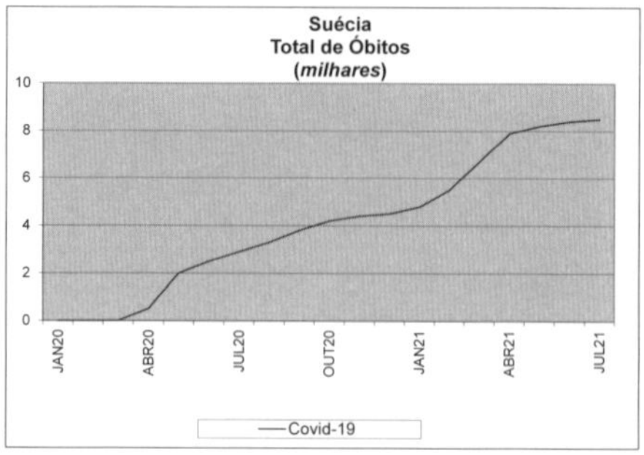

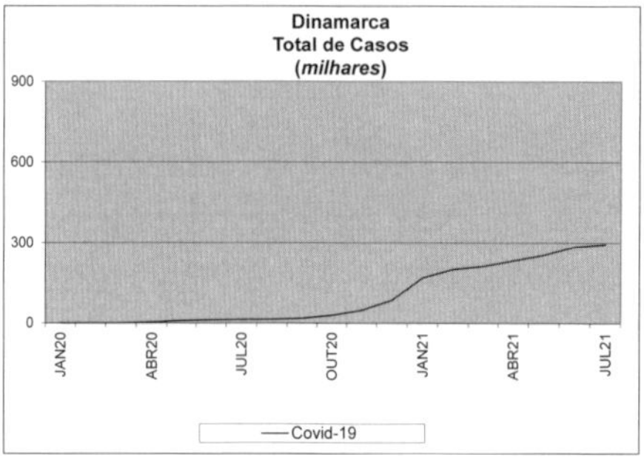

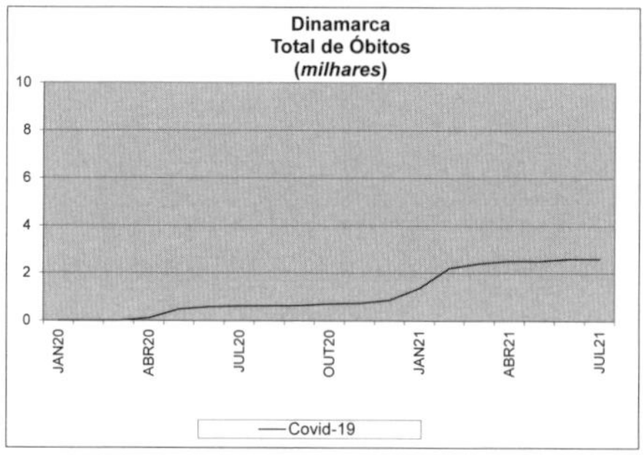

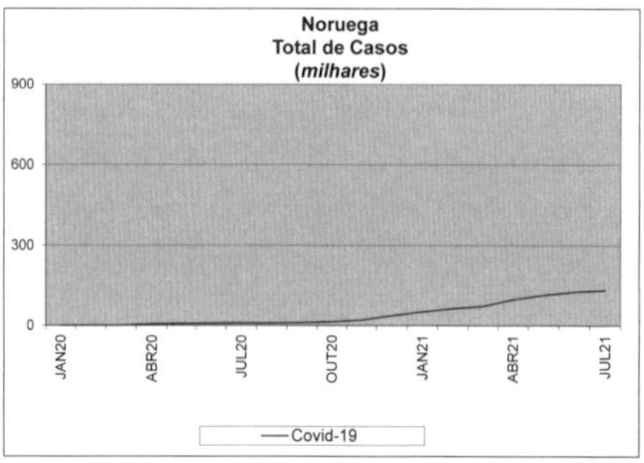

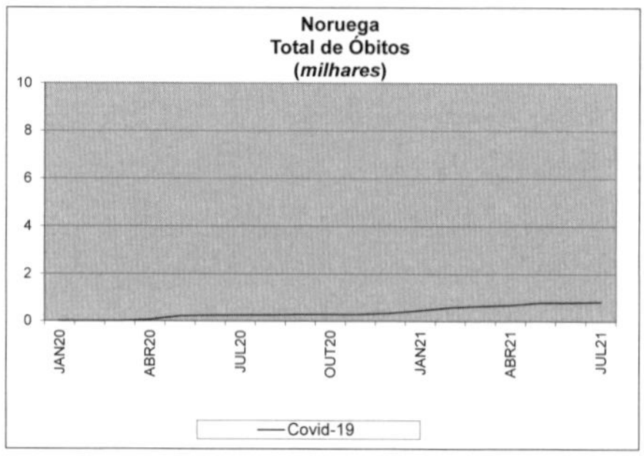

Europa Central e Oriental

Na Europa Central e Oriental, a Rússia liderou no total de número de casos e óbitos. A Hungria liderou no total de óbitos por 1 milhão de habitantes, com 3.101.

Covid-19 - Europa Central e Oriental								
	País	Total de Casos	Total de Óbitos	Taxa de Morta-lidade	Total de Casos/ 1 milhão de hab.	Total de Óbitos/ 1 milhão de hab.	Testes/ 1 milhão de hab.	População
	Mundo	174.494.562	3.754.882		22.386	481		
1	**Rússia**	5.145.843	124.496	2,4	35.247	853	964.431	145.992.893
2	**Polônia**	2.875.729	74.255	2,6	76.062	1.964	432.625	37.807.891
3	**República Tcheca**	1.663.998	30.193	1,8	155.115	2.815	2.419.321	10.727.526
4	**Romênia**	1.079.154	31.155	2,9	56.448	1.630	484.362	19.117.664
5	**Hungria**	806.206	29.883	3,7	83.654	3.101	614.556	9.637.430

A Rússia apresenta padrão de surtos intermitentes devido à sua extensão territorial, com o controle relativo da covid-19 em cada região de ocorrência.

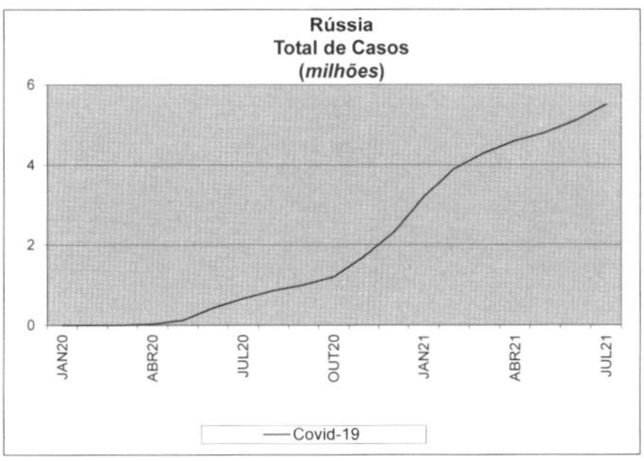

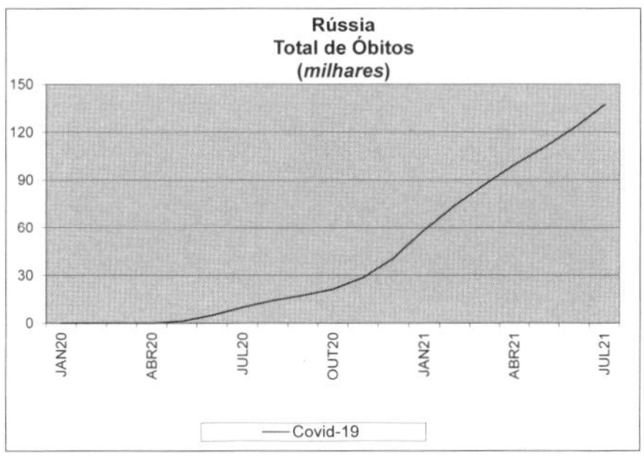

Estados Unidos e Canadá

Os Estados Unidos apresentam um crescimento exponencial até o início de 2021. Com Biden, a partir de janeiro de 2021, os Estados Unidos apresentam tendência de maior estabilização com o programa de vacinação. Em junho de 2021, os Estados Unidos colocam-se na 29ª posição no mundo, com 93 vacinas por 100 habitantes, e o Canadá, na 33ª posição, com 77 vacinas por 100 habitantes.

Covid-19 - Estados Unidos e Canadá

	País	Total de Casos	Total de Óbitos	Taxa de Morta-lidade	Total de Casos/ 1 milhão de hab.	Total de óbitos/ 1 milhão de hab.	Testes/ 1 milhão de hab.	População
	Mundo	174.494.562	3.754.882		22.386	481		
1	Estados Unidos	34.227.708	612.715	1,8	102.844	1.841	1.471.593	332.812.597
2	Canadá	1.394.146	25.761	1,8	36.639	677	928.170	38.050.486

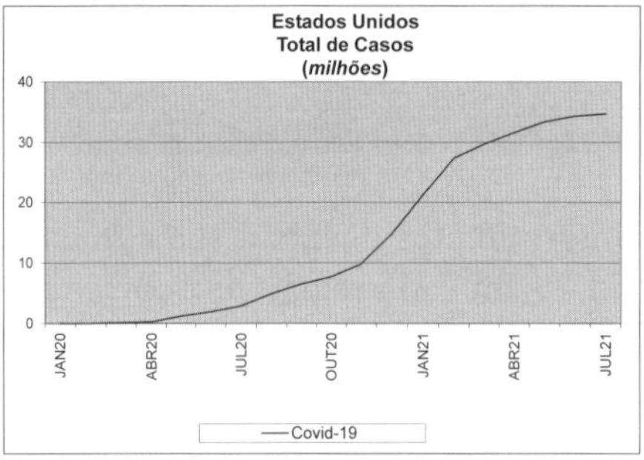

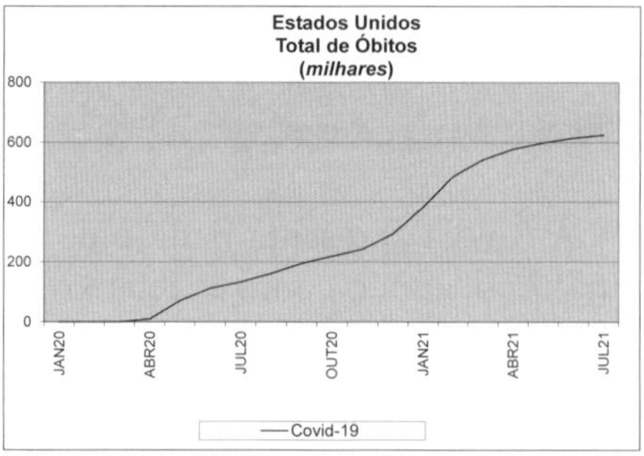

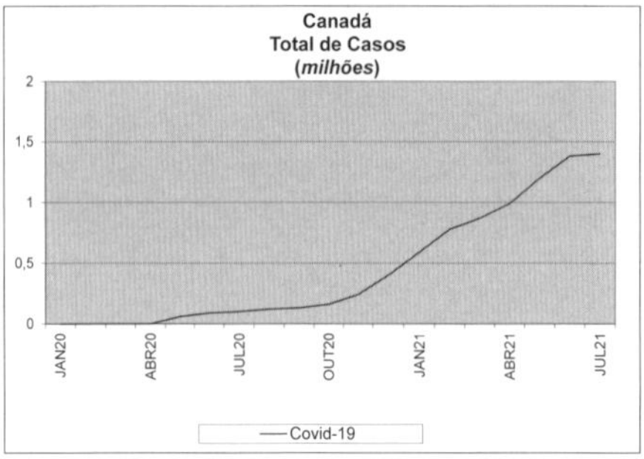

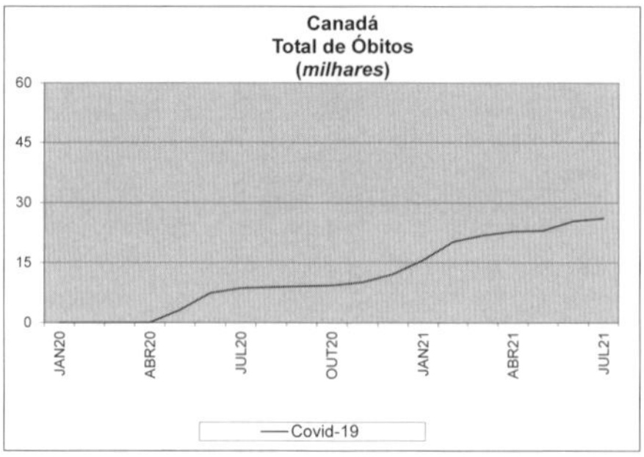

América Latina

Considerando-se as três maiores economias da América Latina, o Brasil lidera em número de casos e óbitos, com a maior quantidade de óbitos por 1 milhão de habitantes, com 2.218, para média mundial de 481.

Os gráficos do Brasil para casos e óbitos indicam o descontrole no crescimento das curvas devido à falta de política sanitária para a covid-19 no país durante o período. Em junho de 2021, o Brasil coloca-se na 87ª posição em relação a vacinas aplicadas, com 37 vacinas por 100 habitantes.

Covid-19 - Brasil, México e Argentina								
	País	Total de Casos	Total de Óbitos	Taxa de Morta-lidade	Total de Casos/ 1 milhão de hab.	Total de Óbitos/ 1 milhão de hab.	Testes/ 1 milhão de hab.	População
	Mundo	174.494.562	3.754.882		22.386	481		
1	Brasil	16.985.812	474.614	2,8	79.385	2.218	233.815	213.967.902
2	Argentina	3.977.634	81.946	2,1	87.263	1.798	321.173	45.582.153
3	México	2.434.562	228.838	9,4	18.699	1.758	54.797	130.194.304

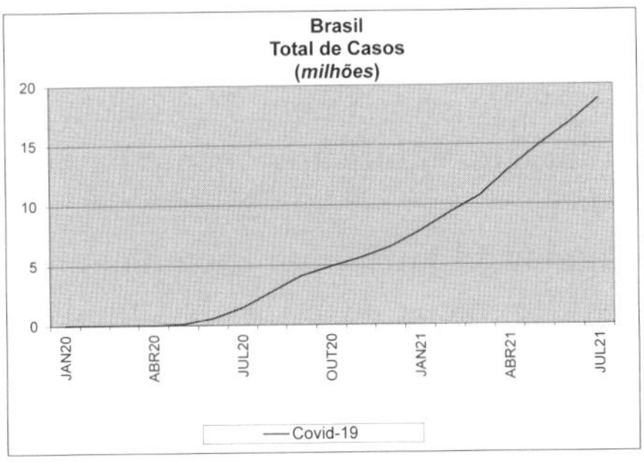

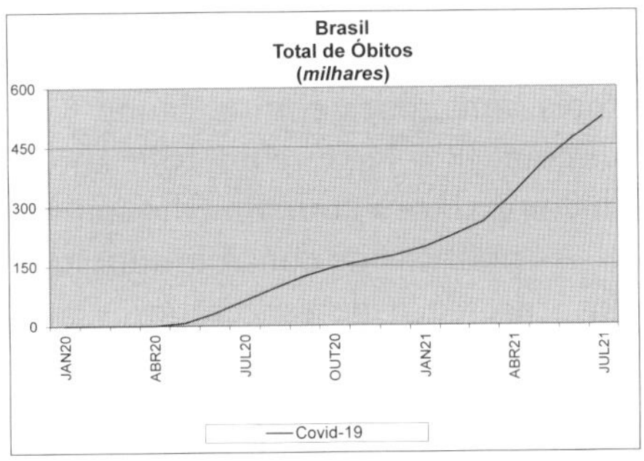

As curvas para o México e a Argentina mostram o crescimento significativo do número de casos e de óbitos nesses países, com relativo melhor controle do que no Brasil.

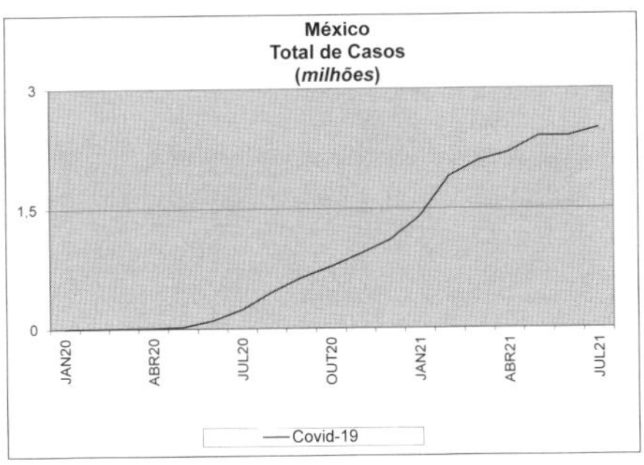

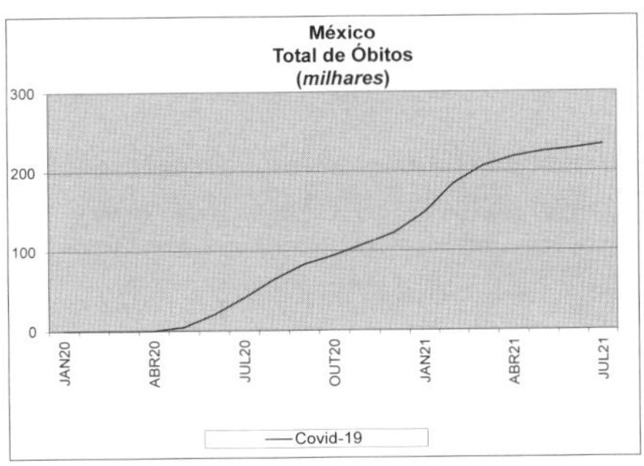

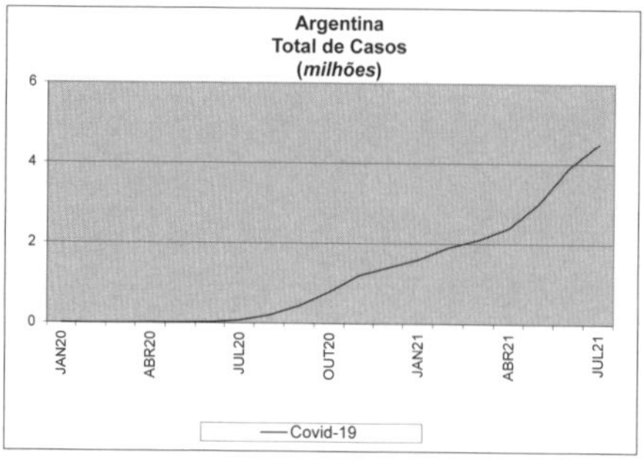

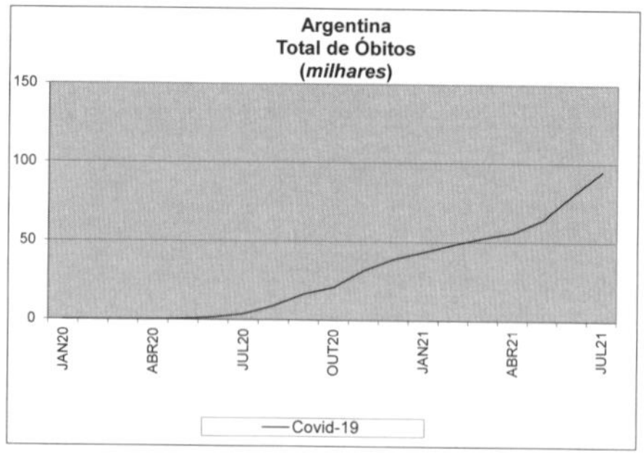

Leste da Ásia e Oceania

No leste da Ásia e na Oceania, a China com 3 óbitos por 1 milhão de habitantes, Singapura com 6, Hong Kong com 28, Austrália com 35, Coreia do Sul com 38 e Japão com 108, apresentam índices significativamente baixos, em comparação com a média mundial de 481.

As políticas de controle adotadas são rígidas. O Japão, por exemplo, proibiu a presença de espectadores nos Jogos Olímpicos de 2021. No final de 2022 e início de 2023, os países têm apresentado maiores incidências de covid-19, mas já com a população vacinada e monitoramento das ações quando necessário.

Covid-19 - Leste da Ásia e Oceania								
	País	Total de Casos	Total de Óbitos	Taxa de Mortalidade	Total de Casos/ 1 milhão de hab.	Total de Óbitos/ 1 milhão de hab.	Testes/ 1 milhão de hab.	População
	Mundo	174.494.562	3.754.882		22.386	481		
1	Japão	763.891	13.645	1,8	6.057	108	119.280	126.114.631
2	Coreia do Sul	145.091	1.975	1,4	2.828	38	195.060	51.310.381
3	Austrália	30.207	910	3,0	1.172	35	737.820	25.775.336
4	China	91.300	4.636	5,1	63	3	111.163	1.439.323.776
5	Singapura	62.219	33	0,1	10.558	6	2.098.495	5.893.223
6	Hong Kong	11.869	210	1,8	1.571	28	2.212.189	7.553.663

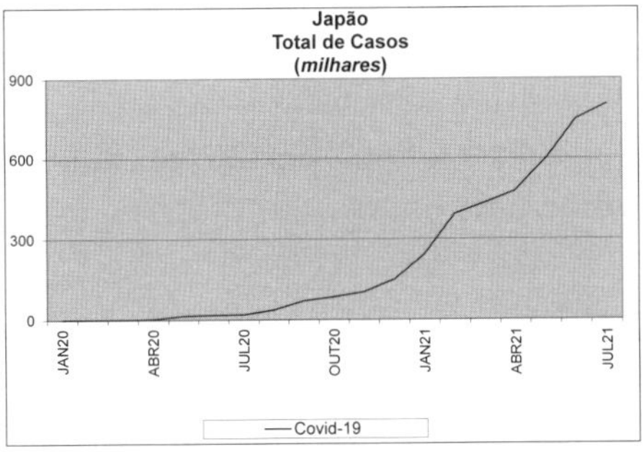
Japão
Total de Casos
(milhares)
900
600
300
0
JAN20
ABR20
JUL20
OUT20
JAN21
ABR21
JUL21
Covid-19

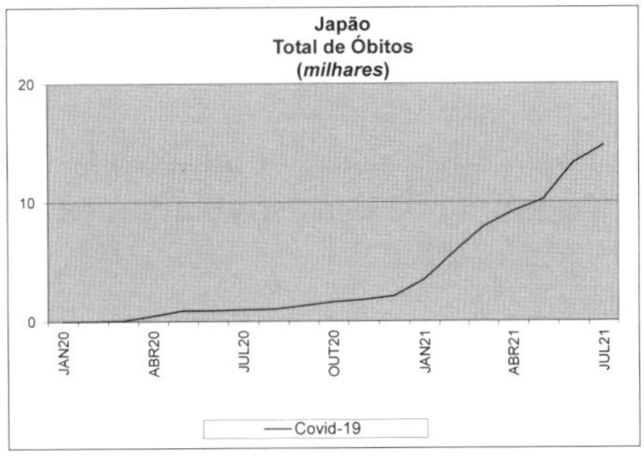
Japão
Total de Óbitos
(milhares)
20
10
0
JAN20
ABR20
JUL20
OUT20
JAN21
ABR21
JUL21
Covid-19

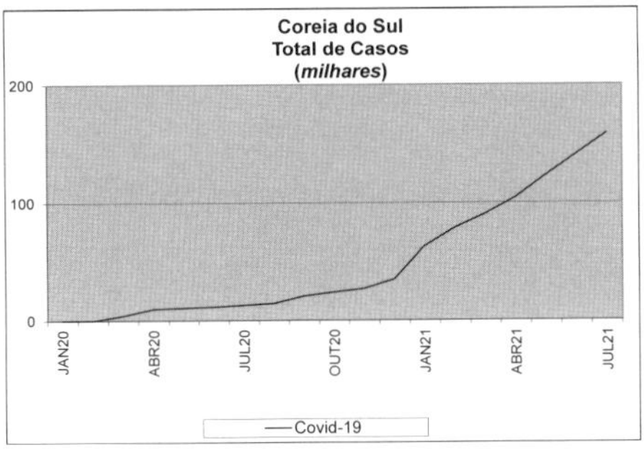
Coreia do Sul
Total de Casos
(milhares)
200
100
0
JAN20
ABR20
JUL20
OUT20
JAN21
ABR21
JUL21
Covid-19

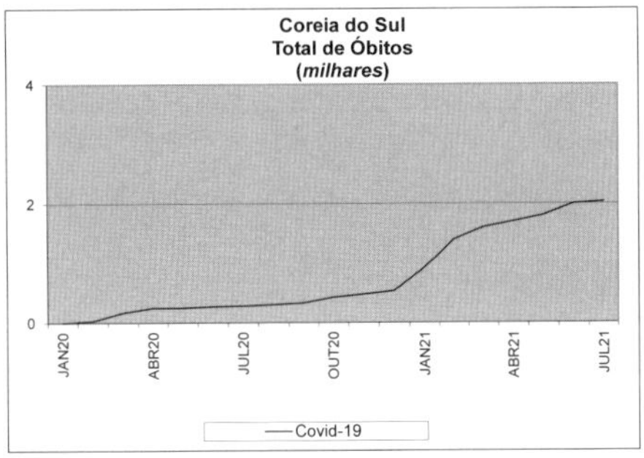
Coreia do Sul
Total de Óbitos
(milhares)
4
2
0
JAN20
ABR20
JUL20
OUT20
JAN21
ABR21
JUL21
Covid-19

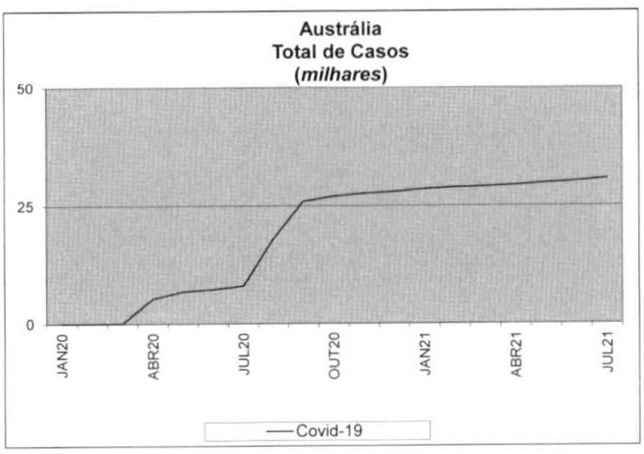
Austrália
Total de Casos
(milhares)
50
25
0
JAN20
ABR20
JUL20
OUT20
JAN21
ABR21
JUL21
Covid-19

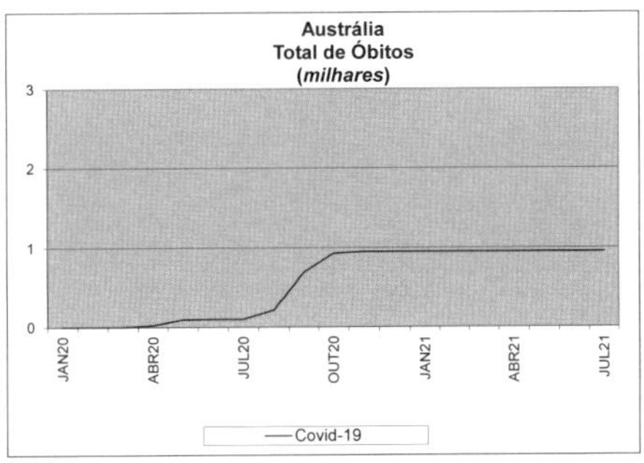
Austrália
Total de Óbitos
(milhares)
3
2
1
0
JAN20
ABR20
JUL20
OUT20
JAN21
ABR21
JUL21
Covid-19

Sul da Ásia

A Índia lidera a região na covid-19, ocupando a segunda posição no mundo em quantidade de casos e a terceira em número de óbitos.

Covid-19 - Sul da Ásia

	País	Total de Casos	Total de Óbitos	Taxa de Morta-lidade	Total de Casos/ 1 milhão de hab.	Total de Óbitos/ 1 milhão de hab.	Testes/ 1 milhão de hab.	População
	Mundo	174.494.562	3.754.882		22.386	481		
1	**Índia**	29.042.478	352.091	1,2	20.854	253	264.395	1.392.642.289
2	**Paquistão**	935.013	21.376	2,3	4.158	95	60.566	224.876.031
3	**Bangladesh**	815.282	12.913	1,6	4.905	78	36.616	166.217.650

A Índia apresenta padrão intermitente de crescimento segundo suas regiões.

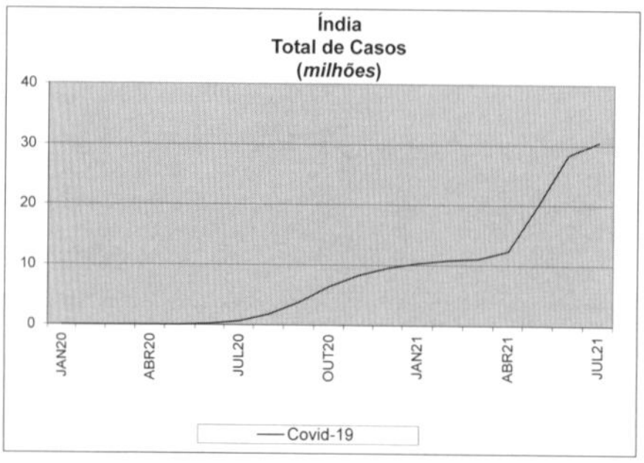

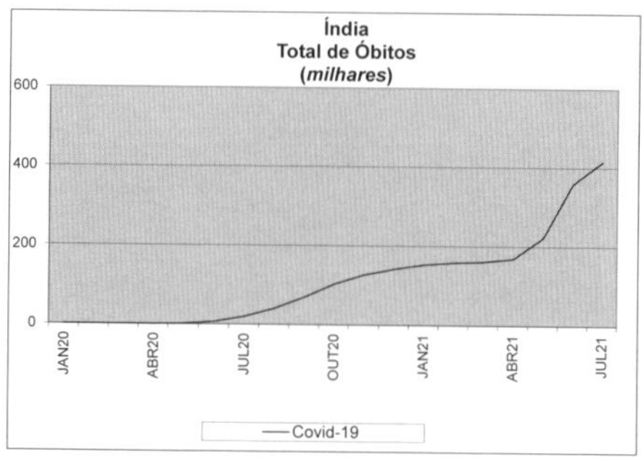

Oriente Médio e norte da África

No Oriente Médio, o Líbano lidera em mortes por 1 milhão de habitantes, com 1.143; Irã com 957 e Israel com 688. Os dados disponíveis para a Síria indicam a maior taxa de mortalidade da região, com 7,3% dentre os que contraíram a covid-19.

Covid-19 - Oriente Médio e Norte da África								
	País	Total de Casos	Total de Óbitos	Taxa de Morta-lidade	Total de Casos/ 1 milhão de hab.	Total de Óbitos/ 1 milhão de hab.	Testes/ 1 milhão de hab.	População
	Mundo	174.494.562	3.754.882		22.386	481		
1	Irã	2.980.116	81.362	2,7	35.063	957	244.875	84.993.488
2	Iraque	1.233.240	16.589	1,3	30.035	404	262.113	41.060.005
3	Israel	839.585	6.418	0,8	90.026	688	1.580.427	9.326.000
4	Emirados Árabes	587.244	1.704	0,3	58.715	170	5.212.442	10.001.639
5	Líbano	541.628	7.769	1,4	79.688	1.143	664.051	6.796.872
6	Arábia Saudita	459.968	7.488	1,6	13.024	212	564.274	35.318.038
7	Egito	268.754	15.399	5,7	2.581	148	27.558	104.127.388
8	Síria	24.680	1.796	7,3	1.379	100	5.787	17.894.903

Israel, Arábia Saudita e Emirados Árabes apresentam melhor controle da pandemia, com baixas taxas de mortalidade.

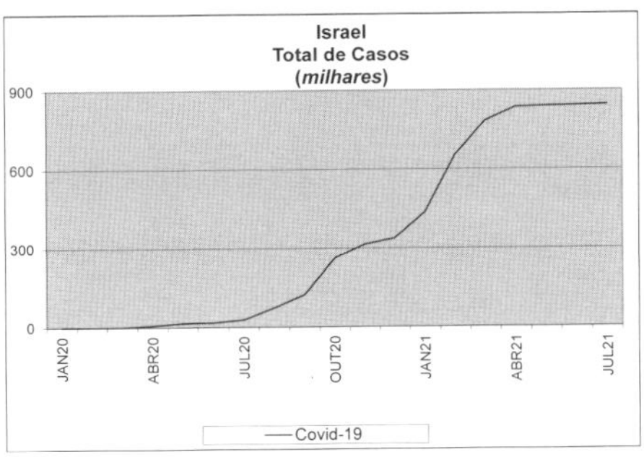

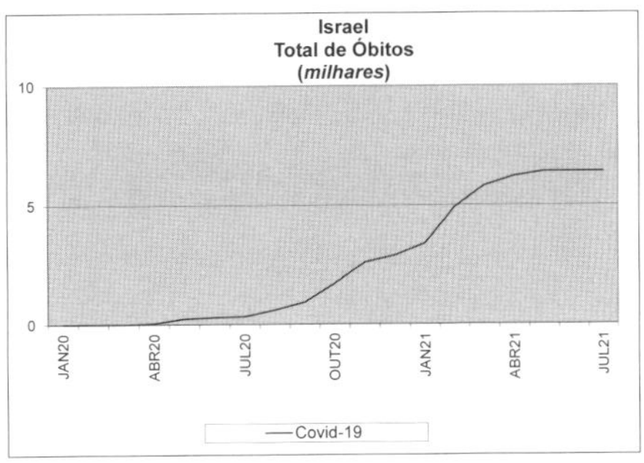

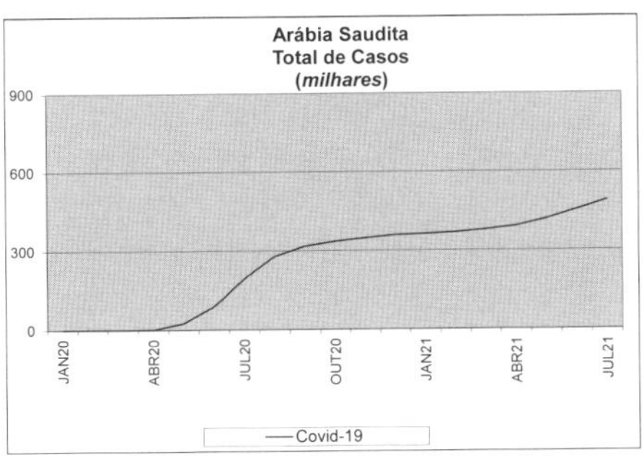

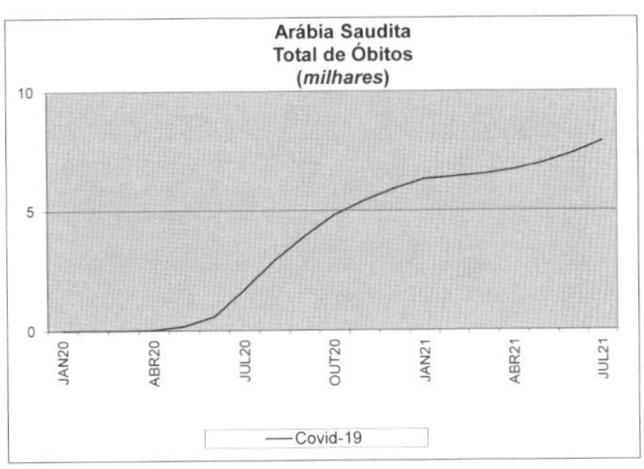

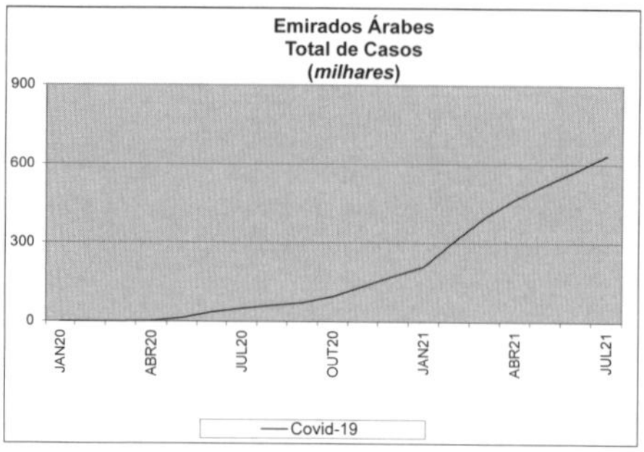

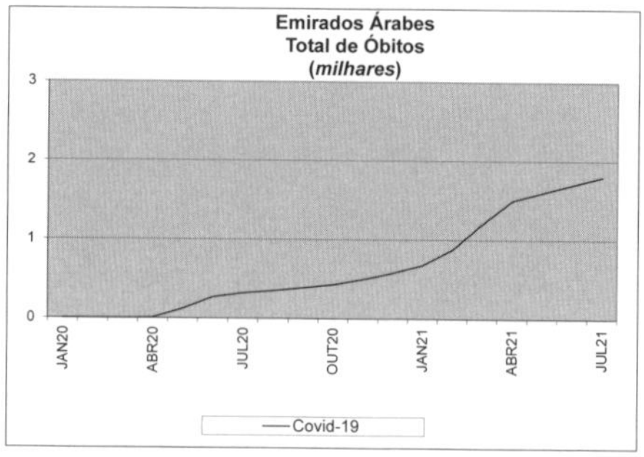

África Subsaariana

A África do Sul, Nigéria e Angola apresentam baixas taxas de mortalidade em seus países.

Covid-19 - África Subsaariana								
	País	Total de Casos	Total de Óbitos	Taxa de Mortalidade	Total de Casos/ 1 milhão de hab.	Total de Óbitos/ 1 milhão de hab.	Testes/ 1 milhão de hab.	População
	Mundo	174.494.562	3.754.882		22.386	481		
1	**África do Sul**	1.699.849	57.063	3,4	28.329	951	198.314	60.004.657
2	**Nigéria**	166.816	2.117	1,3	791	10	10.115	210.876.830
3	**Angola**	35.854	800	2,2	1.060	24	17.378	33.812.272

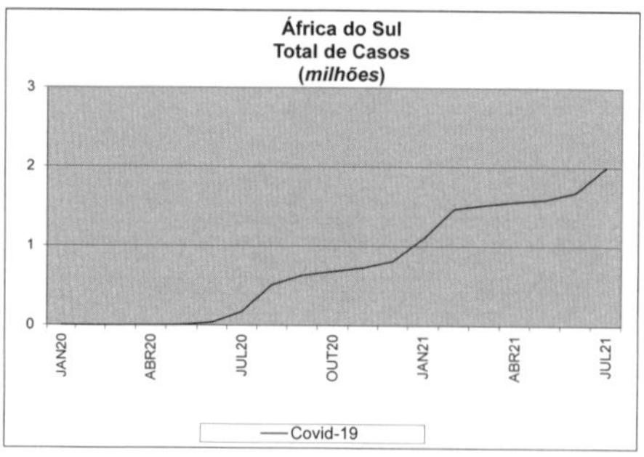

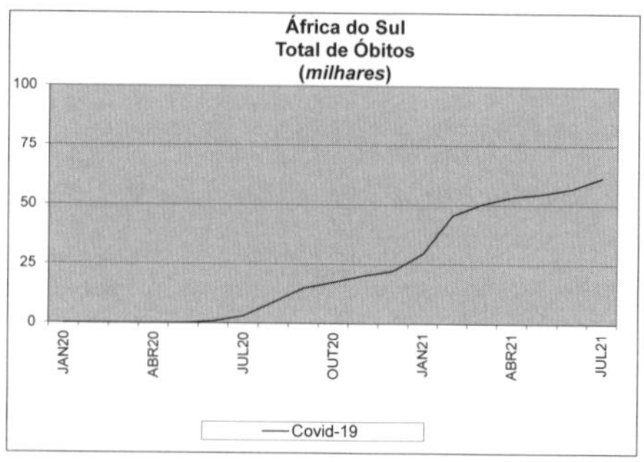

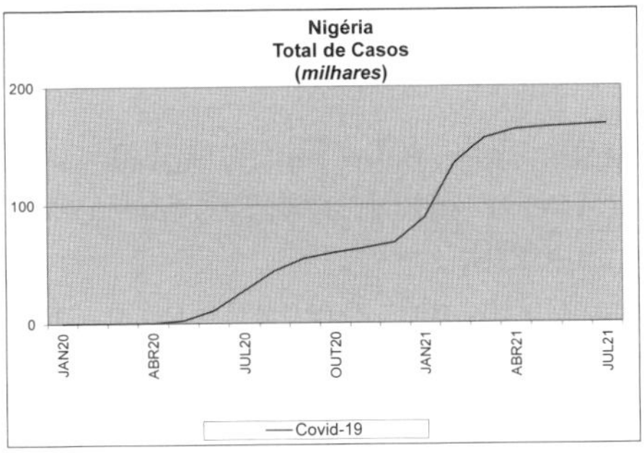

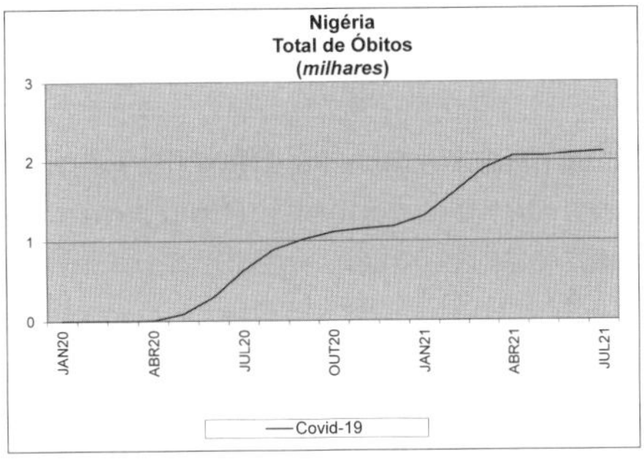

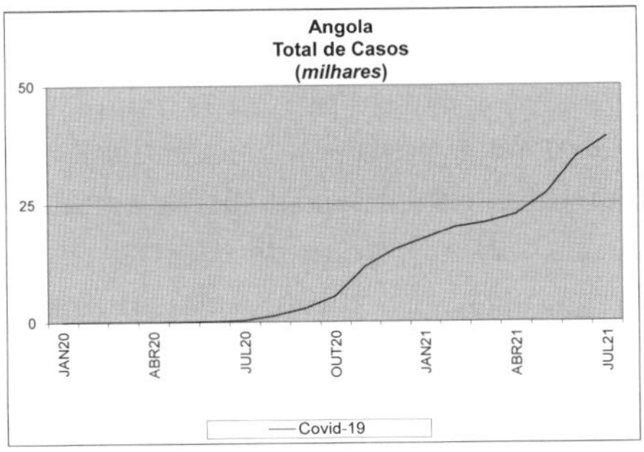

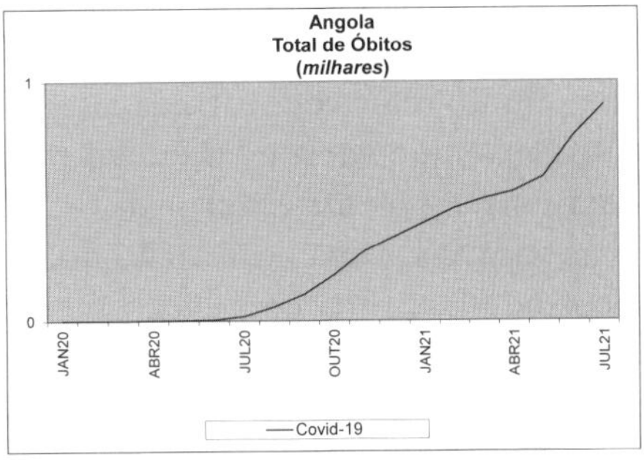

PIB e covid-19

Paul Krugman, em seu artigo no *New York Times* "O culto do egoísmo está matando a América", na análise dos episódios ocorridos em 2020 nos Estados Unidos na covid-19 e na economia, diz que "a resposta da América ao coronavírus foi uma proposta de perder ou perder. A abertura prematura da economia levou a um aumento nas infecções. Trump e seus aliados estavam tão ansiosos para ver grandes números de empregos que ignoraram os riscos de infecção e a maneira como uma pandemia poderia prejudicar a economia. A direita moderna dos Estados Unidos está comprometida com a proposição de que a ganância é boa, que todos nós estaremos melhor quanto mais os indivíduos se envolvem na busca desenfreada do interesse próprio". Referenciando-se à nova direita norte-americana, "o que chamam de liberdade é, na verdade, ausência de responsabilidade".

Às vezes, a semente de uma civilização é o germe de sua própria destruição.

Correlação

Se considerarmos as diferentes estratégias adotadas pelos países, aqueles que *abriram* suas economias perderam em vidas e no PIB, e os países que *fecharam* suas economias ganharam em vidas e no PIB.

Na análise de dados, a correlação é um indicador estatístico do quanto dois eventos estão relacionados. A correlação pode variar de +1,00, uma correlação positiva, a -1,00, uma correlação negativa. Uma correlação positiva significa que dois eventos caminham na mesma direção; por exemplo, quanto mais dinheiro você ganha, mais coisas você pode comprar. Uma correlação negativa significa que dois eventos caminham em direções opostas; por exemplo, quanto mais você estraga a terra, menos você obtém produtos dela. Uma correlação que varia de 0,70 a 1,00 ou de -0,70 a -1,00 é considerada como uma correlação forte, ou seja, existe uma forte relação explicativa entre as duas varáveis. Uma correlação que varia de 0,30 a 0,70 ou de -0,30 a -0,70 é considerada uma correlação moderada, ou seja, existe uma relação explicativa moderada entre as duas varáveis. Uma correlação que varia de 0 (zero) a 0,30 ou de 0 (zero) a -0,30 é considerada uma correlação baixa ou inexistente. As correlações forte e moderada compõem o conjunto de variáveis na explicação de um fenômeno.

Correlação (variação de +1,00 a -1,00)		
Valor		Análise
Positiva	Negativa	
0,70 a 1,00	-0,70 a -1,00	Forte
0,30 a 0,70	-0,30 a -0,70	Moderada
0 a 0,30	0 a -0,30	Baixa

Durante o período da covid-19, quando se *abre* uma economia, mais mortes, quando se *fecha* uma economia, menos mortes. Se considerarmos a correlação entre a variação do PIB em 2020 e o total de óbitos por covid-19 em 2021 para os países e regiões do mundo, encontramos correlações negativas fortes e moderadas entre os dois eventos, indicando que quanto mais mortes, menos eficiente é a economia, e vice-versa.

Isso significa que quanto maior o número de mortes por 1 milhão de habitantes em um país devido à covid-19, menor é a expectativa do PIB para o país. Abrir a economia esperando resultados melhores é um erro. Ao tomar medidas restritivas, você dá racionalidade à ação social coletiva dos agentes econômicos e da população, com a alocação de capital e recursos na mesma direção. Se você abrir a economia, os agentes econômicos agem aleatoriamente e em direções diferentes. Basta o medo para a desorganização da economia. Quanto mais você abre a economia, mais prejudica a própria economia. A solução ideal para a economia é salvar vidas.

As vinte maiores economias

A variação do PIB em moeda nacional é um indicador de curto prazo para um ano na economia de um país. A variação do PIB para dólares correntes é um indicador de médio e longo prazo para um ano na economia de um país. Na análise dos efeitos das ações tomadas em relação à covid-19 e à economia, as variações em moeda nacional constituem o melhor estimador como indicador da organização e da produção interna do país. As variações em dólar corrente, também de importância, são afetadas pelo mercado internacional, de maior turbulência devido à covid-19. Tais variações podem ser devidas a situações de desequilíbrio político e econômico do país, como no caso do Brasil, ou do mercado internacional e de preços do petróleo na turbulência da covid-19, como nos casos da Noruega, Arábia Saudita e Emirados Árabes, produtores e exportadores de petróleo.

Para as vinte maiores economias do mundo, tendo por base a variação dos PIBs em 2020 e os indicadores de óbitos por covid-19 em junho de 2021, encontramos correlação = -0,62 em moeda nacional e correlação = -0,38 em dólares correntes, sugerindo a existência de uma relação negativa entre a variação do PIB e óbitos por 1 milhão de habitante, ou seja, quanto mais você *abre* a economia, maior o número de óbitos e menor é a eficiência da economia, e vice-versa. Certamente que as economias se desenvolvem em função de vários fatores, que não cabem aqui se detalhar devido à complexidade de variáveis existentes. Mas as correlações fortes e moderadas na análise das ações tomadas na covid-19 e de suas consequências econômicas nos países são significativas.

Variação do PIB e óbitos por 1 milhão de habitantes na covid-19 20 maiores economias			
País	FMI (moeda nacional)	Banco Mundial (dólares correntes)	Covid-19 (óbitos por 1 milhão de hab.)
	2020	2020	2021
Estados Unidos	-3,4	-1,5	1.841
China	2,2	2,9	3
Japão	-4,6	-1,6	108
Alemanha	-3,7	0,0	1.071
Inglaterra	-9,3	-5,6	1.874
Índia	-6,6	-5,7	253
França	-7,9	-3,3	1.683
Itália	-9,0	-9,1	2.097
Canadá	-5,2	-5,2	677
Coreia do Sul	-0,7	-0,6	38
Rússia	-2,7	-11,8	853
Brasil	-3,9	-22,5	2.218
Austrália	-2,1	-4,3	35
Espanha	-10,8	-7,9	1.715
México	-8,1	-14,2	1.758
Indonésia	-2,1	-5,4	188
Holanda	-3,9	0,0	1.031
Suíça	-2,5	2,8	1.244
Turquia	1,9	-5,3	566
Arábia Saudita	-4,1	-14,6	212

Correlação	
20 maiores economias	
Variação do PIB 2020 e óbitos por 1 milhão de hab. 2021	
(moeda nacional)	(dólares correntes)
-0,62	-0,38

Se consideramos as variações dos PIBs no ano subsequente de 2021 e suas relações com os índices de covid-19 de janeiro de 2023, encontramos a correlação de 0,05 para moeda nacional e a correlação de -0,09 para dólares correntes, sugerindo a precificação das ações já anteriormente tomadas em 2020 e a sequência das economias em seus diversos cursos em janeiro de 2023. Os eventos da covid-19 e do crescimento econômico passam, então, a ser independentes.

Variação do PIB e óbitos por 1 milhão de habitantes na covid-19 20 maiores economias			
País	FMI (moeda nacional)	Banco Mundial (dólares correntes)	Covid-19 (óbitos por 1 milhão de hab.)
	2021	2021	2023
Estados Unidos	5,7	10,7	3.383
China	8,1	20,7	4
Japão	1,7	-2,0	542
Alemanha	2,6	9,5	1.974
Inglaterra	7,4	17,2	2.981
Índia	8,7	17,8	377
França	6,8	12,1	2.504
Itália	6,7	11,1	3.100
Canadá	4,5	20,6	1.312
Coreia do Sul	4,1	10,4	652
Rússia	4,7	19,5	2.710
Brasil	4,6	11,0	3.236
Austrália	4,9	16,5	714
Espanha	5,1	11,7	2.535
México	4,8	16,5	2.525
Indonésia	3,7	12,3	576
Holanda	4,9	11,0	1.336
Suíça	4,2	8,1	1.647
Turquia	11,4	13,9	1.186
Arábia Saudita	3,2	18,6	267

Correlação	
20 maiores economias	
Variação do PIB 2021 e óbitos por 1 milhão de hab. 2023	
(moeda nacional)	(dólares correntes)
0,05	-0,09

Europa

Continuando a análise para o nosso período do primeiro ano e meio da covid-19, na relação entre a variação dos PIBs em 2020 e dos indicadores de óbitos por covid-19 em junho de 2021, para os principais países da Europa, obtemos correlação = -0,82 para moeda nacional e correlação = -0,89 para dólares correntes, expressando forte relação.

Variação do PIB e óbitos por 1 milhão de habitantes na covid-19 Europa			
País	FMI (moeda nacional)	Banco Mundial (dólares correntes)	Covid-19 (óbitos por 1 milhão de hab.)
	2020	2020	2021
Alemanha	-3,7	0,0	1.071
Inglaterra	-9,3	-5,6	1.874
França	-7,9	-3,3	1.683
Itália	-9,0	-9,1	2.097
Espanha	-10,8	-7,9	1.715

Correlação Europa Variação do PIB 2020 e óbitos por 1 milhão de hab. 2021	
(moeda nacional)	(dólares correntes)
-0,82	-0,89

Países nórdicos

A correlação para a moeda nacional para os três principais países da Escandinávia é de -0,88, sugerindo forte relação entre as variáveis. Em dólares correntes, a correlação é de 0,82, devido ao desequilíbrio no mercado mundial do petróleo durante o ano de 2020. A Noruega é produtora e exportadora de petróleo, o que alcança cerca de 25% de suas exportações.

O preço do barril de petróleo vai de US$71, em 2018, para US$41, em 2020, recuperando seu preço de US$71 em 2022. Se consideramos a variação do PIB da Noruega de 2019 a 2021, verificamos a variação no total do período de seu PIB apresentando crescimento de 19,3%.

Variação do PIB e óbitos por 1 milhão de habitantes na covid-19 Países Nórdicos			
País	FMI (moeda nacional)	Banco Mundial (dólares correntes)	Covid-19 (óbitos por 1 milhão de hab.)
	2020	2020	2021
Suécia	-2,2	2,6	825
Dinamarca	-2,0	2,6	434
Noruega	-0,7	-10,4	144

Correlação	
Países Nórdicos	
Variação do PIB 2020 e óbitos por 1 milhão de hab. 2021	
(moeda nacional)	(dólares correntes)
-0,88	0,82

Países Nórdicos				
País	PIB (bilhões de dólares)			Variação 2019-2021
	2019	2020	2021	%
Suécia	533	547	635	19,1
Dinamarca	346	355	398	15,0
Noruega	404	362	482	19,3

Preço do Barril de Petróleo US$			
2018	2019	2020	2021
71	64	41	71

Europa Central e Oriental

Na Europa Central e Oriental, a correlação em moeda nacional é de -0,73, indicando forte relação entre as variáveis. Em dólares correntes, a correlação é de 0,47, devido às variações das exportações da Rússia de gás e petróleo.

Variação do PIB e óbitos por 1 milhão de habitantes na covid-19 Europa Central e Oriental			
País	FMI (moeda nacional)	Banco Mundial (dólares correntes)	Covid-19 (óbitos por 1 milhão de hab.)
	2020	2020	2021
Rússia	-2,7	-11,8	853
Polônia	-2,2	0,5	1.964
República Tcheca	-5,5	-2,8	2.815
Romênia	-3,7	0,0	1.630
Hungria	-4,5	-3,7	3.101

Correlação	
Europa Central e Oriental	
Variação do PIB 2020 e óbitos por 1 milhão de hab. 2021	
(moeda nacional)	(dólares correntes)
-0,73	0,47

Leste da Ásia e Oceania

Para o leste da Ásia e a Oceania, obtemos correlação = -0,93 para moeda nacional e correlação = -0,43 para dólares correntes, expressando significativa relação.

Variação do PIB e óbitos por 1 milhão de habitantes na covid-19 Leste da Ásia e Oceania			
País	FMI (moeda nacional)	Banco Mundial (dólares correntes)	Covid-19 (óbitos por 1 milhão de hab.)
	2020	2020	2021
China	2,2	2,9	3
Japão	-4,6	-1,6	108
Coreia do Sul	-0,7	-0,6	38
Austrália	-2,1	-4,3	35

Correlação	
Leste da Ásia e Oceania	
Variação do PIB 2020 e óbitos por 1 milhão de hab. 2021	
(moeda nacional)	(dólares correntes)
-0,93	-0,43

Sul da Ásia

Para o sul da Ásia, obtemos correlação = -0,94 para moeda nacional e correlação = -0,54 para dólares correntes, expressando significativa relação.

Variação do PIB e óbitos por 1 milhão de habitantes na covid-19 Sul da Ásia			
País	FMI (moeda nacional)	Banco Mundial (dólares correntes)	Covid-19 (óbitos por 1 milhão de hab.)
	2020	2020	2021
Índia	-6,6	-5,7	253
Paquistão	-0,9	-6,3	95
Bangladesh	3,4	6,3	78

Correlação	
Europa	
Variação do PIB 2020 e óbitos por 1 milhão de hab. 2021	
(moeda nacional)	(dólares correntes)
-0,94	-0,54

Oriente Médio e norte da África

Para o Oriente Médio e o norte da África, obtemos correlação = -0,43 para moeda nacional e correlação = -0,54 para dólares correntes, expressando a relação existente.

Variação do PIB e óbitos por 1 milhão de habitantes na covid-19 Oriente Médio e Norte da África			
País	FMI (moeda nacional)	Banco Mundial (dólares correntes)	Covid-19 (óbitos por 1 milhão de hab.)
	2020	2020	2021
Irã	3,3	-15,5	957
Iraque	-15,7	-21,0	404
Israel	-1,9	2,7	688
Emirados Árabes	-4,8	-16,3	170
Líbano	-25,9	-38,5	1.143
Arábia Saudita	-4,1	-14,6	212
Egito	3,5	20,5	148

Correlação Oriente Médio e Norte da África Variação do PIB 2020 e óbitos por 1 milhão de hab. 2021	
(moeda nacional)	(dólares correntes)
-0,43	-0,54

A Arábia Saudita e os Emirados Árabes, como produtores e exportadores de petróleo, recuperaram suas economias em 2021. O Iraque sentiu os efeitos da desorganização política e social gerada pelas sanções econômicas.

Oriente Médio e Norte da África - Produtores de Petróleo				
País	PIB (bilhões de dólares)			Variação 2019-2021
	2019	2020	2021	%
Iraque	233	169	206	-11,6
Emirados Árabes	417	358	419	0,5
Arábia Saudita	803	703	833	3,7

Preço do Barril de Petróleo US$			
2018	2019	2020	2021
71	64	41	71

América Latina

Na América Latina, a correlação é de -0,57 para moeda nacional e de 0,17 para dólares correntes.

Variação do PIB e óbitos por 1 milhão de habitantes na covid-19 América Latina			
País	FMI (moeda nacional)	Banco Mundial (dólares correntes)	Covid-19 (óbitos por 1 milhão de hab.)
	2020	2020	2021
Brasil	-3,9	-22,5	2.218
México	-8,1	-14,2	1.758
Argentina	-9,9	-13,9	1.798
Colômbia	-7,0	-15,6	1.800
Peru	-11,0	-11,8	5.592
Chile	-6,1	-9,4	1.560

Correlação América Latina Variação do PIB 2020 e óbitos por 1 milhão de hab. 2021	
(moeda nacional)	(dólares correntes)
-0,57	0,17

O Brasil, principalmente, apresenta significativo desequilíbrio na variação do PIB em dólares correntes devido à má gestão política, econômica e da covid-19 durante o Governo Bolsonaro. Bolsonaro recebe o país com o dólar em R$3,87 e o entrega com o dólar em R$5,22, um acréscimo de 34,7% na taxa de câmbio em seu período.

Taxa de Câmbio no Brasil US$ 1.00		
Data	R$	Variação 2018-2022 %
31/12/2018	3,87	0,0
31/12/2019	4,03	
31/12/2020	5,20	
31/12/2021	5,58	
30/12/2022	5,22	34,7
02/01/2023	5,07	

Estados Unidos e Canadá

No caso do Estados Unidos e do Canadá, embora esses países tenham adotado políticas opostas em relação à covid-19, com os Estados Unidos com Trump abrindo a economia e o Canadá com medidas restritivas, obtemos a correlação de 1,00 para moeda nacional e a correlação de 1,00 para dólares correntes, indicando que ambas as economias caminharam no mesmo sentido, apesar das diferenças nas ações tomadas em relação à pandemia. Isso se deve ao alto grau de inserção da economia canadense na economia norte-americana, onde cerca de 80% das exportações e importações do Canadá são direcionadas aos Estados Unidos. O PIB dos Estados Unidos é de US$23,3 trilhões, e o do Canadá é de US$2 trilhões. O PIB do Canadá, com US$2 trilhões em 2021, situa-se entre os PIBs da Califórnia, com US$3,4 trilhões, de Nova York, com US$2 trilhões, e do Texas, com US$1,9 trilhão, todos integrados à economia norte-americana.

Variação do PIB e óbitos por 1 milhão de habitantes na covid-19 Estados Unidos e Canadá			
País	FMI (moeda nacional)	Banco Mundial (dólares correntes)	Covid-19 (óbitos por 1 milhão de hab.)
	2020	2020	2021
Estados Unidos	-3,4	-1,5	1.841
Canadá	-5,2	-5,2	677

Correlação	
Estados Unidos e Canadá	
Variação do PIB 2020 e óbitos por 1 milhão de hab. 2021	
(moeda nacional)	(dólares correntes)
1,00	1,00

África Subsaariana

Para a África Subsaariana, obtemos a correlação de -0,60 para moeda nacional e a correlação de -0,43 para dólares correntes, expressando a relação entre as variáveis.

Variação do PIB e óbitos por 1 milhão de habitantes na covid-19 África Subsaariana			
País	FMI (moeda nacional)	Banco Mundial (dólares correntes)	Covid-19 (óbitos por 1 milhão de hab.)
	2020	2020	2021
África do Sul	-6,3	-13,1	951
Nigéria	-1,8	-2,3	10
Angola	-5,8	-14,3	24

Correlação	
África Subsaariana	
Variação do PIB 2020 e óbitos por 1 milhão de hab. 2021	
(moeda nacional)	(dólares correntes)
-0,60	-0,43

◎ ◎ ◎

Os países diferiram em suas estratégias em relação à covid-19. Alguns países abriram suas economias, com alto número de mortes e ineficiência econômica, outros adotaram medidas restritivas, resultando em menor número de mortes e em eficiência econômica. Abrir a economia leva à sua desorganização, tomar medidas restritivas leva à ação racional.

A solução ideal é salvar vidas.

14

A Guerra da Ucrânia

> "Alô alô, marciano
> Aqui quem fala é da Terra
> Pra variar, estamos em guerra
> Você não imagina a loucura
> O ser humano tá na maior fissura porque
> Tá cada vez mais *down in the high Society*".
>
> Rita Lee e Roberto Zenóbio

Ainda estamos na pandemia da covid-19 ao longo de 2022 e já estamos em uma guerra, de proporções, na Ucrânia. A Guerra da Ucrânia paira sobre nós como uma ameaça apocalíptica do prenúncio de nosso fim ou da desorganização da humanidade na barbárie de seu final. Para que tentemos evitar, é claro!

◉ ◉ ◉

As teorias explanatórias

As teorias evocadas para a interpretação da Guerra da Ucrânia são de duas espécies.

A primeira, as teorias "civilizatórias", os conceitos de que as liberdades individuais e a economia de mercado avançam no mundo e devem ser não somente implementadas, mas defendidas em seus valores. Importante observar, entretanto, que, segundo o relatório *Democracy under Siege*, da Freedom House, de 2021, o número de países considerados como *livres* entre 2000 e 2020 variou de 89 para 82; *parcialmente livres*, de 58 para 59; e *não livres*, de 45 para 54.

A segunda, as teorias "geopolíticas", da *realpolitik*, onde o que está em jogo são os interesses políticos, econômicos e regionais de cada país ou bloco, na expansão do domínio e utilitarismo das ações, independentemente de seus valores éticos.

Uma terceira via de explicações, entretanto, pode ser aventada, a da prevalência da *irracionalidade* sobre a *racionalidade* humana, com *erros de cálculo* que levam à destruição, sempre recíproca e em determinadas gradações, dos lados envolvidos. Às vezes, o homem prefere morrer matando o outro a sobreviver vendo o outro bem, o que se opõe diretamente ao conceito de *racionalidade*. A *racionalidade* existe, mas não é estrita nem irrestrita. A *racionalidade* e a *irracionalidade* são variáveis coadjuvantes.

O conjunto das três interpretações propiciam as análises do ocorrido e a ocorrer, em diferentes proporções. Assim, a Primeira Guerra Mundial foi uma guerra mais *geopolítica* do que *civilizatória*, com *erros de cálculo* no assassinato político do arquiduque Francisco Ferdinando por movimento da Sérvia, e da invasão da Sérvia pelo Império Austro-Húngaro na expectativa de que ela seria a *guerra das guerras*, de solução fácil e rápida. A Segunda Guerra Mundial foi uma guerra mais *civilizatória* do que *geopolítica*, na defesa dos países contra o nazismo, na subestimação pela Alemanha da força da Inglaterra, da resistência da Rússia e da entrada dos Estados Unidos no conflito mundial.

De como as guerras ocorrem

As guerras começam com um motivo, de defesa ou de ataque, no cálculo equivocado das ações próprias e recíprocas, na cobiça ao bem do outro.

Na Teoria dos Jogos, podemos classificar os jogos como "soma zero", quando, necessariamente, um ganha e o outro perde, ou empatam, como em um jogo de futebol; "soma +1", quando o lucro de um somente ocorre com o lucro do outro, como o bom desempenho de um sistema de trânsito; e "soma -1", quando os dois lados necessariamente perdem, como a aniquilação recíproca em uma guerra nuclear. Se um lado aumenta a aposta na intimidação do oponente tendo por base a crescente legitimidade interna em seu próprio grupo, e vice-versa, o resultado poderá ser do tipo "soma -1", com perda para ambos os lados.

A Guerra das Malvinas, em 1982, é um exemplo de cálculos equivocados que levam à guerra.

Os Estados Unidos, à época, para obter a Argentina como possível força de paz na Nicarágua e a instalação de mísseis nucleares na Inglaterra, sinalizou equivocadamente aos dois lados a mediação das Malvinas para a Argentina, com a suposta anuência da Inglaterra. Thatcher e Galtieri, então com baixos índices de popularidade, experimentaram um incremento de popularidade devido às suas ações crescentes contra o oponente, levando ao resultado irracional da guerra, com prejuízos para ambos os lados.

A Guerra da Ucrânia é, de certa forma, uma sequência da Segunda Guerra Mundial. A Segunda Guerra foi vencida pela Rússia e pelos Estados Unidos, com a formação da OTAN em 1949 e o Pacto de Varsóvia em 1955. Com a dissolução da União Soviética em 1991, foi tacitamente acordado que a OTAN não se expandiria às então Repúblicas Soviéticas. Com 16 países em 1991, a OTAN tem hoje 30 países. A Polônia passou a integrar a OTAN em 1999; Lituânia, Estônia e Letônia, em 2004. O ponto crítico é a instalação de mísseis nucleares de curto alcance nas fronteiras da Rússia. Na reunião de Bucareste em 2008, formou-se a expectativa de que Geórgia e Ucrânia viriam a integrar a OTAN. Em 2008, a Rússia invade a Geórgia; em 2014, anexa a Crimeia; e em 2022, invade a Ucrânia. A Europa se compromete com o envio de armas à Ucrânia. A Finlândia e a Suécia expressam a intenção de integrar a OTAN, seguidas da ameaça russa de retaliação militar. Os Estados Unidos e a Europa restringem em 70% o acesso da Rússia ao SWIFT e determinam o congelamento de cerca de 50% de suas reservas cambiais. A guerra se desenvolve. Os preços das *commodities* sobem, com o aumento da inflação mundial. Na frente de batalha, a guerra não tem um ganhador. Cresce a ajuda militar dos Estados Unidos e da União Europeia à Ucrânia. A Rússia ameaça com o possível uso de armas nucleares. A inflação mundial aumenta. A inflação da Europa é crítica. As retaliações financeiras à Rússia pouco funcionam, com a Rússia apresentando crescimento do PIB em 2022. E a guerra segue seu caminho irracional.

A economia da Ucrânia

A Ucrânia situa-se no centro da Europa, com fronteiras, a leste, com a Rússia, ao norte, com Belarus, a oeste, com a Polônia, Eslováquia e Hungria, e, ao sul, com a Romênia e a Moldávia, com saída ao sul para o Mar Mediterrâneo. Conta com uma população de 43,5 milhões de habitantes em área de 600 mil km^2.

Ucrânia

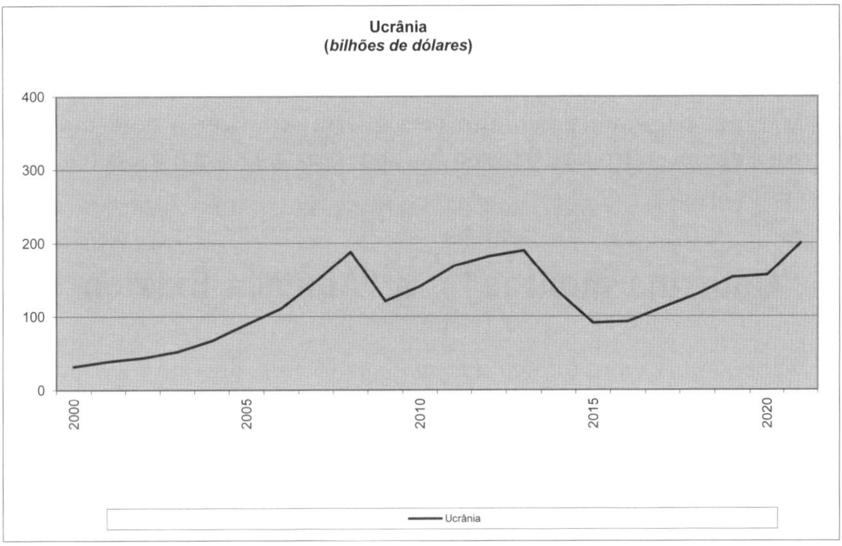

	Ucrânia		
	2010	2015	2021
PIB (Banco Mundial - bilhões de dólares)	141	91	200
Renda Per Capita (ONU - dólares)	2.970,20	2.026,40	3.295,50
Balança de Pagamentos (ONU - bilhões de dólares)	-3	5	5
			2018
Taxa de Investimento (Banco Mundial - % PIB)			12,6

O PIB da Ucrânia, com oscilações nos últimos vinte anos, é de US$200 bilhões em 2021, e renda per capita de US$3.295,00. Zelensky, de inclinação política pró-ocidental, é eleito e empossado como presidente em 2019.

Comparativamente a outros países, o PIB da Ucrânia, de US$200 bilhões, em 2021, é menor do que o PIB de Portugal, com US$253 bilhões, oito vezes menor do que o do Brasil, com US$1,6 trilhão, e duas vezes menor do que o da África do Sul, com US$419 bilhões. A renda per capita da Ucrânia é de US$3.295,00, sete vezes menor do que a de Portugal, de US$ 23.350,00, duas vezes e meia vezes menor do que a do Brasil, com US$8.755,00, e duas vezes menor do que o da África do Sul, com US$6.001,00.

Com a Ucrânia, com PIB de US$200 bilhões, os *players* fundamentais na guerra são a Rússia, com PIB de US$1,9 trilhão, os Estados Unidos, com US$23,3 trilhões, e a União Europeia, com US$17,8 trilhões.

A Guerra da Ucrânia é, fundamentalmente, uma guerra geopolítica, com dois blocos que se antagonizam, visando ao poderio militar e econômico, nesta ordem. O apoio dos Estados Unidos à Ucrânia também reflete a preocupação com Taiwan, economicamente importante para os Estados Unidos devido à tecnologia e produção de semicondutores.

A Ucrânia paga um preço alto pela guerra, com cerca de 8 milhões de refugiados em fevereiro de 2023, na Europa e em outros países, cerca de 18% de sua população.

A “Doutrina Monroe” e a “Ameaça Existencial”

Max Weber, em *A metodologia das ciências sociais*, diz que você tem que se colocar na posição do oponente, ou “entrar na cabeça do outro”, para entender o significado da ação social.

Os Estados Unidos e a Rússia têm muitos pontos de divergência, mas também alguns pontos em comum. O mais significativo, para se entender a Guerra da Ucrânia, é a equivalência entre o conceito norte-americano da “Doutrina Monroe” e o conceito russo da “Ameaça Existencial”. Ambos os países apresentam estratégias defensivas e expansionistas. A “Doutrina Monroe”, entretanto, é mais expansionista do que defensiva, e a posição russa da “Ameaça Existencial” é mais defensiva do que expansionista.

A Guerra da Ucrânia é, antes de tudo, uma guerra entre a Rússia e os Estados Unidos, com a Ucrânia no meio sendo destruída em sua estrutura e com a vida de seus cidadãos, com a conta da guerra sendo paga pela Europa, na falta de líderes fortes que pudessem ter impedido o conflito, como Angela Merkel, talvez.

A “Doutrina Monroe” foi implementada pelo presidente James Monroe dos Estados Unidos em 1823. À época, os países das Américas encontravam-se em processo de independência, com reação política e militar dos países europeus colonizadores. A "Doutrina Monroe" estabelece que qualquer ato político ou militar contra países das Américas é considerado como um ato de guerra também contra os Estados Unidos. No século XIX, os Estados Unidos obtiveram 2/3 do território mexicano por meio de guerras e negociação, representando 2/3 do atual território norte-americano. A "Doutrina Monroe" tem sido evocada por vários presidentes norte-americanos, como Grant e Roosevelt. Na crise de Cuba, Kennedy evocou a "Doutrina Monroe", impedindo a instalação de mísseis nucleares perto de suas fronteiras, mesmo sob risco de uma guerra mundial.

A política russa da "Ameaça Existencial", conforme descrita pelo professor John Mearsheimer, da Universidade de Chicago, expressa que qualquer instalação de mísseis nucleares em suas fronteiras é considerada como ato de guerra contra a Rússia e passível de retaliação militar. A manifesta intenção da entrada da Ucrânia na OTAN não é admitida pela Rússia, adicionando-se a tendência expansionista da Rússia de seus domínios.

A situação conflitiva entre os Estados Unidos e a Rússia data do final da Primeira Guerra Mundial. Os Estados Unidos, então aliados à Rússia czarista, enviaram 10 mil soldados norte-americanos à Rússia para o combate aos bolcheviques. Ao final da Segunda Guerra Mundial, o general Patton sugere a Eisenhower levar os russos de volta a suas fronteiras. Em 1949, a OTAN é formada; em 1954, o Pacto de Varsóvia. Com a dissolução da União Soviética em 1991, é formado o acordo tácito da não entrada na OTAN das então repúblicas soviéticas, certamente não cumprido, porque o mundo muda de acordo com os interesses e a força de cada um. Desde 1950, os Estados Unidos participaram de cerca de trinta guerras no mundo, e a Rússia, em seis. Os Estados Unidos invadiram o Iraque, e a Rússia, a Geórgia, estados soberanos, dentre outros exemplos.

Segundo o Instituto para Economia Internacional de Kiel, na Alemanha, o total de ajuda destinado à Ucrânia desde o início da guerra é de US$150 bilhões, o que corresponde a 75% de seu PIB, sendo US$60 bilhões em ajuda militar, o que corresponde a 30% do seu PIB, e US$47 bilhões provenientes dos Estados Unidos, o que corresponde a 23,5% de seu PIB, ajudas desproporcionais ao aspecto econômico do conflito, a não ser por interesses geopolíticos.

Por outro lado, a Europa paga caro pela Guerra da Ucrânia. Ao mesmo tempo que a União Europeia cumpre o seu papel "civilizatório" na defesa da democracia na Ucrânia, a Europa depende em 40% do gás russo para a sua energia, tendo que manter seus interesses. A Alemanha depende em 49% do gás russo; a Itália, de 46%; a França, de 24%; e a Inglaterra, de menos que 4%. O jornal *Frankfurter Zeitung*, da Alemanha, perguntou se o país queria destruir sua economia, dependente que é do gás russo para a sua competitividade econômica. Angela Merkel, em entrevista, disse que "a tragédia poderia ter sido evitada". Merkel classificou a guerra como "um ataque brutal, que desrespeita o direito internacional", tendo sempre se oposto, entretanto, à entrada da Ucrânia na OTAN, para "evitar a escalada". No Fórum Econômico Mundial em Davos em maio de 2022, três meses após a invasão da Ucrânia pela Rússia, Henri Kissinger disse que "as negociações precisam começar nos próximos dois meses antes que criem transtornos e tensões que não serão facilmente superadas. Idealmente, a linha divisória deveria ser um retorno ao status quo de antes da guerra. Prosseguir a guerra além desse ponto não seria sobre a liberdade da Ucrânia, mas uma nova guerra contra a própria Rússia".

A guerra segue com o bombardeio da Ucrânia. A resistência ucraniana não se dá por meio do confronto direto de exércitos, mas pelo que poderíamos chamar de *guerra moderna de guerrilha urbana*, com equipamento ocidental. O exército russo mostra-se menos eficaz do que se supunha, na falta de maior motivação de suas tropas, falta de gerenciamento militar adequado, e problemas de abastecimento entre a fronte e a retaguarda, sem vencedor definido.

A linha do tempo da Guerra da Ucrânia

De 24 de fevereiro a 7 de abril de 2022, inicia-se e desenvolve-se a invasão da Rússia à Ucrânia, sob a sigla "Operação Militar Especial".

De 8 de abril a 11 de setembro de 2022, a guerra se estende ao sudoeste da Ucrânia.

De 12 de setembro a 9 de novembro de 2022, ocorrem as contraofensivas da Ucrânia, com a ajuda militar dos Estados Unidos e do Ocidente.

De 10 de novembro de 2022 até fevereiro de 2023, com um ano do conflito armado, a guerra encontra-se em situação de *stalemate*, sem vencedor definido.

Em 20 de fevereiro de 2023, às vésperas de completar um ano da Guerra da Ucrânia, Biden visita o país em um encontro com Zelensky.

Guerra e lucro

Dados do Banco Mundial mostram que o PIB mundial, ao longo da Guerra da Ucrânia, aumentou, de 2021 a 2022, de US$97,3 trilhões para US$101 trilhões, em variação positiva de 3,8%. O PIB dos Estados Unidos cresce de US$23,3 trilhões para US$25,5 trilhões, em variação positiva de 9,4%.

O PIB da Rússia cresce de US$1,8 trilhão para US$2,2 trilhões, em variação positiva de 22,2%. Os Estados Unidos lucram com a indústria do petróleo e dos armamentos, e as sanções econômicas à Rússia não têm efeito devido ao aumento do preço do gás russo e do petróleo. De 2021 a 2022, o preço do gás russo na Europa aumentou em cerca de dez vezes, e o barril de petróleo foi de US$65 para US$101. A economia da Ucrânia, entretanto, é dilacerada, com o PIB de US$200 bilhões em 2021 caindo para US$161 bilhões em 2022, com variação negativa de -19,5% no ano. Sua estrutura civil e privada é fortemente danificada, com a morte de seus militares e civis, com o deslocamento de 3,7 milhões de seus habitantes para outros países, cerca de 10% de sua população.

Os países mais diretamente vinculados ao esforço de guerra têm seus PIBs aumentados. De 2021 a 2022, a Polônia, por onde passam a maioria dos armamentos ocidentais para a Ucrânia, tem seu PIB aumentado em 1,3%; Belarus, com suporte à Rússia, tem seu PIB aumentado em 4,3%; a Turquia, que controla a passagem dos navios do Mar Negro através do Estreito de Bósforo, com significativa mediação entre as partes, aumenta seu PIB em 10,6%.

De 2021 a 2022, a União Europeia tem seu PIB diminuído de US$17,2 trilhões para US$16,6 trilhões, em variação negativa de -3,5%; Alemanha, -3,5%; França, -6,7%; Itália -4,8%. O PIB da Inglaterra cai -1,6% no período. A Europa paga o preço da Guerra da Ucrânia, juntamente com a Ucrânia.

A China e Taiwan

Com as tensões entre a Rússia e os países do Ocidente, Estados Unidos e União Europeia, uma nova aproximação da Rússia com a China, assim como também com a Índia, se solidifica.

Taiwan passa a ser o próximo problema, de incomensurável dimensão, no momento.

Ao término da Revolução Chinesa, Taiwan não foi incorporada pelo governo de Pequim devido à exiguidade de recursos à época. Os Estados Unidos passaram, então, a atuar como seu principal parceiro econômico e militar, por razões geopolíticas. Em 1971, a ONU reconheceu Taiwan como parte da China, assim como os Estados Unidos reconheceram a China em 1979. Taiwan, entretanto, tornou-se a superpotência dos semicondutores, responsável por 90% da produção mundial, na vanguarda do conhecimento. Os semicondutores são componentes atômicos de condução de eletricidade na sistematização e transmissão da informação, comercial e militar, em cadeias de partículas subatômicas que chegam hoje a 3 partes de 100 mil da espessura de um fio de cabelo. Os semicondutores são fundamentais na determinação do poder econômico e político das nações no século XXI. A luta antes era por colônias, depois, por petróleo, e agora é por semicondutores.

Taiwan continua na forma de um Estado Parlamentar, com forte interação econômica com os Estados Unidos e com os países Ocidentais. Em meio ao apoio tácito da China à Rússia na questão da Ucrânia, a visita de Nancy Pelosi, então presidente da Câmara dos Deputados e terceira na linha de sucessão em caso de impedimento ou falecimento do mandatário dos Estados Unidos, em agosto de 2022 Taiwan aumenta as tensões entre a China e os Estados Unidos, com imprevisibilidade no futuro próximo.

Aonde vamos?

Paulo Paiva, no excelente e-book *Do plano de metas às metas do plano: Rumo ao futuro*, que faz parte do acervo do Projeto Imagine Brasil da Fundação Dom Cabral, apresentado na reunião do Projeto Imagine Brasil, em São Paulo, em 7 de novembro de 2023, ilustra que após a Grande Depressão de 1929, os países de economias liberais adotaram o keynesianismo para a orientação de suas economias, o Estado com investimentos públicos para o pleno emprego e regulamentação do setor financeiro. Com a queda do Muro de Berlim em 1989 e dissolução da União Soviética em 1991, inicia-se o período da globalização, do extremo neoliberalismo, na ideologia e prática da integração dos mercados, do capital sem fronteiras. O período da globalização termina com o início da Guerra da Ucrânia, onde os princípios da liberdade econômica internacional caem por terra. Hoje presenciamos o fim de um paradigma, sem nada a repor, até o momento. Perdidos que estamos.

Aumenta o perigo da intensificação de guerras e do desastre humanitário.

É atribuído a Erich Hartman, piloto alemão da Segunda Guerra Mundial, ter dito que "a guerra é um lugar onde os jovens se matam sem se conhecer ou se odiar por causa da decisão dos mais velhos que se conhecem e se odeiam, sem se matar".

A Teoria dos Jogos é um excelente instrumento na análise econômica e social. Em Adam Smith, ações racionais individuais levam necessariamente a resultados gerais racionais. Na Teoria dos Jogos, ações individuais racionais podem levar a resultados irracionais para a coletividade, como no exemplo da Guerra da Ucrânia, no acirramento de posições de líderes que dependem da radicalização para a sua legitimidade interna, levando os países à beira do caos.

Max Heirich, em *A espiral do conflito*, mostra como os conflitos nascem de amplas questões econômicas e sociais, indo para o político, chegando ao afunilamento das decisões de poucas pessoas. Que os atores deste conflito, Biden, Putin e Zelensky, tenham a capacidade de não levar o mundo a uma guerra nuclear.

Luiz Pondé, em seu excelente artigo na *Folha de S.Paulo* "Crença na capacidade de mudar o mundo pode ser um engano para todos nós", onde discute a ideia da *racionalidade* como um conceito derivado do êxito temporário das tecnologias atuais em contraposição à *irracionalidade* inerente ao homem, diz-nos que "a modernidade com sua tara manifesta pela ideia de gestão racional de tudo é um surto psicótico em que a deusa razão nada mais é do que um fantasma nu a nos guiar para lugar nenhum".

Marx, na Introdução do *18 brumário de Luís Bonaparte*, diz que "a história se repete, na primeira vez como tragédia, na segunda vez como farsa". Que prevaleça a razão e a negociação, dentro das possibilidades atuais.

⊙ ⊙ ⊙

O Brasil deve manter, dentro de certos limites e dentro de um mundo polarizado, a tendência ao não alinhamento nas questões internacionais, tanto quanto possível, tradicional na política externa brasileira, na proposição de passar a ser um dos *players* na mediação pela paz mundial. Tem condições de assim proceder, se suas ações forem assim moderadas.

15

A nova direita mundial

O fascismo, em suas diversas formas, passa a ser uma forte tendência no mundo.

As teorias da democracia previam a eleição dos mais qualificados como governantes, a representatividade das classes sociais e a distribuição de renda por meio da mediação política. Nada disso, entretanto, ocorreu. Adicionalmente, o World Inequality Report aponta que aumenta a desigualdade no mundo. Nos últimos 40 anos, os 10% mais ricos aumentam sua participação no PIB, ampliando a diferença para os 50% mais pobres da população em todos os países do mundo. As classes médias vão sendo comprimidas no jogo social.

Como consequência, surgem líderes populistas, demagogos sem ideologia, tendo por base social de apoio as classes médias iliteratas e sem voz na sociedade, despertadas que são em seu furor, com o objetivo do poder pelo poder, como reserva de mercado pela força para os grupos sociais inapetentes.

Os argumentos são os da mentira e do ódio. Como dizia Goebbels, "uma mentira dita mil vezes vira verdade", e nas palavras de Hanns Johst, "quando escuto a palavra cultura, eu pego na minha arma". Olham a cultura com o olhar da inveja e da vingança, o arcabouço dos bem-sucedidos a quem se acham submetidos. São contra a ciência, as artes, a filosofia. Quando invadem o Capitólio, sentam-se na cadeira da presidência do Senado com capacete viking. Quando invadem o Palácio do Planalto, quebram o relógio de D. João VI. "Abaixo a inteligência, viva a morte", nas palavras do falangista diante do reitor da Universidade de Salamanca durante a Guerra Civil Espanhola.

O QAnon se instala a partir dos Estados Unidos e em suas ramificações pelo mundo. O QAnon é um movimento supremacista branco, no suposto combate à congruência de ritos satânicos de pedofilia e de valores contra a família, em conjunto com o "*deep state*", do assim chamado "marxismo cultural", no suposto complô mundial da China e do comunismo para dominar a civilização ocidental em suas liberdades individuais e de mercado. Curiosamente, a tese do "marxismo cultural" vai contra tudo o que Marx disse. Não que Marx estivesse certo, muito pelo contrário, mas o assim denominado "marxismo cultural" vai no sentido oposto da afirmação da Teoria Histórica do Modo de Produção de que a cultura é o *superestrato* da sociedade, consequência das forças produtivas, como variável dependente, sem capacidade de influir ou determinar os rumos da história e do mundo.

O *negacionismo* torna-se predominante na nova direita mundial, no atentado sistemático aos valores e à cultura, contra os símbolos que não mais querem, no que entendem a ciência como uma forma de dominação, tão bem retratado no filme *Don't Look Up*.

Condições para o fascismo

O autoritarismo da ignorância se manifesta de várias maneiras.

Em geral, são dois os pré-requisitos para que manifestações fascistas ocorram nos diversos países. Primeiro, são países que passaram por fortes recessões econômicas, ou pela percepção da diminuição inadequada do ritmo econômico, como ocorrido na Alemanha com a hiperinflação de 1922 e no Brasil com a queda do PIB de US$2,6 trilhões, em 2011, para US$1,8 trilhão, em 2015. Segundo, na decepção para com os partidos políticos tradicionais, como ocorreu na Alemanha durante a República de Weimar e no Brasil com o PT e o PSDB, e na imagem geral dos políticos em nosso país devido à Lava Jato. Em todos os países onde o fascismo se instalou, o *Líder*, ou *Der Führer*, usa da mentira como arma social. Na Alemanha, o inimigo externo era o comunismo e a Rússia, e o inimigo interno, os judeus, que tanto ajudaram a Alemanha a se desenvolver. No Brasil de Bolsonaro, o inimigo externo eram a Venezuela e a China, na esdrúxula tentativa no início de seu governo da invasão da Venezuela sob o manto da "ajuda humanitária", e o inimigo interno era o comunismo, esse ente abstrato que paira na mente dos incautos da mais impossível implantação. "*Deutschland Über Alles*", "o Brasil acima de tudo". Não é por nada que a utilização dos símbolos nazistas tanto cresceu no Brasil. O Observatório Judaico dos Direitos Humanos apontou recentemente que o número de ataques neonazistas aumentou significativamente no país: 12 em 2019, 21 em 2020, 49 em 2021 e 32 somente no primeiro semestre de 2022.

O aumento da desigualdade social e a crise ecológica que se inicia, com a diminuição do acesso a bens e serviços por parte da população, são limitadores das democracias, como propulsores do radicalismo e do crescimento das hordas fascistas, tão bem descritas nos trabalhos de Hannah Arendt, De Felice e George Mosse.

Assim ocorreu na Alemanha com Hitler, na Itália com Mussolini, na Hungria com Victor Orban, nos Estados Unidos com Trump, no Brasil com Bolsonaro, na Argentina com Milei.

A luta de classes moderna

A luta de classes moderna está hoje invertida. Em vez de a classe trabalhadora se opor à elite por seus direitos, hoje os ricos oprimem os pobres na supressão de seus direitos para a acumulação de riqueza, com o aumento da desigualdade mundial.

O Renascentismo e a Reforma Protestante representaram a saída da Idade Média para sociedades mais justas. Na Inglaterra, a Revolução Inglesa, na reestruturação dos valores, precedeu ao Parlamento Britânico no início do século XVIII. Nos Estados Unidos, a Revolução Americana foi feita com a melhor ideologia da época, a liberal, com a elaboração da Constituição "*We the people*". Na França, a Revolução Francesa substituiu a aristocracia, com o lema "*Liberté, Égalité, Fraternité*".

No século XIX e início do século XX, a luta de classes entra em sua forma mais acirrada. Em 1848, Marx publica o *Manifesto comunista*. Em 1871, a Comuna de Paris sofre sua derrota, incorporando, entretanto, legados no campo dos direitos sociais à Terceira República. Ao final da Primeira Guerra, a Revolução Russa ocorre em 1917. Após a Segunda Guerra, a Revolução Chinesa, em 1949. Segue-se a Guerra Fria entre o Ocidente e o socialismo, até a derrocada do *socialismo real* da União Soviética em 1991. A economia passa a ser a do mercado neoliberal, com diferentes níveis de intervenção estatal, dependendo do país ou de grupo de países, do keynesianismo às social-democracias.

Hoje, aumenta a concentração da riqueza, agravada pela crise ecológica. Do antigo discurso socialista contra o liberalismo, a esquerda hoje se apega ao discurso do direito e da democracia contra a concentração de riqueza e quebra da ordem institucional. Qual ironia do destino!

Parece que após cinco séculos de melhoria econômica e de direitos sociais, chegamos ao fim de um ciclo histórico, com o início do que poderá vir a ser a nova idade média tecnológica da modernidade, opressiva e decadente. O possível fim das democracias.

Napoleão III

Louis Bonaparte, Napoleão III, que governou a França de 1852 a 1870, é considerado por alguns autores como possivelmente o primeiro governo de características *fascistas* do mundo moderno, e por outros autores, como o último suspiro do cesarismo. Após a Revolução Francesa de 1779 a 1799, a França passou por notável período de conturbações políticas e sociais, de Robespierre com a República do Terror, até a Terceira República em 1870, com a França se estabilizando melhor politicamente a partir de 1873. A situação econômica e social da França se deteriora na década de 1860, com dificuldades crescentes para as classes empresariais e pouca representatividade dos governantes anteriores, em condições similares ao ocorrido na Alemanha e na Itália previamente à instalação do nazismo e do fascismo. Pode ser considerado, dependendo das circunstâncias, como fenômeno de época.

O nazismo na Alemanha

Após a derrota na Primeira Guerra Mundial, a Alemanha foi submetida ao Tratado de Versalhes, com valores inexequíveis de indenização aos Aliados. Em 1922, o governo alemão emitiu moeda para o pagamento da dívida, gerando a hiperinflação, onde um pão chegou a custar bilhões de marcos em Berlim.

Hitler, austríaco, de formação secundária, lutou pelo exército alemão na Primeira Guerra Mundial, sendo ferido e condecorado ao final da guerra. Em 1922, juntou-se ao Partido Nazista em sua fundação, sendo preso naquele ano após sua participação na fracassada tentativa de golpe de estado tendo Munique por origem. Na prisão, escreveu *Mein Kampf*, contra o comunismo, a ciência, a literatura, as artes e a música, com teses racistas contra a comunidade judaica, de tanta importância na Alemanha para o seu desenvolvimento econômico e cultural.

Em 1932, o Partido Nazista foi eleito para o Parlamento com 31% dos votos do total do eleitorado; o Partido Social-Democrata, com 18%; o Partido Comunista, com 12%; o Partido do Centro, com 11%; e outros partidos, com 7%, com 21% de abstenção, bancos e nulos. Em 1933, Hitler foi apontado como chanceler da Alemanha, sendo alçado em 1934 à posição de *Der Führer*, *o Líder*, suprimindo os direitos políticos das oposições e intimidando a elite econômica, com a ocupação de cargos-chave no Governo, no Judiciário e nas polícias de Estado. Em 30 de junho de 1934, na *Noite das Facas Longas*, Hitler, com a SS, eliminou as forças divergentes de Rohm e da SA dentro do próprio Governo, matando a maioria de seus líderes. Em 9 e 10 de novembro de 1938, na *Noite dos Cristais*, 90 judeus foram mortos, 30 mil foram presos, sendo 7 mil empresários, com 267 sinagogas danificadas. A sequência drástica todos nós sabemos, da guerra e do Holocausto.

As circunstâncias históricas não se repetem, mas a coincidência de paradigmas sim.

As eleições nos Estados Unidos

"*It is the economy, stupid*", na genial frase de James Carville, estrategista político da campanha de Clinton contra Bush nas eleições presidenciais de 1992. Se não a mais, é certamente uma das mais expressivas assertivas sobre a primazia da economia sobre outras variáveis em processos eleitorais.

A relação entre o PIB e eleições é nítida. Sobe o PIB, o candidato se reelege ou faz o seu sucessor. Cai o PIB, o candidato não se reelege e nem faz o sucessor. Às vezes pode haver a predominância de outras variáveis, ou acidentes de percurso, mas, em geral, as demais variáveis são complementares.

Nas eleições norte-americanas, são os estados que elegem o presidente da República, e não os eleitores diretamente por meio do voto popular. Os Estados Unidos foram a primeira democracia do mundo recente, com a Constituição norte-americana entrando em vigor em 1789, antes da Constituição francesa, em 1791. Os fundadores dos Estados Unidos da América, na iniciativa de garantir a autonomia dos estados e a validação dos resultados eleitorais, instituiu o Colégio Eleitoral, com número de delegados proporcional à população de cada estado. Os votos do Colégio Eleitoral de cada estado, entretanto, são integralmente alocados ao candidato que vence no voto popular no respectivo estado, e não de forma proporcional na contabilização em nível nacional. Adicionalmente, o Congresso Nacional tem a função de validar os resultados do colégio eleitoral, na promulgação do candidato vencedor.

Após oito anos do Governo Bush, do Partido Republicano, com desempenho econômico adequado, com média de 4,5% de crescimento anual do PIB de 2001 a 2004, e média de 4,7% ao ano de 2005 a 2008, no ano de 2008, ano das eleições presidenciais, o PIB cresce somente 2,1%, devido à crise financeira do *subprime*. Nas eleições de 2008, Obama, do Partido Democrata, vence John McCain, do Partido Republicano, com 365 a 173 votos no Colégio Eleitoral, 52,5% a 45,7% no voto popular.

No seu primeiro governo, de 2009 a 2012, Obama apresenta desempenho econômico adequado, com média de 4,9% de crescimento anual do PIB. No seu segundo governo, de 2013 a 2016, a média do crescimento anual do PIB cai para 3,6%, com 2,7% em 2016, ano das eleições presidenciais.

Após oito anos de Bush e oito anos de Obama, com baixa entrega do PIB ao final de seus governos, Trump, do Partido Republicano, como candidato de *3ª via* dentre os políticos tradicionais, vence Hillary Clinton, do Partido Democrata, com 332 a 206 dos votos no Colégio Eleitoral, 51,1% a 47,2% no voto popular. Trump, empresário, com discurso radical de direita contra as elites tradicionais, com discurso protecionista para a política econômica e com o lema "*Make America great again*", é o presidente dos Estados Unidos de 2017 a 2020.

O desempenho de Trump na economia, entretanto, é abaixo do esperado, com média de crescimento anual de 3,6% durante o seu governo, com o PIB caindo em -1,5% em 2020 devido à equivocada política de condução da covid-19 e da economia. Nas eleições presidenciais de 2020, Biden, do Partido Democrata, vence, com 306 a 232 dos votos no Colégio Eleitoral, 51,4% a 46,9% no voto popular.

Trump, entretanto, pela primeira vez na história dos 230 anos de democracia nos Estados Unidos, não reconhece os resultados das eleições, alegando fraude sem apresentar provas, tomando iniciativas políticas e movendo ações jurídicas para invalidar seus resultados, e incitando sua base de apoio à não aceitação dos resultados e à violência.

Em 6 de janeiro de 2021, dia da proclamação dos resultados eleitorais no Congresso norte-americano, Trump convoca e discursa a seus apoiadores em Washington, D.C., seguido da invasão do Capitólio como instrumento de pressão para a invalidação dos resultados pelos eleitores, com a depredação do Capitólio por cerca de 2 mil seguidores, o que poderia vir a ser caracterizado como uma possível tentativa de golpe de estado. Cinco pessoas morreram durante a invasão do Capitólio.

A nação fica em choque.

Na posse de Biden, em 20 de janeiro de 2021, 20 mil homens da Guarda Nacional garantem a ordem pública e política. Até fevereiro de 2023, cerca de mil pessoas foram indiciadas por crimes federais relacionados aos episódios da invasão do Capitólio. Trump continua a não reconhecer os resultados das eleições presidenciais de 2020. Hoje, cerca de 30% dos norte-americanos acreditam que as eleições presidenciais de 2020 foram fraudadas.

Nas *Midterms* em 2022, eleições de meio do mandato presidencial para deputados, senadores e alguns governadores de estado, o Partido Democrata mantém o controle do Senado, e o Partido Republicano obtém a maioria para a Câmara dos Deputados. Nas eleições para presidente da Câmara dos Deputados, embora com a maioria pelos republicanos, cerca de vinte deputados republicanos radicais do grupo *Freedom Caucus*, politicamente ligados à Trump, fizeram exigências para a votação, dentro do próprio partido, como, por exemplo, a de que qualquer deputado possa individualmente propor moção para destituir o presidente da Câmara, em vez de um grupo mínimo de quatro deputados, como anteriormente, e outras medidas antidemocráticas. Durante o impasse, cedido pela maioria dos deputados republicanos à minoria radical, por quatro dias, a Câmara dos Deputados ficou sem presidente e sem votações pela primeira vez na história republicana dos Estados Unidos.

Trump, em 2023 e 2024, continua sob investigação do Comitê do Congresso, colecionando derrotas na justiça norte-americana. Biden cai em sua popularidade devido ao aumento da inflação nos Estados Unidos decorrente da Guerra da Ucrânia, com discordâncias também na maioria da população norte-americana em relação ao apoio indiscriminado aos bombardeios em Gaza, independentemente da questão do mérito do direito de Israel, como país constituído, de se defender. No início de 2024, Trump aparece com cerca de 2% à frente de Biden nas pesquisas eleitorais. Trump vence as primeiras primárias de 2024 em Iowa, demonstrando viabilidade competitiva eleitoral, no incremento da direita mundial.

As eleições presidenciais norte-americanas ocorrem no segundo semestre de 2024.

As eleições no Brasil

Bolsonaro foi eleito em 2018 como candidato de *3ª via* devido ao mal desempenho da economia e ao desgaste do PT e do PSDB.

Com discurso radical de direita sobre a política e costumes, Bolsonaro foi eleito por três grupos distintos. O primeiro, da horda das classes médias iliteratas, antes sem voz na sociedade, e que se exacerba na ignorância e no ódio para atingir os seus objetivos, base social do fascismo. O segundo, constituído por grupos de empresários com interesses pragmáticos e sem ideologia, que podem compor com qualquer candidato que possa vir a atender aos seus interesses. O terceiro, de grupo social que em 2018 encontrava-se cansado do PT na esperança de que Bolsonaro seria uma anteposição na instalação de uma economia de mercado, conforme prometido em campanha, o que não aconteceu. Foi eleito com o discurso contra a "Velha Política", as "esquerdas" e a "corrupção", com o lema "O Brasil acima de tudo. Deus acima de todos".

Bolsonaro é um ex-capitão do exército brasileiro que deixou tacitamente o exército em 1986 após liderar greve salarial dentro da corporação, o que é ilegal nos termos da legislação brasileira, sendo atribuído a ele o plano de explodir as reservas de água da cidade do Rio de Janeiro para chamar a atenção da população sobre os baixos salários na corporação, conforme noticiado na imprensa. No Congresso Nacional, foi deputado federal por

28 anos, participando do assim chamado "Baixo Clero", grupo de deputados de pouca voz no Congresso Nacional, que, assim, seguem as orientações das lideranças.

No Brasil, a métrica entre as variações do PIB e os resultados das eleições presidenciais é notável.

Fernando Henrique (PSDB), com o *Plano Real*, no controle da inflação e de seus efeitos redistributivos da renda, foi eleito presidente da República em 1º turno em 1994, com 36% do total do eleitorado, seguido de Lula (PT), com 18%. O PIB aumenta de US$0,5 trilhão, em 1994, para US$0,9 trilhão, em 1998, com Fernando Henrique sendo reeleito em 1º turno em 1998, com 34% do total do eleitorado, seguido de Lula, com 20%.

O PIB cai de US$0,9 trilhão, em 2008, para US$0,5 trilhão, em 2002, devido a crises cambiais, com Lula (PT) sendo eleito em 2º turno com 46% do total eleitorado, seguido de Serra (PSDB), com 27%, em 2002. O PIB cresce para US$1,1 trilhão em 2006, com Lula (PT) sendo reeleito em 2º turno com 46% do total eleitorado, e Alckmin (PSDB) com 30%. O PIB cresce para US$2,2 trilhões em 2010, com Dilma (PT) sendo eleita em 2º turno com 41% do total do eleitorado, seguida de Serra (PSDB), com 32%. O PIB chega a US$2,6 trilhões em 2011 no legado de Lula, caindo para US$2,4 trilhões em 2013 devido a erros na política econômica. Ainda com força eleitoral, Dilma (PT) vence Aécio (PSDB) em 2014 com 41% do total do eleitorado, Aécio com 39%.

Dilma (PT) sofre *impeachment* em 2015 devido às "pedaladas fiscais", com o PIB caindo em 2015 de US$2,5 trilhões para US$1,8 trilhão. Temer (PMDB), então vice de Dilma (PT), assume a presidência em 2016, tendo Henrique Meirelles como ministro da Fazenda, com o PIB se recuperando para US$1,9 trilhão em 2018.

Em 2018, Bolsonaro (PSL), como candidato de *3ª via* devido ao desgaste do PT e do PSDB, vence as eleições presidenciais em 2º turno com 39% do total do eleitorado, seguido de Haddad, com 32%.

Bolsonaro não conduz bem o seu governo. Três foram os principais problemas. Primeiro, Bolsonaro pegou o país com o PIB em US$1,9 trilhão em dólares correntes em 2018, deixando o país como o mesmo PIB, em US$1,9 trilhão, em 2022, 0 (zero) de crescimento ao longo de seus quatro anos de governo, variável por si só indicativa de sua futura derrota. Segundo, a má gestão da crise da covid-19. Com 2,7% da população e 1,7% do PIB, o Brasil obteve 10,5% dos óbitos por covid-19 do mundo. Terceiro, a sequente tentativa da quebra da ordem institucional, resultando no 8 de Janeiro de 2023. Adicione-se a isso outras variáveis também de importância, como a má gestão na área ambiental, a má gestão na área das relações internacionais e os indícios de corrupção no governo, conforme noticiado pela imprensa.

Lula (PT) e Alckmin (PSB, ex-PSDB) se unem em chapa para as eleições presidenciais de 2022 como frente de oposição. O eleitor, por estratégia, decide o voto em Lula, sem possibilidades de crescimento de outros candidatos alternativos.

Bolsonaro atinge rejeição por estigma acima de 50% nas pesquisas de opinião, índice indicativo da inviabilidade de eleição de qualquer candidato.

No que tange à quebra da ordem institucional, as tentativas foram sucessivas. São eventos expressivos o 7 de setembro de 2021, o 7 de setembro de 2022, a difusão de *fake news*, os sucessivos ataques ao STF, chegando Bolsonaro a chamar os embaixadores estrangeiros em Brasília para denegrir as urnas eletrônicas e o sistema eleitoral brasileiro, *turning point* político para a união das diversas oposições.

No episódio dos embaixadores, a reação da Embaixada norte-americana foi imediata:

> "As eleições brasileiras, conduzidas e testadas ao longo do tempo pelo sistema eleitoral e instituições democráticas, servem como modelo para as nações do hemisfério e do mundo.
> Estamos confiantes de que as eleições brasileiras de 2022 vão refletir a vontade do eleitorado."

As reações da imprensa mundial foram enfaticamente manifestas, pela *Bloomberg*, nos Estados Unidos; *Clarim*, na Argentina; *Jornal de Notícias*, em Portugal; *El País*, na Espanha; *Corriere Della Sera*, na Itália, *Le Progrès*, na França; *Berliner Zeitung*, na Alemanha; *The Guardian*, na Inglaterra, e em tantos outros, no conclame pela democracia.

Lula (PT) vence as eleições presidenciais de 2022 em 2º turno com 39% do total do eleitorado, Bolsonaro com 37%, com 24% de abstenção, brancos e nulos.

Bolsonaro, entretanto, não reconhece os resultados das eleições. Seguem-se os bloqueios das estradas por caminhoneiros e os acampamentos de seguidores de Bolsonaro à frente dos quartéis. Os bloqueios dos caminhoneiros são prontamente combatidos pelo STF, com o questionamento dos limites da legitimidade jurídica dos acampamentos frente aos quartéis.

Bolsonaro segue para os Estados Unidos em 30 de dezembro de 2022, sem passar a "faixa presidencial" para Lula em 1º de janeiro de 2023, ato tradicionalmente simbólico na política brasileira.

Em *8 de janeiro de 2023*, cerca de 5 mil seguidores de Bolsonaro invadem o Palácio do Governo, o Congresso Nacional e o Supremo Tribunal Nacional, em Brasília, com a depredação dos prédios e seus objetos, na expectativa de um levante militar. O exército brasileiro, entretanto, é legalista em sua maioria, não sendo adepto a aventuras dessa natureza.

Em 8 e 9 de janeiro de 2023, cerca de 1.400 invasores do Planalto são presos, com cerca de 900 ainda detidos ao final de janeiro de 2023. Ainda em janeiro, o Ministério Público Federal apresenta cerca de 500 denúncias em relação a organizadores, financiadores e participantes do 8 de janeiro de 2023.

Hoje, cerca de 30% dos brasileiros acreditam que as eleições presidenciais de 2022 foram fraudadas.

Em junho de 2023, Bolsonaro é declarado inelegível pelo Tribunal Superior Eleitoral pelo prazo de 8 (oito) anos.

Inicia-se o Governo Lula, com o reestabelecimento da normalidade das instituições democráticas.

Ao final de seu primeiro ano de mandato, Lula apresenta os seguintes problemas:

Primeiro, o governo Lula 3 carece de um plano de desenvolvimento econômico, que case nova oferta com nova demanda. Assim foi com Juscelino, com a substituição de importações e geração de empregos; com os militares, com a criação de estatais e geração de renda; com Fernando Henrique, com o Plano Real propiciando a ação racional dos agentes econômicos; e com os Governos Lula 1 e Lula 2, com crédito para as indústrias e implementação dos programas sociais. O arcabouço fiscal e a reforma tributária não são suficientes para desencadear um processo autossustentado de desenvolvimento.

Segundo, a política continua radicalmente polarizada, entre a extrema direita e a esquerda, sem possibilidades de conciliação em curto e médio prazo. Hoje, na falta de maioria no Congresso, Lula experimenta o que tem sido chamado de "semiparlamentarismo" informal, refém da formação de maiorias ocasionais para a aprovação de projetos. O "centro", sempre pragmático, detém a maioria das cadeiras para a composição das decisões no Congresso, dificultando a implementação de políticas públicas pelo executivo.

Terceiro, nas relações internacionais, o Brasil sempre se beneficiou de posições moderadas, que nos possibilita a mediação de interesses. Somos 2,7% da população, com 1,7% do PIB mundial, sócio minoritário das organizações internacionais das quais participamos, como a ONU, o G20 e os BRICS. O Brasil depende de posições moderadas para a relação e o bom fluxo de recursos internacionais.

Lula foi eleito em 2º turno com 39% do total do eleitorado, contando com cerca de 36% de aprovação de seu governo ao final de 2023. Para a reeleição do incumbente, faz-se necessário o mínimo de 55% de aprovação, 40% para concorrer, com dificuldades eleitorais abaixo de 40%.

As eleições para presidente do Brasil ocorrem em 2026.

As eleições na Argentina

Na Argentina, o fenômeno da eleição de líder populista com discurso de direita se repete diante do desgaste dos partidos políticos tradicionais e do declínio econômico do país. Milei é eleito em segundo turno com 55,65% dos votos válidos, contra 44,35% de Massa. Sua plataforma é considerada como *ultraliberal*, com as promessas de campanha da dolarização da economia e do fechamento do Banco Central, promessas não cumpridas por sua inviabilidade. Paradigma correto no tempo errado, no atual término da globalização e da agenda neoliberal. A situação econômica pós-eleitoral da Argentina se deteriora, sobrando a radicalização da polarização.

⊙ ⊙ ⊙

Victor Orban permanece como primeiro-ministro da Hungria desde 2010. Le Pen cresce nas eleições na França em abril de 2022. Georgia Meloni é eleita como primeira-ministra na Itália em setembro de 2022. Geert Wilders, com o Partido Pela Liberdade, de ultradireita, vence as eleições para o Parlamento na Holanda. Em Portugal, a direita ganha as eleições parlamentares de 2024, com a Aliança Democrática da direita conservadora com 29,5% dos votos, e o Chega da direita radical com 18,1%, com o total dos partidos de direita fazendo mais de 50% das cadeiras no parlamento. Crescem os partidos radicais de direita na Europa e pelo mundo. As democracias são pressionadas.

16

Hamas-Israel: o conflito no Oriente Médio

O mundo em guerra

O mundo está em guerra, como sempre. Segundo Chris Hedges, no livro *Tudo que as pessoas deveriam saber sobre as guerras*, estima-se que nos últimos 3.400 anos tivemos somente 268 anos sem guerras no mundo, considerando-se como guerras conflitos que ocorreram com mais de mil mortes; ou seja, 8% de paz em nossa história. Em 2023, dados divulgados pela BBC indicam que estamos com nove guerras em curso no mundo, Hamas–Israel no Oriente Médio, Ucrânia, Nigéria, Síria, Iémen, Somália, Sudão, Mianmar e Burkina Faso.

Todas as guerras são caracterizadas pela insensatez, crueldade e mortes. Algumas guerras, entretanto, têm mais relevância pela sua amplitude e por suas consequências políticas.

Os três conflitos mais relevantes em 2023 são a guerra entre o Hamas e Israel, sendo o Oriente Médio o berço e a origem dos conflitos de nossa civilização; a Guerra da Ucrânia, uma guerra geopolítica entre a Rússia e os Estados Unidos que domina toda a Europa e joga para baixo a noção da relativa estabilidade da ordem mundial pós-Segunda Guerra; e o conflito potencial entre os Estados Unidos e a China na luta pela hegemonia mundial do século XXI, com a China tendendo a ultrapassar o PIB dos Estados Unidos, e ambos os países na disputa dos supercondutores de Taiwan, gerando tensões que podem vir a resultar em guerra. Os supercondutores são fundamentais na determinação do poder econômico e político das nações no século XXI. Esse é o trio que nos amargura na visão quase apocalíptica do amanhã.

No berço de nossa civilização, gregos e persas se antepuseram, a Grécia mais ligada ao comércio e à noção de democracia, a Pérsia mais baseada no conceito do estado centralizado. Samuel Huntington, em *O choque de civilizações*, fala-nos sobre a relativa diminuição da economia ocidental e o relativo aumento da economia dos países árabes e islâmicos, em concepções antepostas, fonte de conflitos.

Hamas-Israel

Em 7 de outubro de 2023, o Hamas invade Israel, matando 1.200 pessoas e fazendo 250 reféns, com atrocidades inimagináveis, chegando a extremos como estupros e decapitação. Segue-se o bombardeamento e invasão de Gaza por Israel, indiscriminado, com a morte de 30 mil pessoas, 80 jornalistas e 100 membros da ONU nos primeiros 3 meses do conflito e destruição de parte significativa de Gaza.

Em 1917, a "Declaração de Balfour", então ministro das Relações Exteriores da Inglaterra, enviada a Lionel Walter Rothschild, então líder da comunidade anglo-judaica, prescrevia que:

> "Tenho muito prazer em transmitir-lhe, em nome do Governo de Sua Majestade, a seguinte declaração de apoio *às* aspirações sionistas judaicas que foi submetida e aprovada pelo Gabinete.
> "O Governo de Sua Majestade vê com favorecimento o estabelecimento na Palestina de um lar nacional para o povo judeu, e fará todos os esforços para facilitar a consecução deste objetivo, ficando claramente entendido que nada será feito que possa prejudicar a vida civil e religiosa dos direitos das comunidades não judaicas existentes na Palestina, ou os direitos e status político desfrutados pelos judeus em qualquer outro país.
> Eu ficaria grato que você levasse esta declaração ao conhecimento da Federação Sionista.
> Com os melhores cumprimentos."

Ao término da Primeira Guerra Mundial, a Palestina passou a ser administrada pelo Mandato Britânico. A Resolução 181 da ONU, de 19 de novembro de 1947, estabeleceu a partilha da Palestina para a formação do Estado de Israel e do Estado Palestino, sem a aceitação por parte dos palestinos e dos países árabes e islâmicos. Em 14 de maio de 1948, ao término do Mandato Britânico, Israel declarou a independência com a formação do Estado de Israel, sem a formação do Estado Palestino. As guerras sucessivas, desde a sua formação, e a expansão territorial de Israel à maior parte de Gaza, na fronteira com o Egito, com a Cisjordânia, nas terras agricultáveis, e com as Colinas de Golã, com cerca de 80% das reservas de água da região, leva o Oriente Médio à instabilidade.

A Assembleia Geral da ONU define terrorismo como a prática de "*a*tos criminosos planejados ou calculados para provocar estado de terror no público em geral, num grupo de pessoas ou em particulares por motivos políticos". A literatura é vasta, com autores como Paul Wilkinson, Bruce Hoffman e outros. Esses movimentos existem quando um grupo, de maior ou menor representatividade, se sente compelido a não exercer aquilo que acredita ser os seus direitos, por percepção ou de fato. Assim tem sido na Irlanda do Norte, no "País Basco" e no Oriente Médio, em suas devidas proporções. A morte de líderes de organizações terroristas leva sempre à substituição por outro líder, já que o que move o terrorismo é a intrínseca insatisfação do movimento insurgente, nem sempre meritório, sempre chegando a extremos em suas ações. Todo e qualquer terrorismo somente termina quando se resolvem as causas que o geraram.

Os limites dos homens são complicados. Maquiavel, filósofo, historiador italiano e um dos fundadores do pensamento político ocidental, diz que, na guerra, "não se deve humilhar o vencido, pois a humilhação leva ao ódio, e o ódio, à vingança". Sun Tzu, general e estrategista da China antiga e de suma importância no pensamento militar do Oriente, diz que "ao cercar o inimigo, deve-se deixar uma possibilidade de fuga, não para que ele fuja, mas para que não lute com a força de um leão enfurecido". E Carl von Clausewitz, general prussiano e o mais importante e influente teórico militar contemporâneo, diz que "as guerras modernas raramente são travadas sem ódio entre as nações; isso serve mais ou menos como um substituto para o ódio entre indivíduos". Erros recíprocos podem levar ao ódio, que se retroalimenta.

Em sua excelente análise sobre os limites a que o homem pode chegar, Edson de Oliveira Nunes, em artigo recente, diz-nos sobre a *banalidade do mal*, evocando Hannah Arendt, quando as causas se perdem e surge o *mal* pelo *mal*, o *mal puro,* "aquela hora na qual desaparece a humanidade das pessoas".

A guerra segue acentuada. A miséria da alma humana se estende aos dois lados. O Holocausto e as bombas atômicas em Hiroshima e Nagasaki são as piores tragédias de nossos tempos recentes. Os ataques do Hamas e de Israel atingem indiscriminadamente a civis, velhos, mulheres e crianças. Em Gaza, a crise humanitária se acentua, hospitais, escolas, residências de civis, campos de refugiados, prédios da ONU sendo atingidos, com falta de energia, de água e de suprimentos. A infraestrutura urbana, residências e campos de refugiados são atingidos em Gaza, com cenas de crianças desoladas sem suas famílias em meio aos escombros. Nas Colinas de Golã, o Hezbollah e Israel trocam tiros dentro de limites ainda não generalizados. No Natal de 2023, o bombardeio em Gaza com imenso número de mortos em um dia desde o início da guerra, em lágrimas de sangue.

Ambos os lados geram o que, no Direito Internacional, poderiam ser considerados como crimes de guerra. Nos primeiros três meses da guerra, mais de oitenta jornalistas e mais de cem membros da ONU morrem em Gaza. A retaliação por parte de Israel à população de Gaza é, por muitos países, considerada como desproporcional. Nas palavras de Emmanuel Macron, presidente da França, "Não podemos deixar criar raízes a ideia de que uma luta eficiente contra o terrorismo implica arrasar Gaza ou atacar populações civis indiscriminadamente. Todas as vidas valem o mesmo, e nós as defendemos". As tentativas de cessar-fogo nos primeiros dois meses da guerra apresentadas pelo Brasil no Conselho de Segurança da ONU obtiveram veto pelos Estados Unidos. Em 22 de dezembro de 2023, uma janela de esperança se abre com a aprovação no Conselho de Segurança de ajuda humanitária à Gaza e "para criar as condições para uma cessação sustentável das hostilidades", com a abstenção dos Estados que não se opuseram, em documento previamente negociado entre os membros do Conselho, intermediado pelo Egito e pelos Emirados Árabes.

Às vezes, as guerras tornam-se funcionais, quando cada líder, para a manutenção do poder, depende do aumento da beligerância externa contra o líder que o opõe. Segue o escárnio da irracionalidade. A miséria e o descalabro são recíprocos.

No caso da guerra entre o Hamas e Israel, as dificuldades de desfecho são acentuadas, na guerra de guerrilha contra o exército regular e supostos 500km de túneis que teriam sido construídos pelo Hamas, com equipamentos militares mais modernos do que os anteriormente utilizados, embora haja franca superioridade militar de Israel sobre o Hamas. A destruição da rede urbana de Gaza pode levar a uma longa "guerra nos escombros", o que limita a mobilidade de tropas tradicionais, como ocorreu em Stalingrado na Segunda Guerra Mundial.

Incursões na Síria, no Líbano e no Iêmen e atentados no Irã e no Iraque ocorrem, no possível maior alastramento da guerra.

Os Estados Unidos movem-se na direção de favorecer um cessar-fogo e uma solução diante da queda da popularidade de Biden devido à inflação norte-americana durante a Guerra da Ucrânia e o apoio de mais de 50% dos norte-americanos em oposição aos bombardeios generalizados em Gaza.

A guerra prolongada, o genocídio e o extermínio geraram ódios milenares. Vide Cartago.

PIB

O PIB de Israel apresenta significativo crescimento nas duas últimas décadas: US$136 bilhões em 2000, US$238 bilhões em 2010 e US$522 bilhões em 2022.

Israel tem uma população de 8.790.00 habitantes, e a Cisjordânia e Gaza, 5.480.000 habitantes; o PIB de Israel é de US$522,5 bilhões, o da Cisjordânia e Gaza, US$18,1 bilhões; a renda per capita de Israel situa-se em US$46.376,00, da Cisjordânia e Gaza, em US$3.460,00.

	Banco Mundial e Nações Unidas		
	População	PIB	PIB Per Capita
Israel	2021	2022	2021
		USD bilhões	USD
	8.790.000	522,5	46.376
	Fundo Monetário Internacional		
	População	PIB	PIB Per Capita
Cisjordânia e Gaza	2021	2021	2021
		USD bilhões	USD
	5.480.000	18,1	3.460

Gaza tem aproximadamente 2,2 milhões de habitantes, com renda per capita estimada como sendo inferior à da Cisjordânia.

As reservas de petróleo

Além do ódio, o que faz as guerras? A resposta é simples: o dinheiro.

Os conflitos do Oriente Médio podem ser analisados sob dois prismas. O primeiro, o da luta pela sobrevivência de dois povos, os judeus e os árabes e islâmicos. O segundo, o da geopolítica no controle das reservas de petróleo, fundamentais para a sobrevivência das nações. A economia é a base de nossas percepções e ações.

As reservas de petróleo no Oriente Médio correspondem a 51% das reservas mundiais, na geopolítica estratégica da sobrevivência das nações.

Thomas Piketty, diretor da Escola de Economia de Paris e professor Emérito da London Business School, diz que "É hora dos países ocidentais abandonarem a sua arrogância e levarem os BRICS a sério. O PIB PPC dos

BRICS — Paridade de Poder de Compra (poder de compra em cada país), ultrapassa os 40 trilhões de euros em 2022, em comparação com 30 trilhões de euros para os países do G7. Os BRICS criaram o seu próprio banco de desenvolvimento, (que) poderá competir no futuro com o FMI e o Banco Mundial, se estas instituições não forem reformadas em seus sistemas de voto".

Robert Kennedy Jr., pré-candidato à presidência dos Estados Unidos em 2024, disse recentemente que "Israel é a nossa fortaleza. É quase como ter um porta-aviões no Oriente Médio. Se Israel desaparecer, os BRICS vão controlar 90% do petróleo do mundo, e isso seria uma catástrofe para nossos interesses".

Hoje, os Estados Unidos consomem cerca de 20% do petróleo do mundo. O Oriente Médio detém 50,8% das reservas mundiais; a OPEP, 71%; os Estados Unidos, 2%; os Estados Unidos e o Canadá, 12,5%. A Guerra do Iraque colocou os Estados Unidos dentro do Oriente Médio, com o controle estratégico do Iraque e manutenção, hoje, de cerca de 2.500 militares no país. Os BRICS estão ampliando o número de participantes em janeiro de 2024, incluindo Egito, Irã, Arábia Saudita e Emirados.

◎ ◎ ◎

A economia está na base de nossas ações, na guerra e na paz. Não há solução quando um quer avançar sobre a parte do outro, e vice-versa, independentemente dos argumentos e das razões, sem pontos ao meio para negociação.

Às vezes, o mal de que alguém padece é o mal de quem padece ao outro também. E a história se repete.

O verdadeiro horror.

17

Venezuela-Guiana: a geopolítica do petróleo

O conflito gerado pela Venezuela em relação à Guiana é um conflito que pode ser analisado por dois prismas concomitantes. Primeiro, devido à descoberta e exploração de significativas reservas de petróleo ao longo da costa da Guiana na região de Essequibo. Segundo, trata-se da geração de um conflito tipicamente funcional, em seus interesses imediatos, para o aumento da popularidade e tentativa de manutenção do poder por Nicolas Maduro nas próximas eleições presidenciais da Venezuela, em 2024, o que resultaria em poder e gerenciamento da declinante economia da Venezuela.

A Venezuela reclama o direito de posse da região de Essequibo, nas Guianas, quebrando os acordos de fronteira já consensualmente estabelecidos pelas partes em 1899 pela Corte Arbitral de Paris, com a assinatura dos dois países, Estados Unidos e Inglaterra, posteriormente contestado pela Venezuela a partir da segunda metade do século XX. A questão é, no momento, reaberta segundo argumentos de oportunidade e conveniência, com o objetivo da manutenção do poder dos atuais governantes da Venezuela, hoje politicamente questionados pela população.

República Bolivariana da Venezuela

Em 1999, a nova Constituição é aprovada na Venezuela, com Hugo Chávez, passando o país a ser chamar República Bolivariana da Venezuela. Simón Bolívar, nascido em Caracas, na Venezuela, lutou pela independência da Venezuela e de outros países da América do Sul, sendo presidente da Grã-Colômbia de 1821 a 1831, país que agregava Venezuela, Colômbia, Peru,

Equador, Panamá, partes do Peru, partes do Brasil e a região de Essequibo, Guiana. A denominação República Bolivariana da Venezuela, sendo a Venezuela o país individualmente com as maiores reservas de petróleo do mundo, atrás do conglomerado de países do Oriente Médio, indica o sentimento de expansão de nação que possa almejar mais do que os seus próprios limites.

PIB

A partir de 2015, com as sanções à Venezuela por parte dos Estados Unidos, países europeus e outros países por razões econômicas e políticas, o PIB da Venezuela experimenta forte declínio devido às sanções impostas e à má administração do país, com menor campo para a economia privada, na presença de relativamente diminuta classe média.

Em 2010, o PIB da Venezuela chega a US$398,8 bilhões, caindo para US$344,1 bilhões em 2015, e chegando a US$135 bilhões em 2021. Por outro lado, com a descoberta e o início da exploração de importantes reservas de petróleo na costa marítima da Guiana, que se estende de Essequibo ao leste do país, o PIB da Guiana, em US$3,4 bilhões em 2010, cresce para US$4,3 bilhões em 2015, chegando a US$15,1 bilhões em 2022.

Em 2012, a Venezuela conta com 28.750.000 habitantes, e a Guiana, com 790 mil habitantes. O PIB da Venezuela em 2021 é de US$135 bilhões, com o PIB da Guiana atingindo US$15,4 bilhões. Em 2021, a renda per capita da Guiana supera a renda per capita da Venezuela, com US$6.610,00 e US$4.732,00, respectivamente.

	Nações Unidas		
Venezuela	População 2021	PIB 2021 USD bilhões	PIB Per capita 2021 USD
	28.750.000	135,0	4.732
	Nações Unidas e Banco Mundial		
Guiana	População 2021	PIB 2021 USD bilhões	PIB Per capita 2021 USD
	790.000	15,4	6.610

As eleições presidenciais de 2024

No início de outubro de 2023, o Governo da Venezuela e a oposição chegaram a um acordo sobre a realização das eleições presidenciais de 2024, com o endosso dos Estados Unidos e do Brasil, com a fiscalização de outros países e da União Europeia e com a livre participação de candidatos. As eleições primárias para a escolha do candidato das oposições, entretanto, com a indicação de Marina Corina Machado, com significativa força eleitoral no país, foram suspensas pela Suprema Corte de Justiça da Venezuela, sob a alegação de fraude eleitoral, financeira e conspiração.

Em dezembro de 2023, Maduro declara a "anexação" de Essequibo pela Venezuela, seguida da manifestação contrária do Governo da Guiana e dos Estados Unidos, com exercícios militares na costa marítima da região, seguida de reuniões com a participação e mediação do Brasil na tentativa de uma equação para a crise que se instala.

A assim pretendida "anexação" de Essequibo pela Venezuela torna-se funcional para Maduro, no sentido do possível aumento de sua popularidade diante da assim chamada "ameaça externa" aos supostos "direitos do país", com a tentativa da manutenção do poder e dos recursos econômicos pelo grupo do Governo da Venezuela.

O preço pode ser caro, vide Galtieri. Maduro instala a instabilidade política e militar, sem precedentes, em importante região da América do Sul. O que não faz o homem por seus ganhos!

Forças militares

As forças militares em ambos os países se apresentam em franca disparidade. A Venezuela tem um afetivo de 123 mil militares no exército venezuelano, adicionados por 220 mil milicianos criados e organizados ao longo do chavismo, com Hugo Chávez e Nicolas Maduro, em um total de 343 mil solados e combatentes. A Guiana tem um exército com 3.400 soldados, em sua maioria integrando as forças policiais e a segurança interna do país.

Em equipamentos, a Venezuela conta com mais de 1.000 blindados e artilharia, 40 caças, em sua maioria russos, 170 tanques, mais de 100 helicópteros e frota naval com cerca de 30 navios. A Guiana conta com 60 blindados leves e artilharia, 5 helicópteros e 5 barcos de patrulha.

Estados Unidos e Inglaterra

Em qualquer caso de invasão de Essequibo pela Venezuela, o conflito internacional estará configurado, com os Estados Unidos, assim como a Inglaterra, no apoio e intervenção direta com forças militares na Guiana e na Venezuela, com a Rússia dando assistência militar à Venezuela. Pela primeira vez em nossa história, teríamos forças norte-americanas em solo de importante região da América do Sul.

Amazônia

Com o conflito entre a Venezuela e a Guiana, os Estados Unidos se fariam militarmente presentes não apenas na região da segunda maior reserva de petróleo do mundo, a da Venezuela e Essequibo, mas também na Amazônia, tão importante e determinante de nosso futuro próximo do planeta, na propriedade e gerenciamento dos ativos ecológicos do mundo no dia de hoje.

A bacia amazônica e a Floresta Amazônica são 60% brasileiras, com a participação do total de nove países: o Brasil, a Colômbia, o Peru, a Bolívia, o Equador, a Venezuela, a Guiana, o Suriname e a Guiana Francesa, de propriedade da França.

Em pesquisa mundial da Sensus, 69% da população mundial é favorável ao controle da Amazônia por organismos internacionais, como base de opinião pública mundial para possível intervenção militar futura, se esses ativos não forem bem gerenciados pelo Brasil e se os países *stakeholders* da Amazônia não souberem gerenciar os seus conflitos.

A geopolítica do petróleo

A estratégia geopolítica se instala definitivamente no planeta na busca pelo controle das reservas mundiais de petróleo, essenciais no desfecho e na configuração do século XXI. Todo o esforço tecnológico de produção de energias alternativas ainda não foi suficiente para gerar a substituição das energias do petróleo, gás e carvão, o que move o mundo atual. O consumo de petróleo, gás e carvão é de 85% do total de energia gerada no mundo. A Guerra da Ucrânia, por onde passa o gás russo para a Europa; a guerra Hamas–Israel no Oriente Médio, onde estão 51% das reservas mundiais de petróleo; e o conflito Venezuela–Guiana, onde estão 18% das reservas mundiais de petróleo, formam o tripé de conflitos da nova geopolítica do mundo, no controle do acesso e do gerenciamento das reservas disponíveis de energia mundial.

Na bacia petrolífera da região da Venezuela e de Essequibo, a Venezuela conta com reservas totais estimadas em 300 bilhões de barris; a Guiana, com 11 bilhões de barris; o Suriname, com 4 bilhões de barris; o Brasil, com 14,8 bilhões de barris.

Os Estados Unidos consomem 20% do petróleo mundial produzido. Por outro lado, os Estados Unidos detêm 2% das reservas mundiais de petróleo;

Estados Unidos e Canadá, 12% das reservas no total. Os Estados Unidos estão no Oriente Médio estrategicamente por meio de sua presença no Iraque, com efetivo de cerca de 2.500 militares e zona de influência, e aliança com Israel, detentora de energia e bombas nucleares. Por meio de forças militares diretas na Guiana em caso de guerra, ou em acordos de manutenção da "paz" com a Guiana para a contenção de possíveis invasões, os Estados Unidos estariam estrategicamente colocados nas duas regiões de maiores reservas de petróleo do mundo, o Oriente Médio, com 51% das reservas, e a Venezuela–Essequibo, com 18% das reservas, totalizando 69% das reservas totais de petróleo no mundo.

Esse é o legado que Maduro nos deixa. Deixar as portas abertas.

Quem ganha, quem perde

O maior interesse de Maduro, em curto e médio prazo, é se manter no poder, na percepção de derrotado que está nas próximas eleições presidenciais.

Ganham os Estados Unidos, assim como a Inglaterra. O maior interesse dos Estados Unidos de imediato, que podemos supor, é o de estar com tropas norte-americanas na Guiana, com suas reservas petrolíferas, e na Amazônia, já que Maduro deve cair internamente por paz, no processo eleitoral, ou por guerra, no desgaste em curto e médio prazo.

Maduro, personalíssimo, ganha em curto e médio prazo, uma vez que prolonga por algum tempo a sua permanência no poder na Venezuela, na estratégia da sobrevivência adicional.

O Brasil, os países da bacia amazônica e os países da América do Sul, no geral, perdem, a não ser a França, posta que está em seu domínio ultramares da Guiana Francesa.

Ter prevalência militar na região da bacia petrolífera da Venezuela–Essequibo e na bacia amazônica é de suma importância, e agora factível, para os interesses estratégicos dos Estados Unidos neste século XXI, como parte da estratégia geral.

⊙ ⊙ ⊙

O conflito Venezuela–Guiana pode vir a ser o próximo lance, possivelmente drástico, do tabuleiro de xadrez da geopolítica mundial.

18

A crise ecológica

"Esperamos que haja água
para lavar as mãos!"
Esta é certamente uma caricatura,
mas pertinente.

A questão do meio ambiente

O mundo encontra-se em situação crítica em relação ao meio ambiente. A emissão de CO_2 elevou a temperatura do planeta em 1°C nos últimos 100 anos, e deve elevar em 2°C ou mais até o final deste século. Hoje, 90% da população mundial respira ar com poluentes. O nível do mar deverá subir cerca de 0,5 metro ou mais até 2100. A queda na produção agrícola poderá chegar a 25% até 2050. As reservas comprovadas de petróleo são suficientes para os próximos 50 anos, 150 anos no total, incluindo as reservas estimadas. A crise ambiental se instala com velocidade e em escala global, gerando desafios para a humanidade.

A desorganização da base social será inevitável, com política mais restritiva e menor representação social e política da população. Uma situação *malthusiana* pelo deslocamento de parte da população costeira para o interior dos países e drástica diminuição na oferta de alimentos, produtos e serviços. Os países que não percebem ou não se preparam para a situação que virá pagarão um preço muito alto pela sua inoperância, falta de compreensão e falta de ação adequada aos novos objetivos.

A crise do meio ambiente será pior do que as guerras e pandemias pregressas, uma vez que seus efeitos são crescentes e irreversíveis, em curto e médio prazo. A era da desesperança.

Por que a crise ecológica não pode ser contida

A Teoria dos Jogos, na síntese de John Nash, Prêmio Nobel de 1994, é um excelente instrumento para a análise econômica e social. Na Teoria Econômica Clássica, de Adam Smith, se todos os agentes sociais agem racionalmente, o resultado coletivo é também racional, ou positivo, como resultante da "mão invisível do mercado". Na Teoria dos Jogos, a somatória das ações racionais individuais pode ser positiva, ou negativa, por vezes com resultados irracionais para a coletividade, ou até antagônicos à sua sobrevivência.

A crise ecológica desestruturará a organização social, econômica e política das sociedades.

Por que os países não conseguem eliminar a pobreza, mesmo que todos os agentes sociais concordem e queiram eliminá-la em determinado tempo da história? Porque o investimento necessário para a sua eliminação não encontra os agentes sociais igualmente capitalizados e com as mesmas disponibilidades financeiras. Assim, mesmo que as intenções sejam conjunturalmente consensuais, o conjunto das ações e dos interesses individuais leva a direções aleatórias e opostas, resultando em uma ação coletiva não necessariamente racional. Somente em processos de ruptura do sistema a ação coletiva racional pode se adequar a mudanças estruturais.

Todos os esforços devem ser feitos para conter a crise ecológica, certamente, mas nem sempre eles são eficazes. Na crise ecológica, as pessoas e países encontram-se em diferentes índices de poupança, necessidades e decisões, fazendo com que não haja uniformidade nas ações individuais e coletivas, levando a consequências irracionais como resultado das ações. Assim, Estados Unidos e Noruega talvez pudessem estar igualmente capitalizados e de comum acordo em suas ações, mas o Brasil e a Venezuela não, descapitalizados que possam estar, com maiores dificuldades e sem decisão política para enfrentar tal situação.

A crise ecológica poderá ser parcialmente contida pelos esforços individuais de pessoas e países, mas possivelmente sem uma maior efetividade em suas ações coletivas. Somente à beira do abismo, ou já no precipício, o homem será compelido a agir pela sua sobrevivência. Talvez com algum sucesso.

O Brasil e o meio ambiente

Na América do Sul, existem duas áreas de importância estratégica para o mundo atual e futuro. Os campos de petróleo da Venezuela, como maior reserva de óleo mundial em um só país no mundo, como a segunda maior reserva em geral, atrás do total no Oriente Médio, e a região amazônica, como a maior reserva florestal do mundo, com 15% da água potável e responsável pela renovação de cerca de 5% do oxigênio do planeta. Adicione-se a importância do agronegócio no Brasil e na Argentina.

Entre 1985 e 2018, a Floresta Amazônica decresceu 13%. A Amazônia foi gradativamente devastada com Bolsonaro, com políticas de desregulamentação, diminuição da fiscalização do meio ambiente e estímulo ao garimpo nas reservas florestais. De agosto de 2019 a julho de 2020, o desmatamento da Amazônia cresceu 37%, em comparação ao mesmo período do ano anterior.

O Governo Lula reinsere o Brasil na questão ecológica mundial. O Fundo Amazônia foi reativado, com a participação da Alemanha, da Noruega e dos Estados Unidos.

O Brasil não tem como escapar da responsabilidade que lhe é hoje atribuída em relação à Floresta Amazônica e ao meio ambiente mundial. O argumento do então Governo Bolsonaro do nosso direito à soberania nacional e de que os países da Europa e Estados Unidos anteriormente esgotaram suas reservas florestais, daí nossa suposta autonomia, não se sustenta, uma vez que a premência mundial é atual, e assim agirão os atores políticos de forma determinada nas relações internacionais por vir.

Em pesquisa mundial da Sensus, 69% da população mundial dá suporte à preservação da Amazônia por meio de organismos e contribuições internacionais, somente 21% atribuindo ao Brasil o direito ou a responsabilidade única de sua conservação. A região amazônica, com cerca de 8% da população brasileira, deverá ser desenvolvida pelo Brasil em consonância com a política para o meio ambiente, com a pressão internacional crescente que há de advir.

O Brasil representa 2,7% da população e 1,7% do PIB mundial. Se o país não souber dialogar, negociar e compor em nível mundial, com possíveis benefícios para o país, não poderemos descartar a possibilidade futura de alguma forma de intervencionismo ou cooperação por parte das potências mundiais na breve e drástica história que há de se seguir.

O homem e o planeta Terra

A Terra é um planeta pequeno, com apenas 50km de atmosfera, sendo 20km de troposfera contendo 75% do oxigênio total, com altos níveis de desenvolvimento da biodiversidade, alta demanda por produtos e escassa oferta de recursos naturais, em crise provocada pelo homem. A produção industrial e a queima de combustíveis fósseis têm levado à poluição e ao aquecimento global, pela emissão de dióxido de carbono, CO_2, na atmosfera.

O aquecimento global está aumentando o nível da água do mar, com o deslocando massivo da população costeira em futuro próximo para o interior dos países, encurtando as terras agrícolas e interrompendo a produção econômica. A produção econômica está consumindo e esgotando os recursos naturais, como o petróleo, a água e os minerais, gerando escassez da oferta em crescente demanda social. O capital tende a se reproduzir por si próprio e os governos dependem da expansão crescente da economia para a sua eleição e manutenção no poder, em uma relação inversa à natureza. Como os homens tendem a agir individualmente, e não coletivamente, com os partidos e governos cada vez menos representativos, a ausência de coesão e representatividade levará à desordem social e política, em uma espiral acelerada de conflito. Surgem, então, as guerras e as pandemias, na crescente deseconomia.

A diferença entre a crise ambiental, a guerra e a pandemia é que os efeitos da crise ambiental não podem ser revertidos em curto ou médio prazo. Os danos são irreversíveis e permanentes, a não ser em longo prazo. Observe-se a extinção de civilizações, causada pelo homem, como as civilizações dos maias e a da Ilha de Páscoa, destruídas pelo esgotamento das terras e da produção agrícola, no descabido esgotamento da natureza.

Há 60 milhões de anos, extinguiram-se os dinossauros no inverno atômico do impacto de um asteroide. A crise ambiental hoje é provocada pelo homem.

População mundial

A população mundial chegou a 7,87 bilhões de habitantes em 2021, estimativa de 8 bilhões na virada de 2023. De 2010 a 2021, o crescimento médio da população foi de 1,2% ao ano; a população urbana aumentou de 51,7% para 55,7%; a produção de energia aumentou 12,9%. Entre 2005 e 2019, a emissão de CO_2 aumentou 22,5%.

	Mundo		
	Nações Unidas		
	2010	2015	2021
Crescimento da População (percentual anual)	1,2	1,2	1,1
População Urbana (% do total da população)	51,7	53,9	55,7
Produção de Energia (petajoules)	531.540	570.407	599.931
	2005	2014	2019
Emissão de CO_2 (milhões toneladas / toneladas per capita)	29.490 / 4,5	33.472 / 4,8	36.138 / 5,0

Aquecimento global

O relatório da NASA sobre mudanças climáticas diz que "ao longo de sua longa história, a Terra aqueceu e esfriou várias vezes. O clima mudou quando o planeta recebeu mais ou menos luz solar devido a mudanças sutis em sua órbita, conforme a atmosfera ou a superfície mudaram, ou quando a energia do Sol variou. Mas no século passado, outra força começou a influenciar o clima da Terra: a humanidade. O aquecimento global é o aumento extraordinariamente rápido da temperatura média da superfície da Terra ao longo do século passado, principalmente devido aos gases de efeito estufa liberados pelas pessoas, que queimam combustíveis fósseis".

De 1906 a 2005, a temperatura na superfície da Terra aumentou de 0,6°C a 0,9°C, de volta às condições climáticas de 800 mil anos atrás.

A temperatura na superfície mundial aumentou significativamente entre os séculos XIX e XX, comparativamente aos séculos anteriores.

As estimativas indicam que a temperatura da superfície da Terra poderá aumentar de 2°C a 6°C até 2100, em uma verdadeira calamidade, dependendo das decisões e ações que o homem possa tomar.

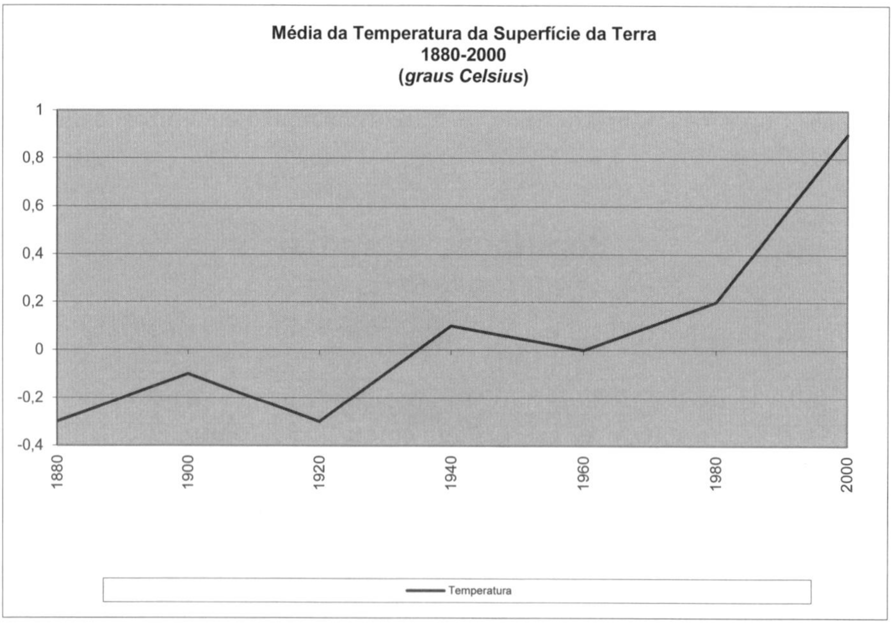

A Rio 92 e o Acordo de Paris sobre Mudanças Climáticas, assinado em 2016, foram tentativas multilaterais de controlar e regular as emissões de CO_2, mas não tiveram o sucesso esperado. O ex-presidente Trump havia se retirado do Acordo de Paris, e alguns países não cumpriram adequadamente as normas acordadas, como o Brasil e outros. Biden retorna com os Estados

Unidos ao Acordo de Paris. Na Cúpula do Clima de abril de 2021, Biden, conjuntamente com outros líderes, estabelecem a meta de redução de 50% nas emissões até 2030, saldo líquido zero até 2050. Em 2020, a China lidera a emissão de CO_2, com 31%, com os Estados Unidos em segundo lugar, com 13%, Índia 7% e Rússia 5%.

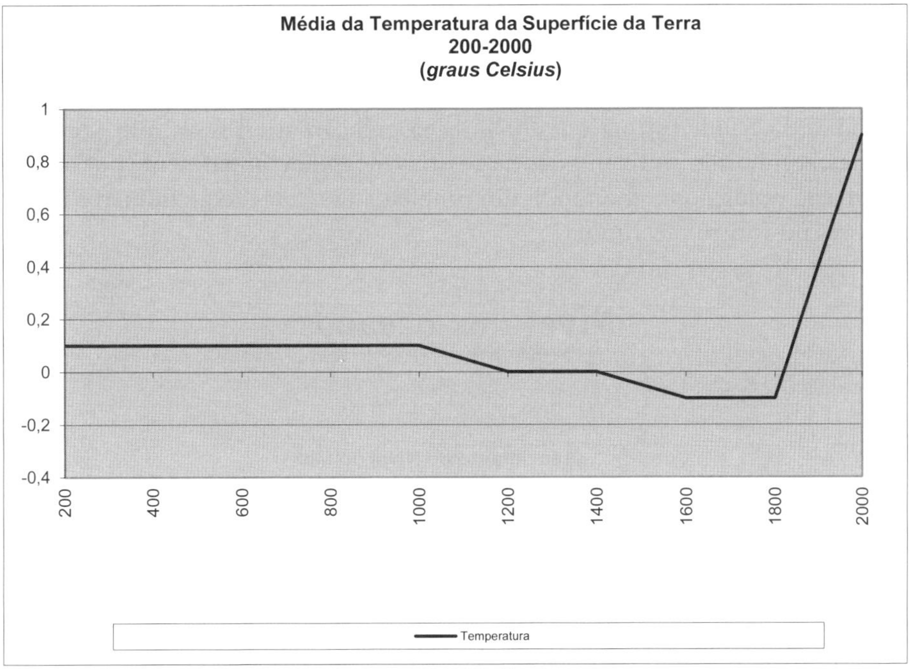

Emissão de CO_2			
2020			
País	%	País	%
China	31	Inglaterra	1
Estados Unidos	13	Itália	1
Índia	7	França	1
Rússia	5	Polônia	1
Japão	3	Turquia	1
Alemanha	2	Brasil	1
Canadá	2	México	1
Coreia do Sul	2	Austrália	1
Arábia Saudita	2	África do Sul	1
Irã	2	Outros países	20
Indonésia	2		

Na Cúpula do Clima do Egito em 2022, estima-se que a temperatura média global deverá subir 2,8°C até o final deste século XXI, como atualização do 1,5°C estimado na reunião do Acordo de Paris em 2016. Esperam-se os resultados da COP26 no Brasil, em Belém, no segundo semestre de 2024.

Poluição do ar

A poluição do ar é um problema crescente na saúde pública. A Organização Mundial da Saúde estima que 90% da população atual respira ar com poluentes, resultando em 7 milhões de pessoas morrendo anualmente por efeitos diretos da poluição no mundo. É um problema crescente, com números ainda maiores no futuro próximo.

Nível dos oceanos

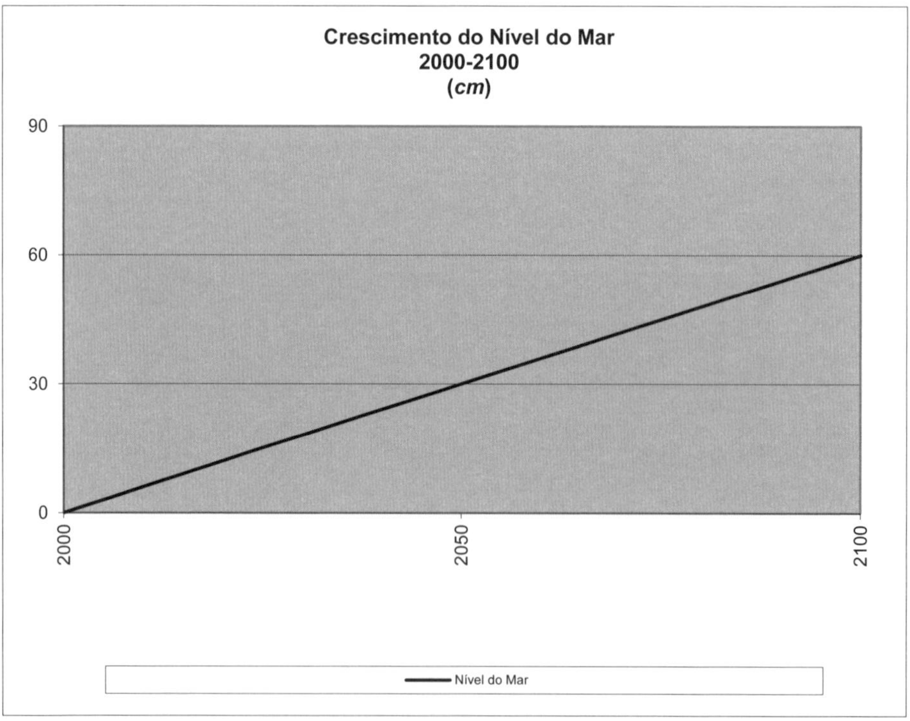

O nível do mar está subindo continuamente. Estudos da NASA mostram que o nível do mar aumentou 2,2cm de 1870 a 2000. As geleiras glaciais estão descongelando, e o nível do mar pode subir de 20cm a 60cm, ou mais, até 2099. Quarenta por cento da população mundial vive em áreas costeiras, e 10% podem ser diretamente afetados pelo aumento do nível do mar no final do século XXI.

Em 14 de fevereiro de 2023, o secretário-geral da ONU, Antônio Guterres, indicou que os estudos apontam no sentido da possibilidade do êxodo de cerca de 900 milhões de pessoas no mundo das áreas costeiras para o interior dos continentes devido ao aquecimento global e aumento do nível do mar, o que ele denominou como êxodo de "proporções *bíblicas*".

Descongelamento

O ecossistema tem sido dramaticamente afetado.

Com o degelo glacial, o clima mundial tem piorado significativamente. Os furacões aumentam continuamente no Atlântico Norte e nos oceanos em geral, assim como as tempestades de chuva no Brasil e em outros países do mundo.

No Atlântico Norte, o número de furacões cresceu 72,9% da década de 1981–1990 para a década de 2011–2020.

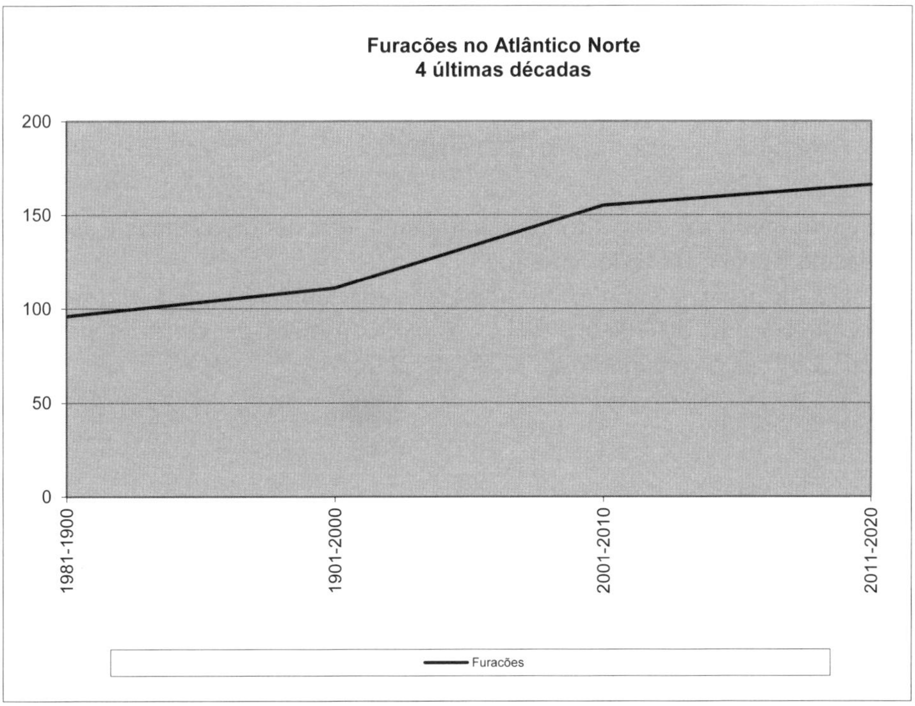

Em São Paulo, o número de dias de chuva por ano acima de 100mm cresceu de 1 na década de 1971–1980 para 7 na década de 2011–2020.

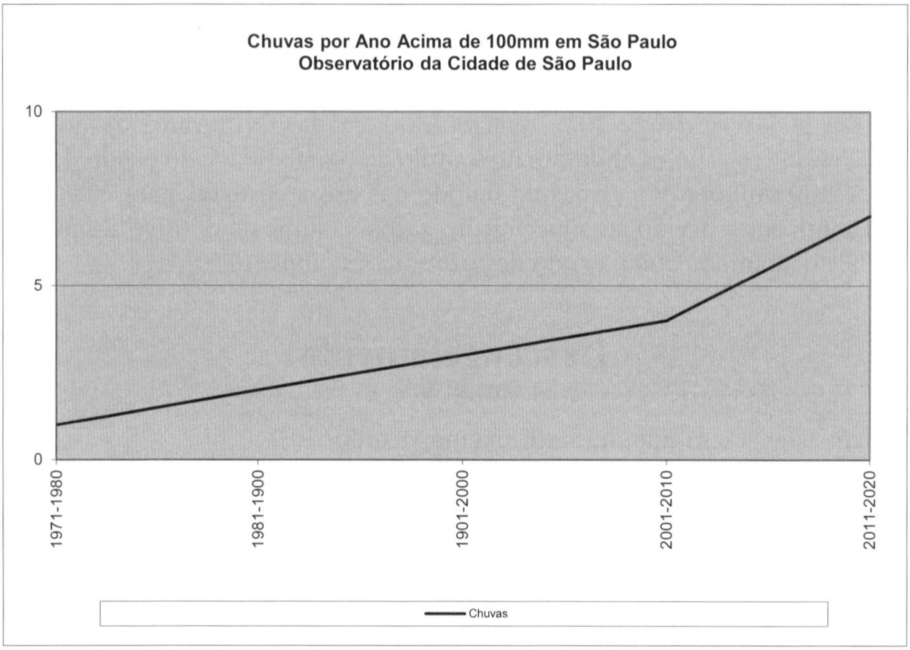

O degelo no Círculo Polar Ártico já está afetando a estrutura de edifícios em cidades do norte da Rússia.

Queimadas

À medida que o aquecimento global aumenta, aumentam as secas e as queimadas no Brasil e em todo o mundo.

Na Califórnia, o número total de queimadas aumentou de 1,3 milhão de acres no período de 2002 a 2011 para 4,9 milhões de acres no período de 2012 a 2021, crescimento de 377% no período.

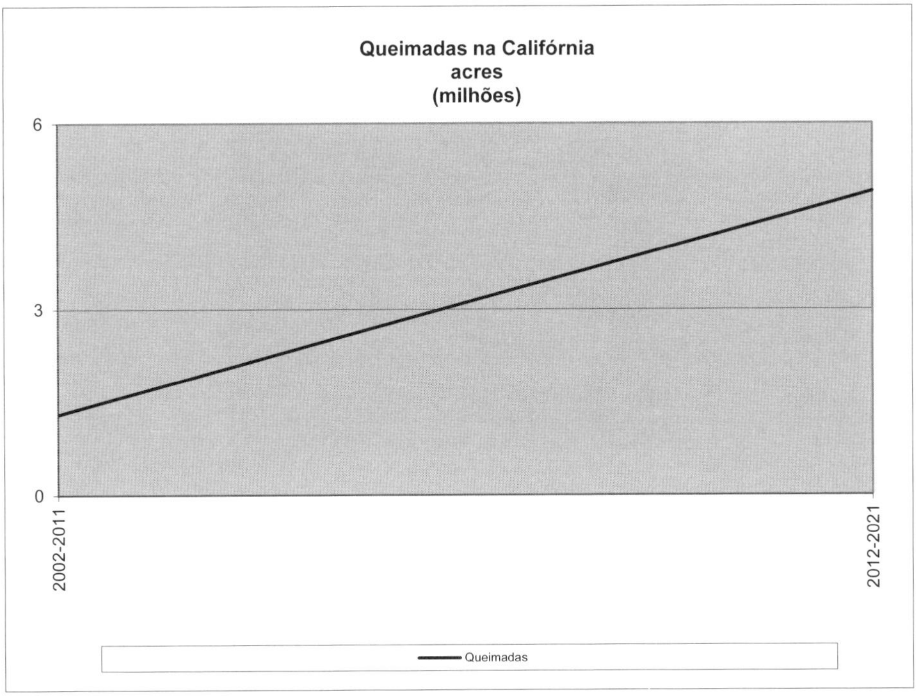

Agricultura

Na agricultura, a FAO – Food and Agriculture Administration, estima que a queda nas safras pode chegar de 10% a 25% até 2050, no mundo.

Junto com os efeitos do aquecimento global, o homem está esgotando os recursos naturais, tornando a crise ambiental a pior de todas.

Consumo de energia

A energia é um grande problema.

O petróleo representa hoje 31% do consumo mundial da energia primária. Petróleo e gás natural somam 56% do consumo total de energia; petróleo, gás e carvão somam 83% do consumo mundial. Energia nuclear, 4%; hidrelétrica, 7%; e as demais fontes renováveis de energia, somente 6%.

Consumo de Energia	
Mundo	
2020	
Fonte de Energia	%
Petróleo	31
Carvão	27
Gás	25
Hidrelétrica	7
Nuclear	4
Outras fontes renováveis	6
TOTAL	100

Aumento do consumo de energia

Adicionalmente, o consumo de energia tem crescido significativamente no mundo, principalmente de petróleo, carvão e gás, fontes não renováveis de energia.

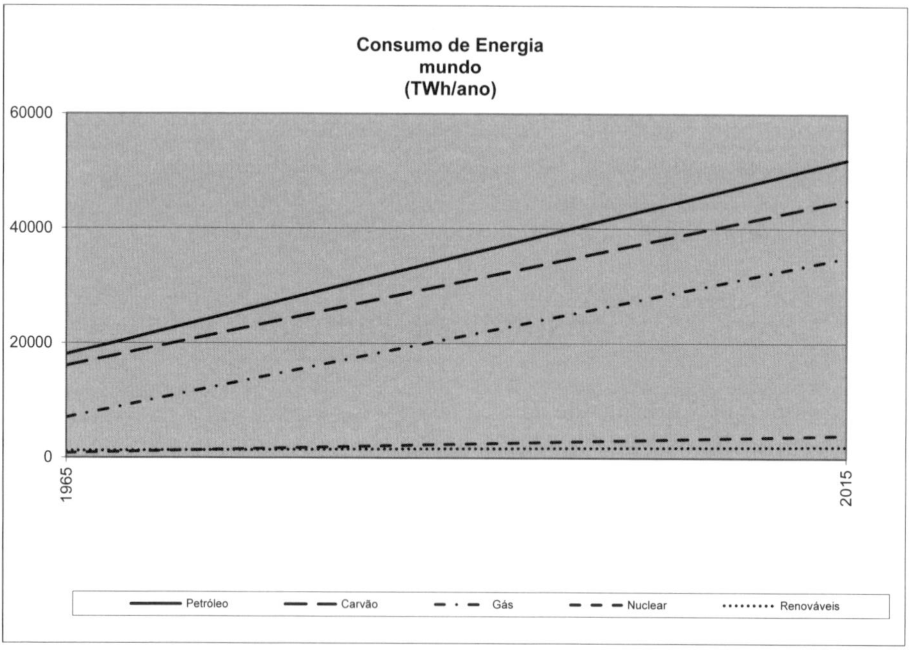

Os países que mais consomem petróleo são os Estados Unidos, com 18,9%; a China, 9,8%; o Japão, 4,4%; a Índia, 3,3%; e a Rússia, 3,1%.

Consumo de Petróleo	
País	%
Estados Unidos	18,9
China	9,8
Japão	4,4
Índia	3,3
Rússia	3,1
Alemanha	2,5
Brasil	2,3
Arábia Saudita	2,3
Canadá	2,2
Coreia do Sul	2,2

Reservas de petróleo e gás

As reservas mundiais comprovadas de petróleo e gás natural, hoje conhecidas e tecnicamente acessíveis, deverão durar cerca de 50 anos, daqui para a frente, se o consumo e a oferta permanecerem constantes. As reservas não comprovadas, que não são hoje técnica e economicamente acessíveis, mas possivelmente acessíveis no futuro próximo, a maiores preços, poderão acrescentar mais 100 anos de consumo, a valores quantitativos constantes de demanda e de oferta. No total, temos 150 anos de reservas comprovadas e não comprovadas, onde os preços certamente aumentarão. A pesquisa por energia limpa e renovável não atingiu ainda nível satisfatório para a produção massiva que supra o mercado mundial.

Desflorestamento

Como consequência da industrialização e urbanização, o desmatamento aumentou drasticamente no mundo. As florestas são essenciais para a reciclagem do CO_2 e renovação do ar, mantendo e protegendo as reservas de água.

No Brasil, a Floresta Amazônica, a maior reserva florestal do mundo, diminuiu em cerca de 13% de 1985 a 2018, de cerca de 390 milhões de hectares para 340 milhões de hectares.

Água

A água é um sério problema.

A demanda por água aumenta e a oferta diminui. A água é utilizada para a indústria, mineração, agricultura, limpeza pública, escritórios e residências. O uso global de água per capita aumentou drasticamente nos últimos cem anos, o que levará a uma quebra no abastecimento de água para o homem.

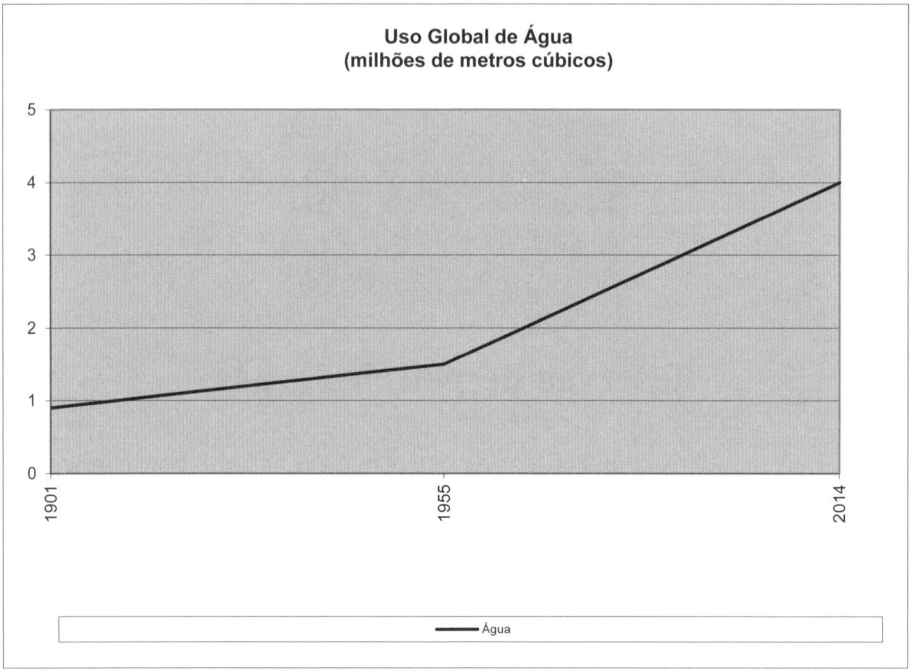

Dados para os Estados Unidos indicam que o consumo de água é de 57% para as residências, 29% para a indústria e comércio e 14% para o setor público.

Uso de Água	
Estados Unidos	
Setor	%
Residencial	57
Comercial / Industrial	29
Abastecimento público	14

No uso doméstico da água nos Estados Unidos e Canadá, 24% é para descarga, 20% para chuveiro, 19% nas torneiras, 17% para lavar roupas e 14% em vazamentos.

Uso de Água nas Residências	
Estados Unidos e Canadá	
Uso	%
Descarga	24
Chuveiro	20
Torneiras	19
Lava-roupa	17
Vazamentos	12

Overshoot Day

Em termos gerais, estamos consumindo mais do que deveríamos.

O "Earth Overshoot Day" para o ano de 2023 foi o dia 2 de agosto, o dia em que entramos em débito para com a Terra, tendo antecipado e consumido todos os recursos do ano.

O "Earth Overshoot Day", traduzido como "O Dia de Sobrecarga da Terra", é definido como "a data em que a humanidade esgotou o orçamento da natureza para o ano. Durante o resto do ano, mantemos nosso deficit ecológico, reduzindo os estoques de recursos locais e acumulando dióxido de carbono na atmosfera. Estamos operando em sobrecarga". Estamos tomando emprestado do futuro da natureza. Sempre que pegamos emprestado do futuro, pagamos juros, e os juros serão altos. Estamos tomando recursos emprestados da Terra sem ter como pagar no futuro. Equação ruim, o advento de um colapso.

Os homens agem racional e irracionalmente, tanto na economia como na natureza. Às vezes, lembramos a *Nau dos insensatos*, que navega por tormenta aberta no destino a não se chegar. Caminhamos sistematicamente para o desastre, que sabemos que vai acontecer, na determinação do inevitável e na autodestruição do que já obtivemos.

Paulo Paiva, em seu excelente artigo no livro *O Tempo*, "Virtude e conhecimento", diz que o "crescimento econômico não é destino das nações, tampouco obra da natureza ou do mercado". Em seu outro artigo "Brasil: liberta teu Prometeu", diz que "nos últimos 250 anos, o mundo experimentou um período de grande prosperidade, com a elevação contínua da renda per capita, indicador de crescimento econômico e de bem-estar. Receia-se que esse processo secular de expansão esteja com seus anos contatos". Sábias considerações.

A Teoria dos Jogos estuda as possibilidades de ações racionais e irracionais, com resultados racionais e irracionais. No Dilema do Prisioneiro da Teoria dos Jogos, dois prisioneiros têm que decidir se irão ou não cooperar entre si, tomando a decisão pelo melhor resultado coletivo em médio e longo prazo, ou assumindo a decisão individual de maior risco com melhor remuneração em curto prazo. A solução do Dilema dos Prisioneiros, já que o homem toma riscos, mas ao mesmo tempo é averso a riscos, é a decisão intermediária, que não resolve o problema de imediato, postergando a decisão para o futuro, na mitigação do meio termo.

Os atores econômicos deveriam manter ou diminuir o ritmo de produção para a menor poluição do planeta? A resposta é simples. Como os diferentes agentes econômicos se encontram em diferentes índices de capitalização, não se obtém o consenso coletivo de uma ação racional que beneficie a todos. A solução do Dilema do Prisioneiro, neste caso, é a de adotar uma atitude intermediária, que prejudique menos a natureza de imediato, mas que não resolve o problema. Que paradoxo! E assim caminha a humanidade.

Ainda não existe uma teoria consistente sobre o desenvolvimento econômico e suas consequências sobre o meio ambiente. Estamos ainda nos primórdios de uma formulação teórica mais concisa, assim como o Humanismo francês no Renascimento estava para as ciências sociais do século XIX. O ambientalismo humanista é o que temos hoje. Mas chegaremos a modelos melhores, com relações mais específicas, porque a proximidade do desastre é compulsória. Uma teoria em que o aquecimento global, o nível do mar, a escassez de terras, o esgotamento dos recursos naturais e a produção estejam relacionados. Correlacional, provavelmente. De possível utilidade em sua visualização.

A equação da ecologia

Na Teoria dos Jogos, os jogos podem ser "soma zero", quando um ganha e o outro perde; "soma +1", quando ambos os lados ganham; e "soma -1", quando todos perdem. Em uma equação figurativa aqui proposta:

$$\text{lucro - ecologia} = -1_{(\text{política guerra})},$$

no desastre andante que nos há de acolher.

Como corolário, podemos dizer que:

$$\lim_{(\text{politics war})} \Delta\,(\text{economia - ecologia}) = -1$$

Podemos então propor a seguinte equação hipotética como referência a ser desenvolvida:

$$\text{desordem ecológica} = c. \log \Delta (v_1, v_2, v_3..., v_n),$$

como na equação termodinâmica da entropia, onde a "desordem ecológica" é o *output*, "c" é uma constante ou função, seguida por provável equação logarítmica "log" como função de variáveis no tempo, v_1, v_2, v_3..., v_n, a serem determinadas, com as devidas condições de contorno, com o uso de Big Data e da Inteligência Artificial para a obtenção de dados e checagem de hipóteses e teorias.

Como uma equação logarítmica, pode ser que o desastre aterrisse em um certo patamar de destruição permanente, que permita a complicada sobrevivência de sociedades numericamente diminuídas, no exacerbo da ignomínia do possível.

A caixa de Pandora

Na mitologia grega, o titã Prometeu roubou o fogo de Zeus e o deu aos homens, para eles serem superiores aos outros aninais. Zeus, em retaliação, pediu a Hefesto, Deus do Fogo, e a Atena, Deusa da Sabedoria, para criar Pandora, dotada de beleza, graciosidade e curiosidade. Para se vingar dos homens, Zeus fez chegar à Pandora uma caixa onde estavam todos os males do mundo, como a guerra, a doença, a mentira e o ódio, mas também a esperança, com a recomendação de que ela nunca deveria ser aberta. Pandora abre a caixa, espalhando todos os males do mundo, fechando-a ainda com a esperança dentro. Pandora tenta destruir a caixa, mas ela tem um feitiço para não ser destruída. Triste, Pandora se suicida.

Os limites dos homens são complicados. O homem é um animal que compartilha a emoção com a razão. Quando a emoção se deteriora, surgindo a raiva, pode-se perder a razão por completo, no império do ódio. Que alguém reabra a caixa de Pandora, onde ainda se encontra a esperança, nas atitudes altruístas da humildade e do bem-querer, para que o homem sobreviva, hoje à beira do precipício.

◉ ◉ ◉

No Oriente Médio, o descalabro da Guerra Hamas–Israel. No Brasil, o Rio Solimões seca. Na Sibéria, "vírus zumbis" renascem após 50 mil anos, pelo degelo.

Qual situação nos encontramos!

19

Os blocos do futuro

O futuro próximo será caracterizado por dois movimentos simultâneos na história mundial. Primeiro, a tendência de ruptura das democracias após o recente fracasso dos partidos tradicionais conservadores e de esquerda na solução dos problemas sociais, com a radicalização e crescimento de movimentos antidemocráticos de direita. Segundo, as restrições e limitações que a crise ambiental irá impor aos países e economias, com a luta por recursos e tecnologia como movimento desesperado tangenciando a guerra.

As teorias sobre a democracia pressupunham três itens. Primeiro, os partidos representariam plenamente as classes e os grupos sociais. Segundo, a competição eleitoral selecionaria os melhores talentos da sociedade para o governo. Terceiro, a democracia levaria à redistribuição de renda, dada a mediação política de grupos e interesses sociais. Em verdade, todas as previsões falharam. Como sabemos, o World Inequality Report – WIR mostra que, nos últimos quarenta anos, tanto nos Estados Unidos quanto no mundo, os 10% de renda mais alta nas sociedades aumentaram sua participação no PIB, ampliando a diferença em relação aos 50% de renda mais baixa, em todos os países. Adicionalmente, Piketty sugeriu que a remuneração do capital financeiro, em média, tem sido maior do que a remuneração do capital produtivo nas sociedades modernas. O Idea Global State of Democracy – IDEA mostra uma deterioração significativa nos indicadores democráticos em vários países, incluindo os Estados Unidos e países da Europa. A guerra comercial mundial prejudica a estabilidade política entre a China e os Estados Unidos. O relatório da NASA sobre as mudanças climáticas e o aquecimento global sugere problemas e restrições significativas ao crescimento econômico no futuro próximo. O relatório sobre os gastos militares – UNODA mostra o crescimento dos gastos com armamentos nos países. E o World Migration Report – IOM indica a migração como um fator desestabilizador.

Energia, armamentos e economia são os fatores-chave para a compreensão do mundo de hoje. O aquecimento global, o aumento do nível do mar e a escassez de recursos naturais são os fatores perturbadores do mundo do amanhã. Juntos, eles formam os indicadores do novo paradigma.

São três os pontos a serem considerados. Primeiro, quais são e onde estão os ativos valiosos do mundo hoje, como capital estratégico. Segundo, quais são os armamentos que os países possuem e dos quais podem fazer uso no controle do mundo e dos países. Terceiro, quais são as afinidades políticas, culturais e econômicas que aproximam e podem levar os países à tendência de atuar ou não em conjunto, a configuração geopolítica, cultural e patrimonial do novo mundo.

Em termos gerais, a China deverá liderar o primeiro e mais importante bloco de países do futuro próximo, a partir do eixo asiático, estendendo seu poder e sua influência sobre países como Tailândia, Malásia, Coreia do Sul, Vietnã, Indonésia e outros. São países comercialmente orientados entre si e com forte coesão social interna, o que possibilita a atitude política necessária para melhor enfrentar as demandas inéditas de um mundo em deterioração.

O segundo bloco será liderado pelos Estados Unidos. Será um bloco mercantil, mas deteriorado em sua ideologia, de menor coesão social interna para enfrentar os imprevisíveis problemas e demandas, composto por Estados Unidos, Inglaterra, Canadá, Austrália, Nova Zelândia, Israel e outros. No jogo da supremacia em relação à China, o bloco poderá vir a ameaçar o mundo continuamente, com jogos de guerra que podem se transformar em guerras reais.

O terceiro bloco estará ligado à Rússia, com características expansionistas, o bloco da autocracia e da burocracia, com altos níveis de conquistas militares e eficiência econômica em certos nichos, incluindo parte dos países da anterior União Soviética. Um *player* que estará jogando a política mundial de forma estratégica, como se fosse um tabuleiro de xadrez, com muita determinação, em situações extremas.

O quarto bloco é a Europa, ou a União Europeia e seu entorno. Um grande mercado com pouco poder político, tão diferentes que são os países que nela convivem, com um passivo histórico de guerras entre si e poucos recursos naturais. A União Europeia é um desenvolvimento político tardio na história mundial, dados os desafios ambientais sem precedentes que terá de enfrentar. À medida que possa obter maior coesão, principalmente devido a ameaças externas, poderá desenvolver níveis mais efetivos de coordenação estratégica e militar, sempre menos efetiva do que os blocos norte-americano, chinês e russo. A Alemanha, juntamente com a elite francesa, tentará superar os seus problemas.

O quinto bloco é o dos países escandinavos, como países moderados, orbitando em torno da União Europeia, com poucas chances de formarem um bloco independente por motivos geopolíticos e pelo tamanho de suas economias. O menor alinhamento, alto grau de tecnologia, e economia favorecem o bloco no jogo da sobrevivência.

O sexto bloco é o dos países islâmicos do Oriente Médio e norte da África. Os países islâmicos compartilham valores comuns, mas são diferentes em economia e riqueza. Os países petrolíferos, da OPEP, tenderão a formar uma associação, já cada vez mais forte, devido aos seus interesses e lucros, expressos no recente acordo entre Israel e os Emirados Árabes, agora pendente da Guerra Hamas–Israel. Os países de menor renda do Oriente Médio e norte da África, não produtores de petróleo, estarão orbitando os países produtores de petróleo, sem muita alternativa.

O sétimo bloco é o Japão, que tenderá a manter a si mesmo, com relativas áreas de influência, em um sistema autoisolado. O Japão obterá maior poderio militar, paulatinamente, como medida defensiva de possíveis ataques externos.

O oitavo bloco terá a Índia como centro, com crescimento econômico e imersa em sua própria cultura, relativamente acoplada à China, com limitações pela desigualdade econômica.

O nono bloco são os países da América Latina, orbitando politicamente os Estados Unidos, e no comércio, com a Europa e a China. A América Latina perdeu o *timing* do desenvolvimento econômico e tecnológico da última década, resultando na "balcanização" de sua economia, com exceção de algumas ilhas de excelência, como o agronegócio no Brasil e na Argentina, commodities, setor financeiro e alguns nichos industriais, como a Embraer, no Brasil, e outros.

O décimo bloco é formado pelos países da África Subsaariana. De formação tardia no cenário mundial, enfrentarão dificuldades de médio e longo prazo no comércio e na tecnologia devido às condições do menor crescimento que a crise ecológica impõe. O bloco orbitará politicamente a Europa, com relações comerciais abertas com a China, países do Oriente Médio, norte da África, Índia e outras possíveis alternativas.

A crise ambiental acirra a crise política entre os blocos. A sequência do mundo seria diferente se não fosse por isso. Os blocos estarão se enfrentando perigosamente em busca de suas próprias soluções e colocando a paz mundial em risco. É um desfecho muito diferente do prognosticado em *O fim da história e o último homem*, de Fukuyama, em que a globalização por meio de princípios liberais viria a estabilizar o mundo.

Na verdade, estamos mais próximos do descrito por Samuel Huntington em *O Choque das Civilizações*, um dos mais significativos livros para se entender o mundo de hoje, que sugere nove diferentes civilizações que se chocarão: a ocidental, a ortodoxa, a islâmica, a budista, a hindu, a africana, a latino-americana, a chinesa e a japonesa.

Ronald Inglehart, no *World Value Surveys*, apresenta contribuição genuína no entendimento da cultura e dos valores dos diferentes blocos, que ele classifica como os do Países de Língua Inglesa, Europa Católica, Europa Protestante, Ortodoxa, Região Báltica, América Latina, Confucionista, Sul da Ásia e Afro-Islâmica.

Os maiores países

Os maiores países em extensão territorial do mundo são a Rússia, o Canadá, a China, os Estados Unidos, o Brasil, a Austrália, a União Europeia e a Índia, totalizando 45% do total de terras.

	País	Área dos Países (km²)	Área Terrestre %
1	Rússia	17.098.242	11,0
2	Canadá	9.984.670	6,1
3	China	9.706.961	6,1
4	Estados Unidos	9.372.610	6,1
5	Brasil	8.515.767	5,6
6	Austrália	7.692.024	5,2
7	União Europeia	4.422.773	3,0
8	Índia	3.287.590	2,0
9	Argentina	2.780.400	1,8
10	Cazaquistão	2.724.900	1,8

Petróleo

O petróleo é o fator-chave do mundo de hoje.

Se considerarmos as quinze maiores reservas de petróleo existentes, o Oriente Médio e o norte da África somam 50% das reservas mundiais, constituindo o núcleo do futuro bloco pan-islâmico, já indicado como consequência da Guerra Hamas–Israel.

	Reservas de Petróleo 2016		
	Países	Barris	%
1	Venezuela	299.953.000.000	18,2
2	Arábia Saudita	266.578.000.000	16,2
3	Canadá	170.863.000.000	10,4
4	Irã	157.530.000.000	9,5
5	Iraque	143.069.000.000	8,7
6	Kuwait	101.500.000.000	6,1
7	Emirados Árabes	97.800.000.000	5,9
8	Rússia	80.000.000.000	4,8
9	Líbia	48.363.000.000	2,9
10	Nigéria	37.070.000.000	2,2
11	Estados Unidos	35.230.000.000	2,1
12	Cazaquistão	30.000.000.000	1,8
13	Qatar	25.244.000.000	1,5
14	China	25.132.122.000	1,5
15	Brasil	16.184.100.000	1,0

Reservas de Petróleo 2016	
Regiões e Países	%
Oriente Médio e Norte da África	50,8
Venezuela	18,2
Canadá	10,4
Rússia	4,8
Nigéria	2,2
Estados Unidos	2,1
Cazaquistão	1,8
China	1,5
Brasil	1,0

A OPEP soma 71% das reservas mundiais de petróleo, seguida pelos Estados Unidos e Rússia e de suas áreas de influência, seguidos pela China e Brasil, e agora, recentemente, a Guiana.

Reservas de Petróleo 2016	
OPEP e Países	%
OPEP	71,2
Estados Unidos e Canadá	12,5
Rússia e Cazaquistão	6,6
China	1,5
Brasil	1,0

A Venezuela, como país politicamente frágil e isolado, representa 18% das reservas de petróleo do mundo, a maior reserva mundial em um país. Juntamente com a Amazônia, a Venezuela e o Brasil, é um ponto de importância estratégica na política mundial do futuro próximo.

A América Latina, entretanto, carece de unidade econômica e política, com pouca percepção de suas elites do jogo estratégico internacional, sem aproveitar suas oportunidades, e correndo o risco de intervenções futuras relativas ao petróleo e ao meio ambiente.

Água

O Brasil apresenta cerca de 15% do total de recursos hídricos renováveis do mundo, e juntamente com a Rússia, os Estados Unidos, o Canadá e a China, somam 39% dos recursos hídricos renováveis existentes. A União Europeia tem somente cerca de 3% dos recursos mundiais.

Recursos Hídricos Renováveis 2019			
	País	(km^3)	%
1	Brasil	8.600	15,3
2	Rússia	4.500	8,0
3	Estados Unidos	3.100	5,5
4	Canadá	2.900	5,2
5	China	2.800	5,0
6	Colômbia	2.400	4,3
7	Indonésia	2.000	3,6
8	Índia	1.900	3,4

⇨

Recursos Hídricos Renováveis 2019			
	País	(km^3)	%
9	Peru	1.900	3,4
10	União Europeia	1.700	3,0
11	Congo	1.300	2,3
12	Uganda	1.233	2,2
13	Bangladesh	1.227	2,2
14	Mianmar	1.168	2,1
15	Nigéria	950	1,7

Terras agricultáveis

Terras Cultivadas 2011 - (*Índia e Estados Unidos 2020 - Argentina 2016*)				
	País	km^2	(hectares)	%
1	Índia	1.765.260	176.526.000	10,2
2	Estados Unidos	1.681.826	168.182.600	9,8
3	Rússia	1.265.267	126.526.700	7,3
4	China	1.238.013	123.801.300	7,2
5	Brasil	800.485	80.048.500	4,6
6	Canadá	519.205	51.920.500	3,0
7	Austrália	487.695	48.769.500	2,8
8	Indonésia	478.055	47.805.500	2,8
9	Nigéria	412.938	41.293.800	2,4
10	Argentina	397.598	39.759.800	2,3
11	Ucrânia	347.673	34.767.300	2,0
12	Sudão	296.289	29.628.900	1,7
13	México	259.301	25.930.100	1,5
14	Cazaquistão	242.516	24.251.600	1,4
15	Turquia	240.553	24.055.300	1,4

No total de terras cultivadas no mundo, a Índia, os Estados Unidos, a Rússia, a China e o Brasil somam 39% da área total de terras sendo utilizadas na agricultura. Os dez primeiros países somam 52% do total das terras sendo utilizadas na agricultura.

Florestas

Em relação às florestas, a Rússia, o Brasil, o Canadá, os Estados Unidos e a China detêm 54% do total de áreas com florestas do mundo. Os dez primeiros países somam 66%.

Área Total com Florestas 2020				
	País	km²	(hectares)	%
1	Rússia	8.153.120	815.312.000	20,1
2	Brasil	4.966.200	496.620.000	12,3
3	Canadá	3.469.280	346.928.000	8,6
4	Estados Unidos	3.097.950	309.795.000	7,6
5	China	2.199.780	219.978.000	5,4
6	Austrália	1.340.050	134.005.000	3,3
7	Congo	1.261.550	126.155.000	3,1
8	Indonésia	921.330	92.133.000	2,3
9	Peru	723.300	72.330.000	1,8
10	Índia	721.600	72.160.000	1,8
11	Angola	666.070	66.607.000	1,6
12	México	656.920	65.692.000	1,6
13	Colômbia	591.420	59.142.000	1,5
14	Bolívia	508.340	50.834.000	1,3
15	Venezuela	462.310	46.231.000	1,1

A Floresta Amazônica, com cerca de 60% de sua extensão no Brasil, é a maior reserva florestal do mundo. A Floresta Amazônica é compartilhada por nove países, o Brasil, a Colômbia, o Peru, a Bolívia, o Equador, a Venezuela, a Guiana, o Suriname e a Guiana Francesa, que faz parte da França.

A Floresta Amazônica conta com importantes reservas minerais e 25% da biodiversidade global, respondendo hoje por 5% da absorção do total anual de emissões de CO_2 no mundo, vital para o equilíbrio do planeta.

A Pesquisa Mundial CNT–Sensus de 2001, em 22 países, mostra que 69% da população mundial apoia a preservação da Amazônia por meio de contribuições internacionais, somente 21% atribuindo ao Brasil a responsabilidade única da preservação da Amazônia. Essa é a opinião aferida em todos os países, exceto no Brasil, dando suporte na opinião pública mundial para futuras formas de intervenção internacional em caso de não haver consenso sobre as políticas a serem adotadas para a região, na política dos extremos que há de ocorrer.

Maiores Florestas do Mundo 2018				
	Floresta	Continente	País (maior parte)	Km²
1	Amazônia	América do Sul	Brasil	5.957.000
2	Congo	África	Congo	2.023.435
3	Valdivia	América do Sul	Andes Chilenos	248.122
4	Tongass	América do Norte	Alasca	68.060
5	Sundarbans	Ásia	Índia	10.000
6	Xishuangbanna	Ásia	China	2.401
7	Daintree	Austrália	Austrália	1.199
8	Kinabalu	Ásia	Malásia	754
9	Mindo-Nambillo	América do Sul	Andes Peruanos	192
10	Simharaja	Ásia	Sri Lanka	88

Armas nucleares

Os armamentos convencionais e nucleares, juntamente com o petróleo e a economia, são a base do domínio político e econômico no mundo de hoje.

Nove países têm armas nucleares.

A Rússia e os Estados Unidos lideram em número de ogivas nucleares, seguidos pela China, França e Inglaterra.

Na Europa Continental, a França detém número significativo de ogivas nucleares, mas seu poder político e militar é difuso na União Europeia, tendo a Alemanha, sem arsenal atômico, como a principal economia e os demais países como moderadores.

A Índia e o Paquistão representam uma ameaça regional à paz no mundo devido à disputa relacionada à Caxemira, região com água e recursos minerais significativos.

Israel detém armas nucleares para a estratégia de sobrevivência, no equilíbrio instável do Oriente Médio.

A Coreia do Norte detém armas nucleares para defesa e como estratégia de moeda de troca.

Mundo ameaçador, em equilíbrio instável.

Ogivas Nucleares 2021		
	País	Total
1	Rússia	5.889
2	Estados Unidos	5.244
3	China	410
4	França	290
5	Inglaterra	225
6	Paquistão	170
7	Índia	164
8	Israel	90
9	Coreia do Norte	30

Corrida espacial

Na corrida espacial, os Estados Unidos, a Rússia e a China são os países que desenvolveram tecnologia própria, com o envio do homem ao espaço.

Os Estados Unidos, a China e a Rússia lideram em número de satélites militares em órbita, mostrando supremacia.

Os Estados Unidos e a China são os países que pretendem explorar o planeta Marte em futuro próximo.

Adicionalmente, nos Estados Unidos, a exploração do espaço por empresas privadas torna-se realidade com o SpaceX, o Blue Origin e a Virgin Galactic.

Número de Satélites Militares 2024		
	País	Total
1	Estados Unidos	239
2	China	140
3	Rússia	105
4	França	18
5	Itália	13
6	Israel	11
7	Índia	9
8	Alemanha	7
9	Inglaterra	6
10	Espanha	6

Desigualdade

A desigualdade econômica no mundo parece ser crônica.

De acordo com o World Inequality Report – WIR, de 1820 a 2020, no percurso da industrialização e do capitalismo moderno, a participação no PIB mundial cresceu de 50% para 55% para os 10% do grupo de renda mais alta, e caiu de 14% para 7% para os 50% do grupo de renda mais baixa, com variações ao longo do período.

De 1980 a 2016, o 1% mais alto da distribuição de renda passou de 16% para 20% de participação do PIB, enquanto os 50% mais baixos variaram de 8% para 10%, com as classes médias sendo espremidas.

A desigualdade econômica contínua e o aumento da diferença entre os mais ricos e mais pobres levam ao aumento das tensões políticas, campo fértil para movimentos radicais de direita e desestabilização das democracias.

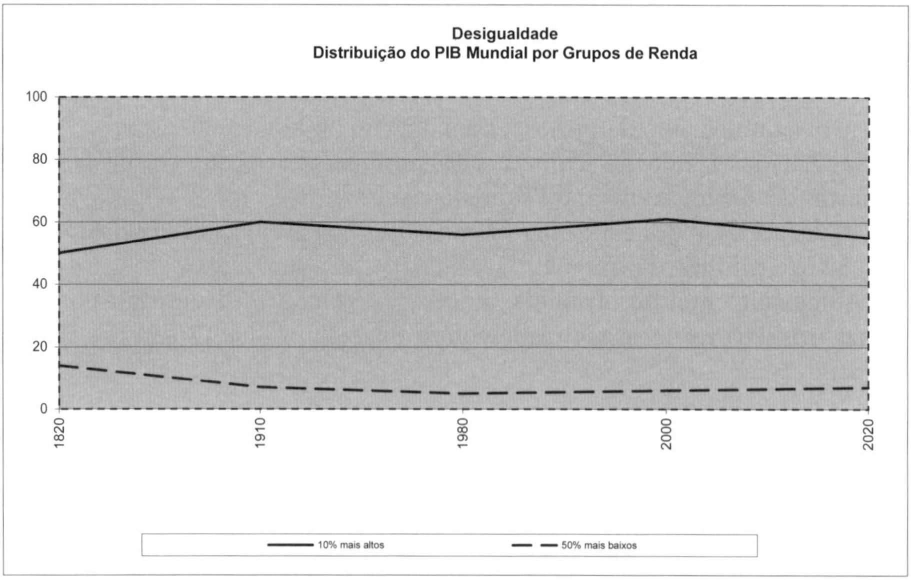

	Desigualdade I Distribuição do PIB Mundial por Grupos de Renda				
Grupos de Renda	1820	1910	1980	2000	2020
10% mais altos	50	60	56	61	55
50% mais baixos	14	7	5	6	7

	Desigualdade II	
	Distribuição do PIB Mundial por Grupos de Renda	
Grupos de Renda	1980	2016
1% mais altos	16	20
50% mais baixos	8	10

Democracia

As democracias vão sendo atingidas. O fracasso dos sistemas representativos em resolver os problemas da população levou a uma polarização radical nas sociedades.

A democracia, no formato que conhecemos hoje, não vai durar para sempre.

Tivemos duas *democracias* na história até hoje, com as características distintas de seus tempos, na Grécia, do século V a.C. ao século III a.C., e as recentes democracias britânica e norte-americana, do final do século XVIII até hoje, acompanhadas por outros países, como o Canadá, os Países Nórdicos e outros.

A democracia é um pacto entre grupos sociais opostos segundo a manutenção de algum status quo econômico para as elites e concessões de benefícios para a base da sociedade, com rotatividade na administração e no poder político, pacto este que depende de sua contínua validação no dia a dia. Para dar certo, depende do bom funcionamento da economia e de seus instrumentos redistributivos, limitada hoje que será pela crise ambiental.

O relatório da The Global State of Democracy – IDEA de 2022, afirma que "metade dos governos democráticos em todo o mundo está em declínio, prejudicados por problemas que vão desde restrições à liberdade de expressão até desconfiança na legitimidade das eleições".

Hoje podemos ver a ascensão de governos e de tendências de direita, como Victor Orban na Hungria, o episódio com Trump nos Estados Unidos, a mais antiga e sólida democracia do mundo moderno, o episódio com Bolsonaro no Brasil e a eleição de Milei na Argentina, dentre outros.

Em vários países, crescem as manifestações de extrema direita para a obtenção do poder, na quebra da ordem institucional para a apropriação do bem social.

Internet

A internet é uma solução e um problema no mundo recente. Solução porque integra a comunicação e as atividades sociais; problema porque pode ser utilizada para desfazer o bom senso e a verdade por meio de fake news.

Toda vez que surge um novo meio de comunicação na sociedade, muitos acham que os meios de comunicação anteriores tendem a desaparecer. Foi assim com a imprensa, o rádio, a TV. Mas, em verdade, os meios de comunicação se reciclam e seguem na sequência social.

O uso da internet cresce exponencialmente.

De 2010 a 2021, o percentual de usuários da internet no mundo passou de 29,3% para 51,4% da população mundial. Nos Estados Unidos, de 71,7% para 88,5%; na China, de 34,3% para 54,3%; na Rússia, de 43% para 92,6%. Em 2021, o uso de internet chega a 88,1% na Alemanha, 92,5% na Inglaterra, 98% na Noruega, 92,7% no Japão, 73,9% no Brasil e 99,2% nos Emirados Árabes.

	Nações Unidas		
	% da População com Internet		
	2010	2015	2021
Mundo	29,3	41,1	51,4
Estados Unidos	71,7	74,6	88,5
China	34,3	50,3	54,3
Rússia	43,0	70,1	82,6
Alemanha	82,0	87,6	88,1
Inglaterra	85,0	92,0	92,5
França	77,3	78,0	83,3
Itália	53,7	58,1	74,4
Espanha	65,8	78,7	90,7
Portugal	53,3	68,6	75,3
Suécia	90,0	90,6	94,5
Dinamarca	88,7	96,3	98,0
Noruega	93,4	96,8	98,0

⇨

	Nações Unidas		
	% da População com Internet		
	2010	2015	2021
Japão	78,2	91,1	92,7
Coreia do Sul	83,7	89,9	96,2
Índia	7,5	17,0	20,1
Austrália	76,0	84,6	86,5
Brasil	40,6	58,3	73,9
México	31,0	57,4	70,1
Argentina	45,0	68,0	74,3
Arábia Saudita	41,0	69,6	95,7
Israel	67,5	77,4	86,8
Emirados Árabes	68,0	90,5	99,2
Nigéria	11,5	36,0	7,5
África do Sul	24,0	51,9	56,2
Angola	2,0	12,4	14,3

O uso da internet tem sido de importância significativa em campanhas políticas, com a difamação de candidatos e governos por meio do discurso de ódio e das fake news.

Como diz Umberto Eco, "As redes sociais deram o direito à palavra a legiões de imbecis que, antes, só falavam nos bares, após um copo de vinho, e não causavam nenhum mal para a coletividade. É a invasão dos imbecis". Certamente é uma *caricatura*, mas pertinente.

O uso de fake news tem que ser visto sob dois ângulos. Primeiro, os efeitos da difamação podem influir em processos políticos. Como se sabe, é muito mais facial destruir do que construir. Segundo, a sociedade pode criar "vacinas" contra as fake news, ou mesmo fake news opostas podem tender a se autoanular. Em pesquisa nacional da Sensus, foi detectado que somente 14% do eleitorado decide o seu voto estritamente por meio de redes sociais. O interessante é que os referidos 14% já haviam previamente definido o seu voto, ou seja, os grupos de internet passam a ser autocontidos e redundantes em seus próprios argumentos, sem gerar valor adicional. Bolsonaro, por exemplo, atribuiu a sua eleição em 2018 ao uso da internet, embora em verdade tenha sido eleito como alternativa de *3ª via* com o desgaste do PT e do PSDB. Nas eleições de 2022, embora fazendo uso da internet de modo similar à 2018, Bolsonaro perdeu as eleições. Ao final, o voto foi definido em ambas as eleições pela economia e percepções políticas. A ideologia continua a ser um fator fundamental em processos eleitorais.

De qualquer forma, o uso da internet deve ser normatizado, assim como ocorreu com outros meios de comunicação anteriores. Nos Estados Unidos, o Congresso norte-americano promoveu recentemente audiência sobre internet e sua interface com a política junto a empresas de internet e mídia representativas no país. No Brasil, o Supremo Tribunal Federal realiza investigação sobre as fake news nas eleições presidenciais de 2022, com a hipótese de que poderiam ter sido originadas mesmo de dentro do próprio governo durante a campanha.

Os efeitos da internet são mais positivos do que negativos. A internet integrou as comunidades mediáticas em sociedades mediáticas, o equivalente ao processo da passagem da *Gemeinschaft*, da "comunidade", para o *Gesellschaft*, para a "sociedade", tão bem descrito nos trabalhos de Ferdinand Tönnies e de outros autores. Há a necessidade de algum tempo para que as pessoas possam se adaptar e tudo se normalizar. A internet faz parte, hoje, do mundo. Deve-se proceder, entretanto, a sua regulamentação. A análise da Suprema Corte dos Estados Unidos sobre a utilização de algoritmos na seleção e indicação de matérias por meio da internet é indicativa da tendência da regulamentação.

A inteligência artificial deve ser vista.

Imigração

A imigração em larga escala é hoje um fator de preocupação econômica e de desestabilização política para os países. O movimento imigratório hoje difere do movimento imigratório ocorrido nos períodos da Primeira Guerra e da Segunda Guerra, quando trabalhadores qualificados da Europa Ocidental e Oriental se dirigiram às Américas, onde foram bem recebidos em um mercado de trabalho crescente. Hoje, o processo imigratório significa a fuga de trabalhadores da pobreza em seus países na busca por melhores condições de vida em países e mercados de trabalho onde geralmente não se qualificam.

No mundo, de 2010 a 2021, o percentual de imigrantes passou de 3,2% para 3,6% da população mundial. Em geral, os Estados Unidos e a Europa são os países de destino em imigração crescente, chegando hoje os Estados

Unidos ao índice de 15,3% de imigrantes em sua população total; Alemanha, 18,8%; Inglaterra, 13,8%; Suécia, 19,8%; e Austrália, 30,1%.

Os países asiáticos apresentam baixos índices de percentual de imigrantes devido a dificuldades linguísticas e político-culturais, como a China, com 0,1%; Japão, com 2,2%; e Coreia do Sul, com 3,4%.

Nos países produtores de petróleo do Oriente Médio, os índices de percentual de imigrantes são significativamente altos devido à política de importação de mão de obra para a produção, principalmente entre os países islâmicos menos favorecidos; a Arábia Saudita, com 38,6%, e os Emirados Árabes, chegando a 88,1%.

Na América Latina, os índices são significativamente baixos, pela menor atratividade econômica dos países; o Brasil com 0,4% e México com 0,9%.

	Nações Unidas		
	% de Imigrantes na População		
	2010	2015	2021
Mundo	3,2	3,4	3,6
Estados Unidos	14,3	15,0	15,3
China	0,1	0,1	0,1
Rússia	7,8	8,0	8,0
Europa Ocidental	6,5	6,7	7,1
Alemanha	12,1	12,5	18,8
Inglaterra	11,2	12,8	13,8
França	11,6	12,2	13,1
Itália	9,8	9,6	10,6
Espanha	13,4	12,6	14,6
Portugal	7,2	8,3	9,8
Suécia	14,2	16,4	19,8
Dinamarca	9,0	10,5	12,4
Noruega	10,7	14,4	15,7

⇨

	Nações Unidas		
	% de Imigrantes na População		
	2010	2015	2021
Japão	1,7	1,7	2,2
Coreia do Sul	1,9	2,7	3,4
Índia	0,5	0,4	0,4
Austrália	26,6	28,1	30,1
Brasil	0,3	0,3	0,4
México	0,8	0,8	0,9
Argentina	4,4	4,8	5,0
Arábia Saudita	30,7	34,0	38,6
Israel	26,6	25,2	22,6
Emirados Árabes	85,6	86,3	88,1
Nigéria	0,6	0,7	0,6
África do Sul	4,1	5,8	4,8
Angola	1,4	2,3	2,0

O futuro a quem pertence

No jogo do desespero, serão formadas solidariedades regionais em detrimento da globalização. A troca de mercadorias continuará, mas politicamente orientada no jogo estratégico da competição e sobrevivência dos blocos. Quanto maior a abundância de recursos, maior a globalização do comércio internacional. Quanto menor a quantidade de recursos, mais se destaca a importância política das negociações. A abundância leva ao mercado e à globalização. A escassez leva à negociação política e ao caos.

A semente de uma civilização é também o germe de sua morte. O problema dos Estados Unidos é o que o fez, o mercado, na abundância de recursos, compelido agora à racionalidade coletiva pela limitação ecológica. Na ultrapassagem da China sobre os Estados Unidos, os dois blocos se confrontarão, com perigo de guerra. Nas provocações recíprocas, o erro de cálculo é o gatilho do desastre.

O século XX foi dos Estados Unidos com o mercado. O século XXI, da China com a coesão social. Weber teve a Rússia em mente quando escreveu sobre o patrimonialismo. Talvez o século XXII seja da Rússia, com a sobrevivência pela burocracia, no resto do que restou.

◎ ◎ ◎

O importante para o homem é identificar os problemas e tentar obter soluções.

Há pouco espaço para erros.

20

A antiga questão: O que fazer?

O homem tem escolhas dentro de uma matriz de possibilidades.

O planeta é limitado, e soluções devem ser dadas. Talvez nos extremos, os homens possam fazer melhores escolhas, mas sofridas. É uma questão de sobrevivência.

Os recursos econômicos são limitados, e a crise ambiental leva à ruptura das cadeias produtivas e sociais. A falha no meio ambiente desequilibra a lei da demanda e da oferta.

O mundo é indefinido, está em constante mudança. Como Marshall Berman escreveu em seu livro, "Tudo o que é sólido se desmancha no ar". Não há respostas certas em um mundo em mudanças e incompreensões recíprocas nas relações humanas, que gastam o tempo do amanhã.

A solução é se organizar, não em partidos políticos, que fracassaram, mas em interesses e objetivos definidos, com base técnica e científica, em uma negociação de custo-benefício entre os diversos grupos sociais. A única coisa a ser feita é se organizar. Não a organização para o conflito e destruição; desta já tivemos as soluções do inútil. Mas a negociação do tecnicamente possível. É hora da virtude dos indivíduos sobre o livre-arbítrio da individualidade, na coletividade para a solução. As sociedades precisam se organizar.

Uma sociedade mais tecnológica e com poucas pessoas só sobrevive se houver um acordo, um contrato social entre as partes. Nunca o contrato social de Rousseau foi tão necessário à humanidade. Temos que escolher entre a virtude do moderado ou a escuridão da atual modernidade, destrutiva do amanhã.

Na vida, precisamos estar no lugar certo, na hora certa, com determinação, eficiência e sorte. A sorte se apresenta a cada momento como uma possibilidade e deve ser almejada quando aparece, não desprezada. Como diz Stephen Hawking, "Deus não apenas joga dados, mas às vezes os joga onde não podem ser vistos". Incerteza é isso, dentro de uma matriz de possibilidades. Portanto, precisamos fazer nossa parte, esperando que a sorte e a bênção de Deus nos ajude.

A questão da infinitude do universo ainda permanece. Mas os homens devem limitar o alcance de seus erros.

Tão frágil é a história, mas tão forte é a vontade dos homens.

"*And I think to myself, what a wonderful world.*"

Essa é a esperança.

Epílogo

Em guerras, os homens são tomados por ódio e arrogância. Calculam mal o que fazer. Esquecem-se do que realmente são. Como o imperador de Roma ao chegar de guerras e conquistas em uma carruagem com um escravo dizendo em seus ouvidos "lembra-te que és mortal".

Os homens têm dificuldade em aprender com seus erros. A guerra se repete ao longo dos séculos, o que impede o amanhecer do amanhã.

Toda glória é efêmera.

Referências Bibliográficas

Epígrafe

Música

HUPFELD, Herman. As Time Goes By. Estados Unidos, 1931.

Introdução

Livro

HERDER, Johann. *Outlines of a Philosophy of the History of Man*. Hardpress, 2019.

Música

LENNON, John. "Give Peace a Chance". Montreal, 1969.

Capítulo I — O pensamento humano

Livros

ARISTOTLE. *Politics*. Cambridge: Hackett Publishing Company, 1998.

ARISTOTLE. *The Metaphysics*. North Charleston: CreateSpace Independent Publishing Platform, 2012.

ARISTOTLE. *Physics*. Nebraska: University of Nebraska Press, 1961.

BACON, Francis. *The Essays*. Londres: Penguin, 1985.

BACON, Francis. *The New Atlantis*. Londres: Dodo Press, 2006.

BARBER, Bernard. *The Sociology of Science*. Nova York: The Free Press, 1952.

BEN-DAVID, Joseph. *Centers of Learning*. Nova York: McGraw-Hill, 1977.

BERNAL, John, *Science in History* (The Emergence of Science), volume 1. Londres: Penguin Books, 1970.

BLACKETT, PMS. *The Science of Science.* Londres: Penguin Books, 1964.

BOHR, Niels. *The Theory of Spectra and Atomic Constitution: three Essays.* Cambridge: Cambridge University Press, 1922.

CLAUSEWITZ, Carl von. *On War.* Princeton University Press, 1989.

COMTE, August. *A General View of Positivism.* Cambridge: Cambridge University Press, 2009.

CRANE, Diana. *Invisible Colleges: Diffusion of Knowledge in Scientific Communities.* Chicago: Chicago University Press, 1972.

DESCARTES, Rene. *Discourse on Method.* Indianapolis: Hackett Publishing Company, 1999.

DEUTSCH, Karl. *The Nerves of Government: Models of Political Communication and Control.* Londres: Free Press, 1965.

DIAMOND, Jared. *Guns, Germs, and Steel. The Fates of Human Societies.* Nova York: WW Norton & Company, 1999.

DURKHEIM, Emile. *The Division of Labor in Society.* Nova York: The Free Press, 1947.

DURKHEIM, Emile. *Suicide: a Study in Sociology.* Nova York: The Free Press, 1951.

ELIAS, Norbert. *The Sciences: towards a Theory*, in Whitley, Richard, *Social Processes of Scientific Development.* Londres: Routledge & Kegan Paul, 1974.

EINSTEIN, Albert. *The Evolution of Physics: The Growth of Ideas from Early Concepts to Relativity and Quanta.* Cambridge: Cambridge University Press, 1938.

FREUD, Sigmund. *The Interpretation of Dreams.* London: The Macmillan Company, 1913.

GALILEI, Galileo. *Dialogue Concerning the Two Chief World Systems.* Nova York: Modern Library, 2001.

GALILEI, Galileo. *Two New Sciences: Including Centers of Gravity and Force of Percussion.* Toronto: Wall & Emerson, 1989.

GOLDSMITH, Maurice. *The Science of Science.* Londres: Pelican Books, 1964.

HEGEL, Georg. *Science of Logic.* Cambridge: Cambridge University Press, 2010.

HAGSTROM, WO. *Sociology of Science.* Londres: Penguin Books, 1972.

HAWKING, Stephen. *A brief history of time.* Bantam Books, 1998.

HEMPEL, Carl. *Philosophy of Natural Science*. Nova Jersey: Prentice-Hall, 1966.

HOBBES, Thomas. *Leviathan: or the Matter, Forme, and Power of a Commonwealth Ecclesiastical and Civil*, New Heaven: Yale University Press, 2010.

KANT, Immanuel. *Critique of Practical Reason*. Cambridge: Cambridge University Press, 2015.

KANT, Immanuel. *Critique of Pure Reason*. Cambridge: Cambridge University Press, 1999.

KUHN, Thomas. *The Structure of Scientific Revolution*. Chicago: University of Chicago Press, 1967.

LOCKE, John. *Two Treatises of Government*. Cambridge: Cambridge University Press, 1988.

MAQUIAVEL. O *Príncipe*. Rio de Janeiro: Editora Paz e Terra, 1996.

MARIAS, Julian. *Historia de la Filosofia*. Madrid: Revista de Occidente, 1966.

MASON, Sthepen. *A History of the Sciences*. Nova York: Collier-Macmillan, 1975.

MARX, Karl. *Class Struggles in France 1848-1850*. Nova York: International Publishers, 1976.

MARX, Karl. *Capital*. Nova York: International Publishers, 1977.

MARX, Karl. Grundrisse. in MacLellan, David (editor). *Karl Marx: Selected Writing*s. Oxford: Oxford University Press, 1977.

MARX, Karl. Inaugural Address of the International Working Men's Association. in Fernbach, David (editor). *Karl Marx, the First International and After*. Nova York: Vintage Books, 1977.

MARX, Karl. *The Communist Manifesto*. Londres: Penguin Classics, 2002.

MARX, Karl. *The 18th Brumaire of Louis Bonaparte*. Nova York: International Publishers, 1977.

MARX, Karl, *The German Ideology*, in MacLellan, David (editor), *Karl Marx: Selected Writing*s. Oxford: Oxford University Press, 1977

MARX, Karl. The Holy Family. in MacLellan, David (editor). *Karl Marx: Selected Writing*s. Oxford: Oxford University Press, 1977.

MENDELSOHN, E. *The Social Production of Scientific Knowledge*. Netherlands: Reidel Publishing Company, 1977.

MERTON, Robert. *The Sociology of Science*. Chicago: The University of Chicago Press, 1974.

MILL, John Stuart. *On Liberty*. Nova York: Penguin Classics, 1985.

MONTESQUIEU, *Baron de. The Spirit of Laws*. Canadá: Batoche Books, 2001.

NEWTON, Isaac. *The Principia: Mathematical Principles of Natural Philosophy*. University of California Press, 1999.

PARSONS, Talcott. *On Intellectuals*. Nova York: Anchor Books, 1970.

POLANY, Michael. The Republic of Science: its Political and Economic Theory. in SHILS, Edward. *Criteria of Scientific Development*. Rio e Janeiro: Editora Minerva, 1962.

POPPER, Karl. *The Logic of Scientific Discovery*. Londres: Routledge, 2002.

POPPER, Karl. *The two Fundamental Problems of the Theory of Knowledge*. Londres: Routledge, 2009.

PRICE, Solla. *Little Science, Big Science*. Nova York: Columbia University Press, 1973.

PRZEWORSKI, Adam. *Capitalism and Social Democracy*. Cambridge: Cambridge University Press, 1985.

PRZEWORSKI, Adam. *Social Democracy as a Historical Phenomenon*. Chicago: The University of Chicago Press, 1979.

PRZEWORSKI, Adam. Material Bases of Consent: Economics and Politics in a Hegemonic System. in *Political Power and Social Theory*. Chicago: The University of Chicago Press, 1979.

RAPPORT, Samuel. *Physics*. Nova York: The New York University Press, 1973.

ROUSSEAU, Jean-Jacques. *The Social Contract*. Nova York: Penguin Books, 1968.

SALOMON, Jean-Jacques. *Science et Politique*. Paris: Edition du Seuil, 1970.

SCHRODINGER, Simon. *Our Image of Matter, in Physics*. Nova York: New York University Press, 1973.

SIMMEL, Georg. *Philosophie des Geldes*. München und Leipzig: Gemeinfrei, 1920.

SIMMEL, Georg. *The Philosophie of Money*. Londres: Routledge, 2004.

SCHWARTZMAN, Simon. *O Dom da Eterna Juventude*. Rio de Janeiro: Dados, 1971.

SMITH, Adam. *The Wealth of Nations*. Chicago: The University of Chicago Press, 1976.

SMITH, Henry. *From X Rays to Nuclear Fission*, in *Physics*. Nova York: New York University Press, 1973.

STINCHCOMBE, Arthur. *Constructing Social Theories*. Chicago: The University of Chicago Press, 1968.

STORER, Norman. *The Social System of Science*. Nova York: Holt, Richard & Winston, 1966.

SUN-TSU. *A Arte da Guerra*. São Paulo: Record, 2006.

TONNIES, Ferdinand. *Community and Civil Society*. Cambridge: Cambridge University Press, 2001.

TONNIES, Ferdinand. *Gemeinschaft und Gesellschaft*. Franklin Classics, 2018.

WEBER, Max. *Science as a Vocation*. Munich: Duncker & Humblodt, 1919.

WEBER, Max. *Economy and Society*. Paperback, 2019.

WEBER, Max. *The Methodology of the Social Science*. Nova York: The Free Press, 1949.

WEBER, Max. *The Protestant Ethic and the Spirit of Capitalism*. Nova York: Routledge, 2001.

WEINBERG, Alvin. *Reflections on Big Science*. Boston: MIT, 1967.

WEINGART, Peter. On Sociological Theory of Scientific Change. in WHITLEY, Richard. *Social Processes of Scientific Development*. Londres: Routledge & Kegan Paul, 1974.

WEISSKOPF, Victor. *Elementary Particles, in Physics*. Nova York: New York University Press, 1973.

WHITEHEAD, Alfred. *The First Physical Synthesis*, in *Physics*. Nova York: New York University Press, 1973 .

Sites

EINSTEIN. QUOTE INVESTIGATOR. www.quoteinvestigator.com/2010/05/04/universe-einstein.

GALILEO. SCIENTIFIC AMERICA. https://blogs.scientificamerican.com/observations/did-galileo-truly-say-and-yet-it-moves-a-modern-detective-story/#:~:text=During%20his%20trial%20for%20suspicion,end%2C%20truth%20would%20win%20out.

Capítulo II – A Idade Média

Livros

ARISTOTLE. *Politics*. Cambridge: Hackett Publishing Company, 1998.

ARISTOTLE. *The Metaphysics*. North Charleston: CreateSpace Independent Publishing Platform, 2012.

ARISTOTLE. *Physics*. Nebraska: University of Nebraska Press, 1961.

DAVIS, RHC. *A History of Medieval Europe: From Constantine to Saint Louis*. Nova York: Longman, 1988.

FRANKFORTER, A. Daniel. *The Medieval Millennium: An Introduction*. Londres: Pearson, 2002.

GIBBON, Edward. *History of the Decline and Fall of the Roman Empire*. Londres: Strahan & Cadell, 1776–1789.

HOMER. *The Iliad and The Odyssey*. Nova York: Penguin Classics, 1999.

HERACLITUS. *Fragments*. Nova York: Penguin Classics, 2003.

HERODOTUS. *The Histories*. Barnes & Noble, 2004.

HOLMES, George. *The Oxford Illustrated History of Medieval Europe*. Oxford: Oxford Illustrated History, 2001.

PLATO. *The Republic*. Nova York: Knopf Doubleday Publishing Group, 1991.

RODGERS, Nigel. *Ancient Greece: an Illustrated History*. Dayton: Lorenz Books, 2017.

RODGERS, Nigel. *Ancient Rome: an Illustrated History*. London: Anness Publishing, 2018.

TOYNBEE, Arnold. *A Study of History. Vol I and Vol II: The Geneses of Civilizations*. Oxford: Oxford University Press, 1934.

TOYNBEE, Arnold, *A Study of History. Vol III: The Growths of Civilizations*. Oxford: Oxford University Press, 1934

TOYNBEE, Arnold. *A Study of History. Vol IV: The Breakdowns of Civilizations*. Oxford: Oxford University Press, 1939)

TOYNBEE, Arnold, *A Study of History. Vol V and Vol VY: The Disintegrations of Civilizations*. Oxford: Oxford University Press, 1939.

TOYNBEE, Arnold. *Christianity and Civilization*, in *Civilization on Trial*. Oxford: Oxford University Press, 1948.

TOYNBEE, Arnold. *Greek Civilization and Character*. Nova York: Mentor Books, 1953.

TOYNBEE, Arnold. *Hellenism: The History of a Civilization*. Londres: Oxford University Press, 1959.

VENNING, Timothy. *A Chronology of Ancient Greece*. Barnsley: Pen and Sword Military, 2016.

VENNING, Timothy. *A Chronology of Early Medieval Western Europe*. Londres: Taylor and Francis, 2019.

VENNING, Timothy. *A Chronology of the Crusades*. Londres: Taylor and Francis, 2019.

VENNING, Timothy. *A Chronology of the Roman Empire*. Londres: Continuum Publishing Corporation, 2010.

VENNING, Timothy. *The Kings & Queens of Anglo-Saxon Englan*d. Londres: Amberley Publishing, 2013.

WISE-BAUER, Susan. *The History of the Medieval World: from the Conversion of Constantine to the First Crusade*. Nova York: WW Norton, 2010.

Sites

APOCALIPE. Bible Study Tools. www.biblestudytools.com/aa/apocalipse.

DEMOGRAPHIC HISTORY OF JERUSALEM. Wikipedia. https://en.wikipedia.org/wiki/Demographic_history_of_Jerusalem#Middle_Ages.

GENESIS. Bible Hub. hubwww.biblehub.com/revelation/20-12.

HISTORICAL URBAN COMMUNITY SIZES. Wikipedia. https://en.wikipedia.org/wiki/Historical_urban_community_sizes.

PERSEPOLIS. Uppersia. www.uppersia.com/iran-destinations/persepolis.html#:~:text=It%20is%20estimated%20that%20the,and%20Achaemenid%20arts%20and%20culture.

THE BOOK OF GENESIS. Vatican. www.vatican.va/archive/bible/genesis/documents/bible_genesis.

THE WORLD'S 100 LARGEST CITIES FROM 1800 TO 2020, AND BEYOND. IEED. www.iied.org/worlds-100-largest-cities-1800-2020-beyond.

TIMELINE OF BERLIN. Wikepedia. https://en.wikipedia.org/wiki/Timeline_of_Berlin.

Capítulo III – A peste negra

Livros

ABERTH, John. *The Black Death, The Great Mortality of 1348–1350: A Brief History with Documents*. Boston: Bedford/St. Martin's, 2016.

BENEDICTOW, Ole J. *The Black Death 1346–1353: The Complete History.* Rochester: Boydell Press, 2006.

CASTOR, Helen. *Joan of Arc: A History.* Nova York: Harper, 2015.

CURRY, Anne. *The Hundred Years' War: 1337–1453.* Oxford: Osprey Publishing, 2002

ELPHEGE, Vacandard. *The Inquisition: a Critical and Historical Study of the Coercive Power of the Church.* Nova York: Longmans, Greek and Co, 1908.

GREEN, Toby. *The Inquisition.* Nova York: St. Martin's Press, 2009.

KELLY, John. *The Great Mortality: An Intimate History of the Black Death, the Most Devastating Plague of All Time.* Nova York: Harper Perennial, 2006.

SCHWANITZ, Klaus. *Hundred Year War: Chronicles of the Hundred Year War.* Califórnia: Createspace Independent Publishing Platform, 2015.

SEWARD, Desmond. *Hundred Years War: the English in France, 1337–1453.* Nova York: Scribner, 1978.

VERRILL, AH. *L'Inquisition.* Okton: D. Appleton & Co, 1931.

ZIEGLER, Philip. *The Black Death.* London: Faber and Faber, 1969.

Capítulo IV - O Renascimento

Livros

ARISTOTLE, *Physics.* Nebraska: University of Nebraska Press, 1961.

BRION, Marcel. *The Medici: a great Florentine Family.* Londres: Paul Elek, 1981.

CALVIN, John. *John Calvin: Selections from His Writings.* San Francisco: Harper One, 2006.

CLARK, Kenneth. *Leonardo da Vinci.* Londres: Penguin, 1993.

GALILEI, Galileo. *Dialogue Concerning the Two Chief World Systems.* Nova York: Modern Library, 2001.

GALILEI, Galileo. *Two New Sciences: Including Centers of Gravity and Force of Percussion.* Toronto: Wall & Emerson, 1989.

CHAPMAN, Mark. *Anglicanism: A Very Short Introduction.* Oxford: Oxford University Press, 2006.

HALE, JR. *The Civilization of Europe in the Renaissance.* Nova York: Scribner, 1994.

HIBBERT, Christopher. *The House of Medici: Its Rise and Fall.* Nova York: William Morrow, 1999.

ISAACON, Walter. *Leonardo Da Vinci*. Nova York: Simon & Schuster, 2017.

LLOYD, Carrie. *The Noble Renaissance: Reclaiming the Lost Virtue of Nobility*. Edinburg: Thomas Nelson, 2020.

LUTHER, Martin. *The Ninety-Five Theses and Other Writings*. Londres: Penguin, 2017.

MACHIAVELLI, Niccolo. *The Prince*. Massachusetts: Dante University of America Press, 2003.

STRATHERN, Paul. *The Medici: Godfathers of the Renaissance*. Nova York: Pimlico, 2004.

TOYNBEE, Arnold. *A Study of History. Vol IX: Contacts between Civilizations in Time (Renaissances); Law and Freedom in History; The Prospects of the Western Civilization*. Oxford: Oxford University Press, 1954.

WALLACE, William. *Michelangelo: The Artist, the Man and his Times*. Cambridge: Cambridge University Pres, 2009.

WEBER, Max. *The Protestant Ethic and the Spirit of Capitalism*. Nova York: Routledge, 2001.

WISE-BAUER, Susan. *The History of the Renaissance World: From the Rediscovery of Aristotle to the Conquest of Constantinople*. Nova York: WW Norton, 2013.

Capítulo V – As caravelas e o Novo Mundo

Livros

BENNASSAR, B. *La America Espanola y la America Portuguesa. Siglos XVI-XVIII*. Madrid: Akal, 1980.

BOLTON, Herbert Eugene. *The Colonization of North America, 1492–1783*. Franklin Classics Trade Press, 2018.

CAMÕES, Luís de. *Os Lusíadas*. Coimbra: Colégio das Artes da Universidade de Coimbra, 2016.

CAMÕES, Luís de. *The Lusiads*. Oxford: Oxford University Press, 2002.

DAWSON, Samuel Edward. *The Lines of Demarcation of Pope Alexander VI and the Treaty of Tordesillas A. D. 1493 and 1494*. Facsimile Publisher, 2016.

FISHER, Kirsten. *Colonial America History*. Nova Jersey: Wiley-Blackwell, 2002.

GIBSON, Charles. *Spain in America*. Nova York: Harper and Row, 1966.

HARRELD, Donald. *The Dutch Economy in the Golden Age (16th–17th Centuries)*. Brigham Young University, in EH.Net, 2021.

HARING, Clarence. *The Spanish Empire in America*. Londres: Oxford University Press, 1947.

HOLANDA, Sérgio Buarque de. *Raízes do Brasil*. Rio de Janeiro: Editora José Olympio, 1936.

HOLANDA, Sérgio Buarque de. *Visão do Paraíso. Os motivos edênicos no descobrimento e colonização do Brasil*. São Paulo: Brasiliense, 2000.

MAGNUSSON, Lars. *Mercantilism: The Shaping of an Economic Language*. Londres: Routledge, 1944.

MCWATTERS, Cheryl Susan. *Mercantilism, Account Keeping and Periphery-Core*. London: Routledge, 2018.

PELISSIER, Rene. *As Campanhas Coloniais de Portugal 1844–1941*. Lisboa: Editorial Estampa, 2006.

SCHWARTZMAN, Simon. *São Paulo e o Estado Nacional*. São Paulo: Difel, 1975.

STANNARD, David. *American Holocaust: The Conquest of the New World*. Londres: Oxford University Press, 1992.

TACHIZAWA, Takeshy. *Caravelas do Novo Mundo*. Rio de Janeiro: Ática, 2003.

WRIGHT, Louis. *The Thirteen Colonies*. Nova York: New Word City, Inc., 2014.

Sites

ASTROLABE RECOVERED FROM PORTUGUESE SHIPWRECK. Archaeology. www.archaeology.org/news/6042-171024-portugal-bronze-astrolabe.

MARINERS'ASTROLABE. The Mariners Museum and Park. https://exploration.marinersmuseum.org/object/astrolabe/.

The world's 100 largest cities from 1800 to 2020, and beyond. IIED. www.iied.org/worlds-100-largest-cities-1800-2020-beyond.

THIS MEDIEVAL ASTROLABE IS OFFICIALLY WORLD'S OLDEST KNOWN SUCH INSTRUMENT. Ars Technica. www.arstechnica.com/science/2019/03/this-medieval-astrolabe-is-officially-worlds-oldest-known-such-instrument.

Capítulo VI — A Revolução Industrial

Livros

ALLEN, Robert. *The British Industrial Revolution in Global Perspectives*. Nova York: Cambridge University Press, 2009.

BACON, Francis. *The Essays. Londres*: Penguin, 1985.

BACON, Francis. The *New Atlantis*. Londres: Dodo Press, 2006.

Bernal, John. Science in History (The Scientific and Industrial Revolution), volume 2. Londres: Penguin Books, 1970.

BERNAL, John. *Science in History (The Natural Science in our Time), volume 3*. Londres: Penguin Books, 1970.

CALVIN, John. *John Calvin: Selections from His Writings*. San Francisco: Harper One, 2006.

DARWIN, Charles. *The Origin of Species*. Londres: Castle Books, 2004.

DEMIDOWICZ, George. *The Soho Industrial Buildings: Manufactory, Mint and Foundry*. Liverpool: Liverpool University Press, 2021.

GRIFFIN, Emma. *Liberty's Dawn: A People's History of the Industrial Revolution*. New Haven, Connecticut: Yale University Press, 2013.

HOBBES, Thomas. *Leviathan: or the Matter, Forme, and Power of a Commonwealth Ecclesiastical and Civil*. New Heaven: Yale University Press, 2010.

HOBSBAWM, Eric. *Industry and Empire: The Birth of the Industrial Revolution*. Nova York: The New Pres, 1999.

LOCKE, John. *Two Treatises of Government*. Cambridge: Cambridge University Press, 1988.

LUTHER, Martin. *The Ninety-Five Theses and Other Writings*. Londres: Penguin, 2017.

NEWTON, Isaac. *The Principia: Mathematical Principles of Natural Philosophy*. University of California Press, 1999.

QUICKENDEN, Kenneth. *Matthew Boulton: Enterprising Industrialist of the Enlightenment*. Londres: Routledge, 2016.

ROSEN, William. *The Most Powerful Idea in the World: A Story of Steam, Industry, and Invention*. Nova York: Random House, 2010.

RUSSELL, Ben. *James Watt: Making the World Anew*. Londres: Reaktion Books, 2014.

SAVERY, Thomas. *The Miner's Friend. Or, an Engine to Raise Water by Fire, described*. Londres: Forgotten Books, 2017.

SHAKESPEARE, William. *Hamlet*. Cambridge: Cambridge University Press, 2005.

SHAKESPEARE, William. *Romeo and Juliet*. Nova York: Simon & Schuster, 2004.

SHAKESPEARE, William, *William Shakespeare: Complete Plays*. Nova York: Sterling, 2012.

STEARNS, Peter. *The Industrial Revolution in World History*. Boulder: Westview Press, 2007.

SMITH, Adam. *The Wealth of Nations*. Chicago: The University of Chicago Press, 1976.

TOYNBEE, Arnold. *The Industrial Revolution*. Boston: Beacon Press, 1956.

WEBER, Max. *The Protestant Ethic and the Spirit of Capitalism*. Nova York: Routledge, 2001.

WEIGHTMAN, Gavin. *The Industrial Revolutionaries: The Making of the Modern World 1776-1914*. Nova York: Grove Press, 2009.

Sites

HISTORICAL URBAN COMMUNITY SIZES. Wikepedia. en.wikipedia.org/wiki/Historical_urban_community_sizes.

Capítulo VII – Um século de ideias e movimentos sociais

Livros

ALLEN, Robert. *The British Industrial Revolution in Global Perspectives*. Nova York: Cambridge University Press, 2009.

BENDIX, Reinhard. *National-Building and Citizenship. Studies of our Changing Social Order*. Berkeley: University of California Press, 1977.

BORTHWICK, RL. The Labour Party. in DRUCKER, HM (editor). *Multi-Party Britain*. Londres: MacMillan, 1979.

BRANDT, Conrad. *Stalin's Failure in China 1924–1927*. Cambridge: Harvard University Press, 1958.

BRUCE, Harold. *American Parties and Politics. History and Role of Political Parties in the United States*. Nova York: Henry Holt and Company, 1927.

BUCHARIN, Nicolai. *ABC of Communism*. Detroit: The Marxian Educational Society, 1921.

CH'EN, Kung-po. *The Communist Movement in China: An Essay written in 1924*. Nova York: Octagon Books, 1966.

CHINA, Minister of Industry. *Silver and Prices in China*. Shanghai: The Commercial Press, 1935.

CLARK, Colin. *A Critique of Russian Statistics*. Londres: Macmillan and Company, 1939.

CLAUDIN, Fernando. *The Communist Movement from Comintern to Cominform*. Nova York: Monthly Review Press, 1975.

COLLETI, Lucio. *From Rousseau to Lenin. Studies on Ideology and Society*. Nova York: Monthly Review Press, 1972.

COLTON, Joel. *Politics and Economics is the 1930s*. The Balance Sheets of the Blum New Deal. in Warber, Charles (editor). Nova York: Columbia University Press, 1969.

CRIPPS, Stafford. *Democracy and Dictatorship: The Issue of the Labour Party*.iIn Political Quarterly, 1933.

DATTA, Amian. *A Century of Economic Development of Russia and Japan*. Calcutta: The World Press Private, 1963.

DORE, Ronald. *British Factory – Japanese Factory*. Berkeley: University of California Press, 1973.

ENGELS, Frederick. Socialism: Utopian and Scientific. in Feuer, Lewis (editor). *Marx and Engels. Basic Writings on Politics and Philosophy*. Garden City: Anchor Books, 1959.

ENGELS Frederick. The Prussian Military Question and the German Workers' Party. in Fernbach, David (editor). *Karl Marx, the First International and After*. Nova York: Vintage Books, 1977.

FEUERWECKER, Albert. *Economic Trends in the Republic of China, 1912–1949*. Ann Arbor: Michigan Papers, 1977.

FRANKLIN, Benjamin. in https://blogs.loc.gov/manuscripts/2022/01/a-republic-if-you-can-keep-it-elizabeth-willing-powel-benjamin-franklin-and-the-james-mchenry-journal/.

FREUD, Sigmund. *The Interpretation of Dreams*. Londres: The Macmillan Company, 1913.

FURUYA, SY. *Japan's Foreign Exchange and their Balance of International Payments*. Nova York: Columbia University Press, 1928.

GILLE, Bertrand. *Histoire Economique et Sociale de la Russie du Moyen Age au XXe. Siegle*. Paris: Payot, 1949.

GIVENS, William. What it Takes to Meet the Japanese Challenge. *Fortune*, 1979.

GRAMSCI, Antonio. *The Modern Prince*, in Hoare, Quintin (editor), *Selections from the Prison Notebooks of Antoni Gramsci*. Nova York: International Publishers, 1978.

GUERIN, Daniel. *Anarchism*. Nova York: Monthly Review Press, 1970.

HIRSCHMAN, Albert. *The Passions and the Interests: Political Arguments for Capitalism before Its Triumph*. Princeton: Princeton Classics, 2013.

HOWGOOD, John, The Nineteenth Century. in Bailley, Sidney (editor). *Political Parties and the Party System in Britain. A Symposium*. Nova York: Frederick Praeger, 1952.

HOLCOMBE, Arthur. *The Chinese Revolution, a Phase in the Regeneration of a World Power*. Paperback, 2012.

HUNT, Richard, *German Social Democracy, 1918–1933*. New Haven: Yale University Press, 1964.

ISSACS, Harold. *The Tragedy of the Chinese Revolution*. Stanford: Stanford University Press, 1951.

JOLL, James. *The Second International, 1889–1914*. Nova York: Harper & Row Publishers, 1966.

KALECKI, Michal. *The Lessons of the Blum Experiment*. Economic Journal, 1948.

KAUTSKY, Karl. *The Class Struggle*. Nova York: Norton & Company, 1971.

KING, Frank. *A Concise Economic History of Kawecki Modern China, 1840–1961*. Londres: Pall Mall Press, 1969.

KUO-T'AO, Chang. *The Rise of the Chinese Communist Party, 1928–1938*. Lawrence: The University Press of Kansas, 1972.

LANGER, William. *The Rise of Modern Europe. Political and Social Upheaval, 1832–1852*. Nova York: Harper Torch books, 1969.

LEITES, K. *Recent Economic Development in Russia*. Oxford: Clarendon Press, 1922.

LENIN, Vladimir. *What to be Done? Burning Questions of our Movement*. Nova York: International Publishers, 1969.

LENIN, Vladimir. *State and Revolution*. Nova York: International Publishers, 1974.

LIEU, DK. *China's Industries and Finance*. Pequim: The Chinese Government Bureau of Economic Information, 1927.

LUXEMBURG, Rosa. *Reform or Revolution*. Nova York: Pathfinder Press, 1970.

MARX, Karl. *Selected Letters: The Personal Correspondence, 1844–1877*. Nova York: Little Brown and Company, 1981.

MARX, Karl. *The Communist Manifesto*. Londres: Penguin Classics, 2002.

MARX, Karl. The British Rule in India. in Fernbach, David (editor). *Karl Marx, the First International and After*. Nova York: Vintage Books, 1977.

MCKENZIE, RT. *British Political Parties. The Distribution of Power within the Conservative and Labour Parties*. Nova York: Frederick Praeger, 1964.

MANDEL, Ernest. *From Stalinism to Eurocommunism*. Londres: NLB, 1978.

MENDEL, Arthur. *Dilemmas and Progress in Tsarist Russia*. Cambridge: Harvard University Press, 1961.

MILLER, Margaret. *The Economic development of Russia, 1905–1914*. Londres: PS King and Son, 1926.

MITCHELL, BR. *Abstract of British Historical Statistics*. Cambridge: The University Press, 1962.

MOORE, Barrington. *Social Origins of Dictatorship and Democracy. Lord and Peasant in the Making of Modern World*. Cambridge: Cambridge University Press, 1966.

MORRIS, Charles. *The Dawn of Innovation: the First American Industrial Revolution*. Connecticut: Tantor Media, 2012.

NISBET, Robert. *Tradition & Revolt*. Nova York: Vintage Books, 1970.

ODE TO JOY, NINTH SYMPHONY, Beethoven. https://www.classical-music.com/features/articles/ode-to-joy-lyrics/.

OHKAWA, Kazuki. *The Growth Rate of the Japanese Economy since 1878*. Tóquio: Kinokuniya Books, 1957.

PINTO, Ricardo GF. *Party, Choice and Ideology: A Case Study of Brazilian Politics*. Department of Political Science, The University of Chicago, 2001.

PLEHKANOV, George. *The Materialistic Conception of History*. Londres: Lawrence & Wishart, 1940.

PLEHKANOV, George. *The Role of the Individual in History*. Nova York: International Publishers, 1940.

POLANYI, Karl. *The Great Transformation. The Political and Economic Origins of our Time*. Boston: Beacon Press, 2001.

PRZEWORSKI, Adam. *Swedish Class Structure, 1900–1960*. Chicago: The University of Chicago Press, 1979.

SCALOPINO, Robert. *Parties and Politics in Contemporary Japan*. Berkley: The University of California Press, 1967.

SINOHARA, Miyokei. *Growth and Cycles in the Japanese Economy*. Tóquio: Kinokuniya Bookstore, 1962.

SKOCPOL, Theda. *States and Social Revolutions. A Comparative Analysis of France, Russia and China*. Nova York: Cambridge University Press, 1979.

SOMBART, Werner. *Why is there no Socialism in the United States?* White Plains: ME Sharper, Inc., 1976.

SOMERVELL, DC. The Twentieth Century. in Barley, Sidney (editor). *Political Parties and the Party System in Britain. A Symposium*. Nova York: Frederick Praeger, 1952.

STEARNS, Peter. *The Industrial Revolution in World History*. Boulder: Westview Press, 2007.

TROTSKY, Leon. Stalinism and Bolshevism. in Howe, Irving (editor). *The Basic Writings of Trotsky*. Nova York: Schocken Books, 1976.

TSE-TUNG, Mao. Analysis of the Classes in Chinese Society. in TSE-TUNG, Mao. *Selected Readings from the Works of Mao Tse-Tung*. Peking: Foreign Language Press, 1971.

TSE-TUNG, Mao. Report on an Investigation of the Peasant Movement in Hunan. in TSE-TUNG, Mao. *Selected Readings from the Works of Mao Tse-Tung*. Peking: Foreign Language Press, 1971.

TSE-TUNG, Mao. The Role of the Chinese Communist Party in the National War. in TSE-TUNG, Mao. *Selected Readings from the Works of Mao Tse-Tung*. Peking: Foreign Language Press, 1971.

US DEPARTMENT OF COMMERCE. *The Statistical History of the United States from Colonial Times to the Present*. CT: Fairfield Publishers, 1965.

WALL, Irwin. *The Resignation of the First Popular Front Government of Leon Blum, June 1937*. French Historical Studies, 1970.

WALLERSTEIN, Immanuel. *The Rise and Future Demise of the World Capitalist System: Concepts for Comparative Analysis*. Comparative Studies in Society and History, 1974.

WEBER, Max. *The Protestant Ethic and the Spirit of Capitalism*. Nova York: Routledge, 2001.

WEBER, Max. *The Religion of China*. Londres: The Free Press, 1968.

WEBER, Max. *The Religion of India*: The Sociology of Hinduism and Buddhism. Illinois: The Free Press, 1958.

WEIGHTMAN, Gavin. *The Industrial Revolutionaries: The Making of the Modern World, 1776–1914*. Nova York: Grove Press, 2009.

YOUNG, Arthur. *China's Nation Building Effort, 1927–1937, the Financial and Economic Record*. Stanford: Hoover Institution Press, 1971.

Relatórios

IMF, International Financial Statistics, XXVII, 1975.

IMF, International Financial Statistics, XXXIV, 1981.

Sites

LIST OF REGIONS BY PAST GDP (PPP). Wikipedia. en.wikipedia.org/wiki/List_of_regions_by_past_GDP_(PPP).

RESEARCH GARTE. GDP Per Capita. www.researchgate.net/figure/Population-GDP-and-GDP-per-capita-1900-2030-selected-countries-and-the-world-GDP_tbl1_228999174.

Capítulo VIII – A Primeira Guerra Mundial

Livros

CLAUSEWITZ, Carl Von. *On War*. Londres: Routledge, 2004.

CLAUSEWITZ, Carl Von. *Vom Kriege*. Berlin: Hofenberg, 2016.

DIAMOND, Jared. *Guns, Germs, and Steel. The Fates of Human Societies*. Nova York: WW Norton & Company, 1999.

FINKEL, Caroline. *Osman's Dream: The History of the Ottoman Empire, 1300–1923*. Nova York: Basic Books, 2006.

FROMKIN, David. *A Peace to end ell Peace: The Fall of the Ottoman Empire and the Creation of the Modern Middle East*. Owl Books, 2001.

GILBERT, Martin. *The First World War: a Complete History*. Nova York: Holt Paperbacks, 2004.

HAM, Paul. *1914: The Year the World Ended*. Austrália: William Heinemann, 2013.

HART, Peter. *The Great War: A Combat History of the First World War*. Oxford: Oxford University Press, 2015.

HORNE, Alistair. *The Price of Glory: Verdun, 1916*. Londres: Penguin, 1993.

JANKOWSKI, Paul. *Verdun: the Longest Battle of the Great War*. Nova York: Oxford University Press, 2014.

JEFFREYS, Diarmuid. *The Austro-Hungarian Dual Monarchy*. Cape Town: New Holland Publishers, 2008.

KEEGAN, John. *The First World War*. Londres: Vintage, 2000.

KING, Greg. *The Assassination of the Archduke: Sarajevo 1914 and the Romance That Changed the World*. Nova York: St. Martin's Press, 2014.

MOFFAT, Ian. *The Allied Intervention in Russia, 1918–1920: The Diplomacy of Chaos*. Londres: Palgrave Macmillan, 2015.

MOORE, Joel. *History of the American Expedition Fighting the Bolsheviks: Us Military Intervention in Soviet Russia, 1918–1919*. Atenas: Red and Black Publishers, 2008.

MCNAB, Chris. *Battle Story: Verdun, 1916*. Spellmount, 2013.

RIVE, Charles. *The Assassination of Archduke Franz Ferdinand: The History and Legacy of the Event that Triggered World War I*. Charles River Editors, 2014.

STEVENSON, David. *1914–1918: The History of the First World War*. Londres: Penguin, 2005.

TOYNBEE, Arnold. *The German Terror in France*. Franklin Classics Trade Press, 2018.

TUCHMAN, Barbara. *The Guns of August*. Nova York: Presidio Press, 2004.

Sites

LIST OF COUNTRIES BY GDP (PPP) IN THE NINETEENTH CENTURY. DBpedia. https://dbpedia.org/page/List_of_countries_by_GDP_(PPP)_in_the_nineteenth_century.

LIST OF REGIONS BY PAST GDP (PPP). Wikipedia. en.wikipedia.org/wiki/List_of_regions_by_past_GDP_(PPP).

LISTA DE REGIÕES POR PIB PASSADO. Wikipedia. https://pt.wikipedia.org/wiki/Lista_de_regi%C3%B5es_por_PIB_passado.

Capítulo IX – A gripe espanhola

Livros

ARNOLD, Catharine. *Pandemic 1918: The Story of the Deadliest Influenza in History*. Londres: Michael O'Mara, 2018.

BARRY, John. *The Great Influenza: The Story of the Deadliest Pandemic in History*. Londres: Penguin Books, 2005.

KOLATA, Gina. *Flu: The Story of The Great Influenza Pandemic of 1918 and the Search for the Virus that Caused It*. Nova York: Atria Books, 2019.

SPINNEY, Laura. *The Spanish Flu of 1918 and How It Changed the World*. Londres: Jonathan Cape, 2017.

Avisos Públicos

CORPORATION OF THE CITY OF KELOWNA. Public Notice. Canadá. https://www.vancouverisawesome.com/history/kelowna-spanish-flu-pandemic-2188106.

CONSELHOS AO POVO. INSPECTORIO DE HYHIENE, A INFLUENZA HESPANHOLA, BRASIL. PODER 360. https://www.poder360.com.br/midia/imprensa-indicava-sal-de-quinino-contra-gripe-espanhola/.

NEW YORK TELEPHONE CO, WHEN IN QUARANTINE. NEW YORK. SNOPES. https://www.snopes.com/fact-check/1918-quarantine-ad-for-phone/.

Sites

CDC. The 1918 Flu Pandemic: Why It Matters 100 Years Later. https://blogs.cdc.gov/publichealthmatters/2018/05/1918-flu/.

WORLD ECONOMIC FORUM. Coronavirus and the lessons we can learn from the 1918–1920 Great Influenza Pandemic. www.weforum.org/agenda/2020/03/coronavirus-great-influenza-pandemic-covid19-prepared-outbreak.

SPANISH FLU. Wikipedia. https://en.wikipedia.org/wiki/Spanish_flu.

Capítulo X — A Segunda Guerra Mundial

Livros

AMBROSE, Jugh. *The Pacific*. Londres: Nal Caliber, 2010.

BEEVOR, Antony. *Stalingrad: the Fateful Siege, 1942–1943*. Londres: Penguin Books, 1999.

BOEMEKE, Manfred. *The Treaty of Versailles: A Reassessment after 75 Years*. Cambridge: Cambridge University Press, 2006.

CHURCHILL, Winston. https://www.bbc.com/portuguese/internacional-42997188.

CHURCHILL, Winston. *Triumph and Tragedy: The Second World War*. Nova York: Rosetta Books, 1953.

DE FELICE, Renzo. *Fascism: an Informal Introduction to its Theory and Practice*. Nova York: Routledge, 1976.

FREUD, Sigmund. *The Interpretation of Dreams*. Londres: The Macmillan Company, 1913.

GOEBBELS, Joseph. *The Goebbels Diaries, 1939–1941*. Londres: Penguin Books, 1984.

GOEBBELS, Joseph. *The Goebbels Diaries, 1942–1943*. Connecticut: Praeger, 1970.

GOEBBELS, Joseph. *Final Entries, 1945: The Diaries of Joseph Goebbels.* Barnsley: Pen & Sword Books, 2008.

HANSON, Victor Davis. *The Second World Wars: How the First Global Conflict Was Fought and Won.* Nova York: Basic Books, 2017.

HITLER, Adolf. *Mein Kampf.* Deutschland: Franz Eher Nachfolger GmbH, 1925.

HOLMES, Richard. *World War II: the Definitive Visual History. From Blitzkrieg to the Atom Bomb.* Londres: DK Publishing, 2009.

MARX, Karl. *The Communist Manifesto.* Londres: Penguin Classics, 2002.

MOSSE, George. *Nazi Culture.* Nova York: Knopf Doubleday Publishing Group, 1987.

MOSSE, George. *Nazism: A Historical and Comparative Analysis of National Socialism.* Nova Jersey: Transaction Publishers, 1978.

MOSSE, George. *Nazism as Fascism.* Londres: Routledge, 2013.

PAXTON, Robert. *Vichy France: Old Guard and New Order, 1940–1944.* Nova York: Alfred A. Knopf, 1972.

PRESTON, Paul. *The Spanish Civil War: Reaction, Revolution, and Revenge.* Nova York: WW Norton Company, 2007.

PRZEWORSKI, Adam. *Swedish Class Structure, 1900–1960.* Chicago: The University of Chicago Press, 1979.

PRZEWORSKI, Adam. *Capitalism and Social Democracy.* Cambridge: Cambridge University Press, 1985.

PRZEWORSKI, Adam. *Social Democracy as a Historical Phenomenon.* Chicago: The University of Chicago Press, 1979.

REES, Laurence. *The Holocaust: A New History.* Nova York: Viking, 2017.

RIVER, Charles. *The League of Nations: the Controversial History of the Failed Organization that preceded the United Nations.* Charles River Editors, 2016.

ROBINSON, Kim Stanley. *Galileo's Dream.* Nova York: Harper Voyager, 2009.

SIMMEL, Georg. *Philosophie des Geldes.* München und Leipzig: Gemeinfrei, 1920.

SIMMEL, Georg. *The Philosophie of Money.* Londres: Routledge, 2004.

SMITH, Lyn. *Forgotten Voices of The Holocaust: a new History in the words of the Men and Women who survived.* Londres: Ebury Press, 2006.

SMITHSONIAN Institution. *World War II Map by Map.* Londres: DK Publishing, 2019.

SPEER, Albert. *Alles, was Ich Weiss.* Alemanha: Herbig, 1999.

SPEER, Albert. *Die Neuereichskanzlei*. North Charleston: Createspace Independent Publishing Platform, 2017.

SPEER, Albert. *Inside the Third Reich*. Books on Tape, 1970.

SYMONDS, Craig. *World War II at Sea: a Global History*. Oxford: Oxford University Press, 2018.

TAYLOR, Frederick. *The Downfall of Money: Germany's Hyperinflation and the Destruction of the Middle Class*. Londres: Bloomsbury Press, 2013.

Música

VERA LYNN. LETRAS. We'll meet again. https://www.letras.mus.br/vera-lynn/511316/traducao.html.

Sites

CHURCHILL, Winston. As palavras de Churchill BBC News Brasil. 11 de fevereiro de 2018. https://www.bbc.com/portuguese/internacional-42997188.

GALILEU. PINTEREST. https://br.pinterest.com/pin/de-todos-os-dios-nenhum-supera-o-da-ignorncia-contra-o-conhecimento-galileo-galilei-leaquioficial-leaquicom--818036719834118038/.

GOOBLES, Joseph. HARVARD UNIVERSITY. https://scholar.harvard.edu/skelman/blog/goebbels-says-repeat-lie-often-enough-and-people-will-believe-it.

HANNS JOHST. OXFORD REFERENCE. https://www.oxfordreference.com/display/10.1093/acref/9780191843730.001.0001/q-oro-ed5-00006044;jsessionid=009847E5B5F75A721A6FA3B78B6EF690.

HOW MANY SOLDIERS FOUGHT IN WORLD WAR II? Quora. https://www.quora.com/How-many-soldiers-fought-in-World-War-II.

LISTA DE REGIÕES POR PIB PASSADO. Wikipedia. https://pt.wikipedia.org/wiki/Lista_de_regi%C3%B5es_por_PIB_passado.

MILITARY PRODUCTION DURING WORLD WAR II. Wikipedia. https://en.wikipedia.org/wiki/Military_production_during_World_War_II#Naval_forces.

WORLD WAR II AIRCRAFT PRODUCTION. Wikipedia. https://en.wikipedia.org/wiki/World_War_II_aircraft_production.

Capítulo XI – A Nova Ordem Mundial

Livros

AMAR, Paul. *Dispatches from the Arab Spring: Understanding the New Middle East*. Minneapolis: University of Minnesota Press, 2013.

ARMSTRONG, Karen. *Jerusalém*: Uma Cidade, Três Religiões. São Paulo: Companhia das Letras, 2000.

BRANCOLI, Fernando. *Primavera Árabe*. São Paulo: Editora Desatino, 2013.

BROWNLEE, Jason. *The Arab Spring: Pathways of Repression and Reform*. Oxford University Press, 2015.

CUMINGS, Bruce. *The Korean War*: A History. Nova York: Modern Library, 2010.

DAYAN, Moshe. *Story of My Life*. Cambridge: Da Capo Press, 1992.

DAYAN, Moshe. *Diary of the Sinai Campaign*. Cambridge: Da Capo Press, 1991.

DIXIT, Jyotindra Nath. *India-Pakistan in War and Peace*. Oxfordshire: Routledge, 2003.

FLIGSTEIN, Neil. *The Institutionalization of Europe*. Oxford: Oxford University Press, 2001.

FLIGSTEIN, Neil. *Euroclash: The EU, European Identity, and the Future of Europe*. Oxford: Oxford University Press, 2008.

FRIEDMAN, Milton. *Free to Choose: A Personal Statement*. Chicago: The University of Chicago Press, 1962.

GALBRAITH, John. *A Short History of Financial Euphoria*. Nova York: Penguin Publishing Group, 1984.

GALBRAITH, John. *The Age of Uncertainty*. Boston: Houghton Mifflin Harcourt Publishing Company, 1978.

GALBRAITH, John. *The Great Crash 1929*. Nova York: Harper Collins Publishers, 1980.

GADDIS, John Lewis. *The Cold War: a New History*. Londres: Penguin Books, 2006.

GARAVINI, Giuliano. *The Rise and Fall of OPEC in the Twentieth Century*. Oxford Scholarship Online, 2019.

GILBERT, Martin. *Israel: A History*. Londres: Black Swan, 1999.

GORDIS, Rabbi Daniel. *Israel: a Concise History of a Nation Reborn*. Nova York: Ecco, 2016.

HASTINGS, Max. *The Korean War*. Londres: Pan Books, 2000.

HASTINGS, Max. *Vietnam: an Epic Tragedy, 1945–1975*. Nova York: Harper, 2019.

HERZOG, Chaim. *The Arab-Israeli Wars: War and Peace in the Middle East.* Nova York: Vintage, 2005.

HIX, Simon. *What is wrong with the EU and how to Fix it.* Cambridge: Polity Press, 2008.

HOBSBAWM, Eric. *The Age of Extremes: 1914–1991.* Nova York: Knopf Doubleday Publishing Group, 1995.

HROUB, Khaled. *Hamas: Political Thought and Practice.* Institute for Palestine Studies, 2000.

HUNTINGTON, Samuel. *The Clash of Civilizations and the Remaking of World Order.* Nova York: Simon & Schuster, 1996.

INGLEHART, Ronald. *World Values Survey.* Michigan: Ann Arbor, 1981–2021.

INGLEHART, Ronald. *The True Clash of Civilizations.* Foreign Policy, 2003.

KAMRAVA, Mehran. *Beyond the Arab Spring: The Evolving Ruling Bargain in the Middle East.* Oxford: Oxford University Press, 2014.

KARNOW, Stanley. *Vietnam: A History.* Londres: Penguin Books, 1997.

KEYNES, John. *The End of Laissez-Faire.* Londres: Hogarth Press, 1926.

KEYNES, John. *The General Theory of Employment, Interest and Money.* Cambridge: Macmillan Cambridge University Press, 1936.

KHALIDI, Rashid. *The Iron Cage: The Story of the Palestinian Struggle for Statehood.* Boston: Beacon Press, 2006

NASH, John. *Essays on Game Theory.* Northampton: Edward Elgar Publishing, 1996.

NETO, Antonio Pitra. *MPLA e as Eleições Legislativas de 2008. As nossas razões para a Vitória.* Luanda: Editora Nzila, 2008.

NISBET, Robert. *La formación del Pensamiento Sociologico.* Fondo de Cultura Economica.

NORTON, Augustus Richard. *Hezbollah: a Short History.* New Haven: Princeton University Press, 2007.

OREN, Michael. *Six Days of War: June 1967 and the Making of the Modern Middle East.* Nova York: Presidio Press, 2003.

PAPE, Robert. *Dying to Win: The Strategic Logic of Suicide Terrorism.* Nova York: Random House, 2005.

POLANYI, Karl. *The Great Transformation. The Political and Economic Origins of our Time.* Boston: Beacon Press, 2001.

REID, TR. *The United States of Europe: The New Superpower and the End of American Supremacy*. Londres: Penguin Press, 2004.

RUBIN, Barnett. *Afghanistan from the Cold War Through the War on Terror*. Oxford: Oxford University Press, 2013.

SENGE, Peter. *The Fifth Discipline: The Art & Practice of the Learning Organization*. Nova York: Crown Business, 2006.

SHAPIRA, Anita. *Ben-Gurion: Father of Modern Israel*. New Haven: Yale University Press, 2014.

SMITH, Adam. *The Wealth of Nations*. Chicago: The University of Chicago Press, 1976.

STEIL, Benn. *The Battle of Bretton Woods: John Maynard Keynes, Harry Dexter White, and the Making of a New World Order*. Princeton: Princeton University Press, 2013.

STERN, Jessica. *ISIS: The State of Terror*. Nova York: Ecco, 2015.

STERN, Jessica. *Terror in the Name of God: why Religious Militants Kill*. Nova York: Ecco, 2004.

STERN, Jessica. *The Ultimate Terrorists*. Cambridge: Harvard University Press, 2000.

STIGLITZ, Joseph. *The Euro: how a Common Currency Threatens the Future of Europe*. Nova York: WW Norton Company, 2016.

WALKER, Tony. *Arafat: The Biography*. Londres: Virgin Books, 2003.

WESTAD, Odd Arne. *The Cold War: A World History*. Nova York: Basic Books, 2017.

Capítulo XII — As economias de hoje

Sites

IMF. IMF DATA. imf.org/en/Data#global.

IMF. IMF DATA. Access to Macroeconomic and Financial Data. data.imf.org/?sk=388DFA60-1D26-4ADE-B505-A05A558D9A42&sId=1479329132316.

IMF. World Economic Outlook. imf.org/en/Publications/WEO/Issues/2020/04/14/weo-april-2020#Introduction.

THE WORLD BANK. Current account balance (BoP, current US$). data.worldbank.org/indicator/BN.CAB.XOKA.CD.

THE WORLD BANK. GDP (current US$). data.worldbank.org/indicator/NY.GDP.MKTP.CD.

THE WORLD BANK. GDP, PPP (constant 2017 international $). data.worldbank.org/indicator/NY.GDP.MKTP.PP.KD.

THE WORLD BANK. GDP per capita (current US$). data.worldbank.org/indicator/NY.GDP.PCAP.CD.

THE WORLD BANK. TCdata360. tcdata360.worldbank.org/indicators/inv.all.pct?country=BRA&indicator=345&viz=line_chart&years=1980,2024.

THE WORLD IN 2050. PWC. www.pwc.com/gx/en/research-insights/economy/the-world-in-2050.html.

TIMES HIGHER EDUCATION. World University Rankings. www.timeshighereducation.com/content/world-university-rankings.

UN DATA. A world of information. http://data.un.org/.

Jornais

2020 WAS THE WORST YEAR FOR ECONOMIC GROWTH SINCE WORLD WAR II. *The Washington Post*. January 28, 2021. www.washingtonpost.com/business/2021/01/28/gdp-2020-economy-recession.

COM QUEDA DE 4,1% DO PIB, BRASIL DEIXA GRUPO DAS DEZ MAIORES ECONOMIAS DO MUNDO. *O Globo*. 3 de março de 2021. www.oglobo.globo.com/economia/com-queda-de-41-do-pib-brasil-deixa-grupo-das-dez-maiores-economias-do-mundo-24907324.

PIB DA CHINA CRESCE 2,3% EM 2020 E TEM DESEMPENHO MAIS FRACO EM 44 ANOS. *Folha de S.Paulo*, 18 de janeiro de 2021. www1.folha.uol.com.br/mercado/2021/01/pib-da-china-cresce-23-em-2020-e-tem-desempenho-mais-fraco-em-44-anos.shtml.

Capítulo XIII - A pandemia da covid-19

Livros

ABERTH, John. *Plagues in World History*. Nova York: Rowman & Littlefield Publishers, 2011.

BARRY, John. *The Great Influenza: The Story of the Deadliest Pandemic in History*. Londres: Penguin Books, 2005.

JOHNSON, Steven. *The Ghost Map: The Story of London's Most Terrifying Epidemic — and How It Changed Science, Cities, and the Modern World*. Nova York: Riverhead Books, 2006.

KELLY, John. *The Great Mortality: An Intimate History of the Black Death, the Most Devastating Plague of All Time*. Nova York: Harper Perennial, 2006.

KRUGMAN, Paul. The Cult of Selfishness Is Killing America. *The New York Times*, July 27, 2020.

MARX, Karl. *The 18th Brumaire of Louis Bonaparte*. Nova York: International Publishers, 1977.

OLDSTONE, Michael. *Viruses, Plagues, and History*. Oxford: Oxford University Press, 2000.

PRZEWORSKI, Adam. *Capitalism and Social Democracy*. Cambridge: Cambridge University Press, 1985.

PRZEWORSKI, Adam. *Social Democracy as a Historical Phenomenon*. Chicago: The University of Chicago Press, 1979.

PRZEWORSKI, Adam. *Material Bases of Consent: Economics and Politics in a Hegemonic System, in Political Power and Social Theory*. Chicago: The University of Chicago Press, 1979.

Avisos Públicos

BUTANTAN. Estudo de Serrana. https://twitter.com/butantanoficial/status/1399392376079138821.

GOVERNO DE SÃO PAULO. Estudo do Butantan controla pandemia de Covid-19 em Serrana. https://saude.sp.gov.br/conselho-estadual-de-saude/noticias/estudo-do-butantan-controla-pandemia-de-covid-19-em-serrana.

Relatórios

IMPERIAL COLLEGE, Report 12: The Global Impact of COVID-19 and Strategies for Mitigation and Suppression. Londres, 26 de março de 2020.

IMPERIAL COLLEGE, Report 14: Online Community Involvement in COVID-19 Research & Outbreak Response: Early Insights from a UK Perspective. Londres: 30 de abril de 2020.

IMPERIAL COLLEGE, Report 20: Using Mobility to Estimate the Transmission Intensity of COVID-19 in Italy: a Subnational Analysis with Future Scenarios. Londres: 4 de maio de 2020.

IMPERIAL COLLEGE, Report 21: Estimating COVID-19 cases and Reproduction number in Brazil. Londres: 8 de maio de 2020.

IMPERIAL COLLEGE, Report 23: State-level Tracking of COVID-19 in the United States. Londres: 24 de maio de 2020.

IMPERIAL COLLEGE, Report 25: Response to COVID-19 in South Korea and Implications for Lifting Stringent Interventions. Londres: 29 e maio de 2020.

Sites

BANCO CENTRAL DO BRASIL. Histórico de Cotações. www.bcb.gov.br/estabilidadefinanceira/historicocotacoes.

CEIC. Norway Crude Oil: Exports. www.ceicdata.com/en/indicator/norway/crude-oil-exports.

CORONAVIRUS BRASIL. Painel Coronavírus. https://covid.saude.gov.br/.

COVID-19 BRASIL. https://infoms.saude.gov.br/extensions/covid-19_html/covid-19_html.html.

COVID-19 INDIA. https://prsindia.org/covid-19/cases.

COVID-19 INDIA. www.mohfw.gov.in.

COVID-19 RUSSIA. https://www.statista.com/statistics/1102935/coronavirus-cases-by-region-in-russia/.

IBP. Evolução dos preços internacionais do petróleo e projeções 2022–2025. www.ibp.org.br/observatorio-do-setor/snapshots/evolucao-dos-precos-internacionais-do-petroleo-e-projecoes-para-2025/.

IMF. IMF DATAMAPER. REAL GDP GROWTH. https://www.imf.org/external/datamapper/NGDP_RPCH@WEO/OEMDC/ADVEC/WEOWORLD.

JOHNS HOPKINS. COVID Behaviors Dashboard. https://ccp.jhu.edu/kap-covid/?gad_source=1&gclid=Cj0KCQiAhomtBhDgARIsABcaYyk50PappW6dPTRfQelt5lEe8lFYXEcPvDuOT21bsB87EmG2_xnus8waAvzWEALw_wcB.

JOHNS HOPKINS. Coronavirus Resource Center. https://coronavirus.jhu.edu/map.html.

JOSEPH DE MAISTRE. L' Histoire em CitaTions. https://www.histoire-en-citations.fr/citations/joseph-de-maistre-toute-nation-a-le-gouvernement-qu-elle-merite.

LIST OF EPIDEMICS AND PANDEMICS. Wikipedia. https://en.wikipedia.org/wiki/List_of_epidemics_and_pandemics.

LISTVERSE. 10 Of Human History's Most Atrocious Plagues. www.listverse.com/2018/12/13/10-of-human-historys-most-atrocious-plagues/#:~:text=1%20HIV.%202%20Polio.%203%20The%20Modern%20Plague.,Plague.%208%20Athens.%209%20Sweden.%2010%20Prehistoric%20Plagu.

NATIONAL LIBRARY OF MEDICINE. Pandemics throughout the History. https://www.ncbi.nlm.nih.gov/pmc/articles/PMC8525686/.

NPR. How Human Beings Almost Vanished From Earth In 70,000 B.C. www.npr.org/sections/krulwich/2012/10/22/163397584/how-human-beings-almost-vanished-from-earth-in-70-000-b-c.

NYU. Pulitzer Winner Laurie Garrett on "COVID-19: What Comes Next — And the Future of Global Health," 13 de abril. www.nyu.edu/about/news-publications/news/2021/march/pulitzer-winner-laurie-garrett-on--covid-19--what-comes-next-and.

OUR WORLD IN DATA. Coronavirus Vaccinations. De junho de 2021. www.ourworldindata.org/covid-vaccinations.

STATISTA. Coronavirus in Russia. Region. 8 de junho de 2021. www.statista.com/statistics/1102935/coronavirus-cases-by-region-in-russia.

STATISTA. Gross domestic product (GDP) growth rate forecasts in the Nordics from 2020 to 2025. www.statista.com/statistics/1201536/gdp-rate-forecasts-in-the-nordics/#:~:text=The%20Swedish%20gross%20domestic%20product%20%28GDP%29%20decreased%20by,forecast%20to%20increase%20by%203.7%20percent%20in%202021.

STATISTA. Gross domestic product of the United States in 2022, by state. www.statista.com/statistics/248023/us-gross-domestic-product-gdp-by-state/.

TERMO DE CIÊNCIA E CONSENTIMENTO. Hidroxicloroquina/Cloroquina em associação com Azitromicina para COVID 19. www.gov.br/saude/pt-br/coronavirus/publicacoes-tecnicas/recomendacoes/termo-de-ciencia-e-consentimento-hidroxicloroquina-e-azitromicina.

TERMO DE CIÊNCIA E CONSENTIMENTO. Hidroxicloroquina/Cloroquina em associação com Azitromicina para COVID 19. https://www.santamaria.rs.gov.br/arquivos/baixar-arquivo/conteudo/D04-1366.pdf.

TERMO DE CIÊNCIA E CONSENTIMENTO. Hidroxicloroquina/Cloroquina em associação com Azitromicina para COVID 19. www.issuu.com/gauchazh/docs/documento_final_-_termo-de-cie_ncia-e-consentiment.

WORLD HEALTH ORGANIZATION. A brief history of vaccines. https://www.who.int/news-room/spotlight/history-of-vaccination/a-brief-history-of-vaccination?topicsurvey=ht7j2q)&gclid=Cj0KCQiAhomtBhDgARIsABcaYyk-3TYZSYx2jq9ujZJuI99Rw7Hynd3aoJW-trOLihzjfdrgrShdW88aAiWNEALw_wcB.

WORLD HEALTH ORGANIZATION. Listings of WHO's response to COVID-19. www.who.int/news-room/detail/29-06-2020-covidtimeline.

WORLDOMETERS. Coronavírus. https://www.worldometers.info/coronavirus/.

Jornais e Revistas

ALEXANDER LUKASHENKO. There Are No Virus here. *The New York Times*, 25 de abril de 2020. https://www.nytimes.com/2020/04/25/world/europe/belarus-lukashenko-coronavirus.html.

ANGELA MERKEL. 60% to 70% of the German population will be infected by the coronavirus, Merkel says. *CNBC*, 11 de março de 2020. https://www.cnbc.com/2020/03/11/angela-merkel-most-people-will-get-the-coronavirus.html#:~:text=%E2%80%9CWhen%20the%20virus%20is%20out,has%20over%2082%20million%20citizens.

ANGELA MERKEL. Merkel calls Coronavirus biggest challenge since WWII. *DW*, 18 de março de 2020. https://www.dw.com/en/merkel-coronavirus-is-germanys-greatest-challenge-since-world-war-ii/a-52830797.

ANTÔNIO GUTERRES. Maior desafio desde a Segunda Guerra. *O Globo*, 1º de abril de 2020. https://oglobo.globo.com/economia/maior-desafio-desde-segunda-guerra-diz-onu-ao-pedir-que-paises-se-unam-para-combater-pandemia-24341798.

BBC NEWS BRASIL. Relembre frases de Bolsonaro sobre a covid-19. 7 de julho de 2020. www.bbc.com/portuguese/brasil-53327880 BHAZ. Bolsonaristas lançam paródia de música de Tiririca em apoio a cloroquina. 17 de maio de 2020. www.bhaz.com.br/bolsonaristas-parodia-cloroquina.

BUSINESS INSIDE. Angela Merkel estimates that 60% to 70% of the German population will contract the coronavirus. 10 de março de 2020. www.businessinsider.com/angela-merkel-estimates-coronavirus-will-hit-large-majority-german-population-2020-3.

CNN BRASIL. PIB da China cresce 18,3% no 1º trimestre e bate recorde para o período. 16 de abril de 2021. www.cnnbrasil.com.br/business/2021/04/16/pib-da-china-cresce-18-3-no-1-trimestre-e-bate-recorde-para-o-periodo.

ESTADÃO. Bolsonaro contraria dados do governo e diz que a vacina está em "fase experimental". 10 de junho de 2021. www.estadao.com.br/politica/bolsonaro-contraria-dados-do-governo-e-diz-que-vacina-esta-em-fase-experimental/.

ESTADÃO. Ministro da CGU diz que existe registro de vacina de Bolsonaro em julho de 2021 contra covid-19. 17 de fevereiro de 2023. www.estadao.com.br/politica/ministro-da-cgu-diz-que-existe-registro-de-vacina-de-bolsonaro-em-julho-de-2021-contra-covid-19/.

ESTADÃO. Quem é de direita toma cloroquina, quem é de esquerda, Tubaína, diz Bolsonaro sobre a liberação. 19 de maio de 2020. www.estadao.com.br/saude/quem-e-de-direita-toma-cloroquina-quem-e-de-esquerda-tubaina-diz-bolsonaro-sobre-liberacao/.

ESTADO DE MINAS. Bolsonaristas fazem parodia de música de Tiririca para exaltar cloroquina. 16 de maio de 2021. www.em.com.br/app/noticia/nacional/2020/05/16/interna_nacional,1148061/bolsonaristas-fazem-parodia-musica-tiririca-para-exaltar-cloroquina.shtml.

REVISTA DE CIÊNCIA. Governo joga a ciência pela janela com protocolo de cloroquina. 20 de maio de 2020. www.revistaquestaodeciencia.com.br/questao-quente/2020/05/20/ministerio-da-saude-joga-ciencia-pela-janela-com-protocolo-de-cloroquina.

REUTERS. Macron's popularity jumps as French approve of coronavirus response. 20 de março de 2020. www.reuters.com/article/us-health-coronavirus-macron/macrons-popularity-jumps-as-french-approve-of-coronavirus-response-idUSKBN2173MX.

SANAR. Número de médicos no país cresce mais de 600%. 24 de janeiro de 2020. www.sanarmed.com/numero-de-medicos-no-pais-cresce-mais-de-600-mas-eles-se-concentram-nas-capitais.

THE BRAZILIAN REPORT. 18 percent of Brazilians believe chloroquine cures COVID-19. 21 de julho de 2020. https://brazilian.report/liveblog/coronavirus/2020/07/21/18-of-brazilians-believe-hydroxychloroquine-cures-covid-19/.

THE INDIAN EXPRESS. If Covid vaccine turns you into a crocodile...': Brazilian President's remarks trigger memes. 21 de dezembro de 2020. www.indianexpress.com/article/trending/trending-globally/brazil-president-bolsonaro-covid-vaccine-can-turn-people-into-crocodiles-reactions-jacare-memes-7111095.

THE NEW YORK TIMES, Coronavirus Briefing: What Happened Today, 9 de junho de 2021. https://www.nytimes.com/2021/06/09/us/coronavirus-today.html.

THE NEW YORK TIMES, Morning Briefing: The number of undetected cases is 11 times more than has been officially reported, researchers at Columbia University estimate. 22 de março de 2020.

THE NEW YORK TIMES, Morning Briefing: Worst-case projections based on C.D.C. scenario. 13 de março de 2020.

THE NEW YORK TIMES, The Morning: The Food and Drug Administration formally approved remdesivir as the first drug to treat Covid-19. 10 de setembro de 2020.

THE NEW YORK TIMES. There are no viruses here. 25 de abril de 2020. www.nytimes.com/2020/04/25/world/europe/belarus-lukashenko-coronavirus.html#:~:text=%E2%80%9CThere%20are%20no%20viruses%20here%2C%E2%80%9D%20said%20the%20Belarusian,them%20flying%20around%3F%20I%20don%E2%80%99t%20see%20them%20either.%E2%80%9D.

THE WASHINGTON POST. 2020 was the worst year for economic growth since World War II. 28 de janeiro de 2001. www.washingtonpost.com/business/2021/01/28/gdp-2020-economy-recession.

THE WASHINGTON POST. Some world leaders popularity gros along with coronavirus case numbers. 5 de maio de 2020. www.washingtonpost.com/world/2020/05/13/some-world-leaders-popularity-grows-along-with-coronavirus-case-numbers.

TWITTER FOLHA DE SÃO PAULO. Bolsonaro: No meu caso particular, pelo meu histórico de atleta, caso fosse contaminado pelo vírus não precisaria me preocupar. 25 de março de 2020. twitter.com/folha/status/1242819635751288833?lang=en.

TWITTER UOL. Bolsonaro: "Se tomar vacina e virar jacaré não tenho nada a ver com isso". 17 de dezembro de 2020. twitter.com/UOL/status/1339743904464318465?lang=en.

UOL. Economia dos Estados Unidos cresce 6,4% no primeiro trimestre. 29 de abril de 2021. www.economia.uol.com.br/noticias/afp/2021/04/29/economia-dos-estados-unidos-cresce-64-no-primeiro-trimestre.htm.

2020 WAS THE WORST YEAR FOR ECONOMIC GROWTH SINCE WORLD WAR II. *The Washington Post*. 28 de janeiro de 2021. www.washingtonpost.com/business/2021/01/28/gdp-2020-economy-recession.

Capítulo XIV — A Guerra da Ucrânia

Livros

HEIRICH, Max. *The Spiral of Conflict*. Berkley, 1964.

MARX, Karl. *The 18th Brumaire of Louis Bonaparte*. Nova York: International Publishers, 1977.

Música

ALÔ! ALÔ! MARCIANO. Rita Lee e Roberto Zenóbio. 1980. https://www.letras.mus.br/rita-lee/82879/.

Sites

DEMOCRACY UNDER SIEGE, Freedom House, 2021. https://freedomhouse.org/report/freedom-world/2021/democracy-under-siege.

THE WORLD BANK. GDP per capita (current US$). data.worldbank.org/indicator/NY.GDP.PCAP.CD.

UN DATA. A world of information. http://data.un.org/.

US DEPARTMENT OF DEFENSE. Biden Administration Announces Additional Security Assistance for Ukraine. https://www.defense.gov/News/Releases/Release/Article/3287992/biden-administration-announces-additional-security-assistance-for-ukraine/.

Jornais e Revistas

ESTADÃO. Merkel fala pela 1ª vez após deixar o cargo e defende sua posição com a Rússia. 7 de junho de 1922. www.estadao.com.br/internacional/merkel-fala-pela-1-vez-apos-deixar-cargo-e-defende-sua-posicao-com-a-russia/.

FOLHA DE SÃO PAULO. Putin critica EUA e suspende controle de armas nucleares. 21 de fevereiro de 2023. www1.folha.uol.com.br/mundo/2023/02/putin-critica-eua-e-suspende-controle-de-armas-nucleares.shtml

FORUM. Frase sobre guerra que tem sido usada nas redes sociais é atribuída a oficial nazista. 1º de março de 2022. revistaforum.com.br/global/2022/3/1/frase-sobre-guerra-que-tem-sido-usada-nas-redes-sociais-atribuida-oficial-nazista-110849.html

NEWSWEEK. Henry Kissinger: Ukraine Should Give Up Territory to Russia to Reach Peace. 24 de maio de 2022. www.newsweek.com/henry-kissinger-ukraine-should-give-territory-russia-reach-peace-1709488

PONDÉ, Luiz Pondé. "Crença na capacidade de mudar o mundo pode ser um engano para todos nós", *Folha de S.Paulo*, 2 de fevereiro de 2023. https://www1.folha.uol.com.br/colunas/luizfelipeponde/2023/02/crenca-na-capacidade-de-mudar-o-mundo-pode-ser-um-engano.shtml.

Capítulo XV – A nova direita mundial

Livros

ARENDT, Hannah. *Between Past and Future*. Londres: Penguin Books, 2006.

ARENDT, Hannah. *On Lying and Politics*. Nova York: Library of America, 2022.

ARENDT, Hannah. *The Human Condition*. Second Edition. Chicago: The University of Chicago Press, 2019.

ARENDT, Hannah. *The Origins of Totalitarianism*. San Diego: Harcourt, 1973.

DE FELICE, Renzo. *Fascism: An Informal Introduction to its Theory and Practice*. Nova York: Routledge, 1976.

MOSSE, George. *Nazi Culture*. Nova York: Knopf Doubleday Publishing Group, 1987.

MOSSE, George. *Nazism: A Historical and Comparative Analysis of National Socialism*. Nova Jersey: Transaction Publishers, 1978.

MOSSE, George. *Nazism as Fascism*. Londres: Routledge, 2013.

Sites

ELEIÇÃO PRESIDENCIAL NOS ESTADOS UNIDOS EM 1988. Wikipedia. pt.wikipedia.org/wiki/Elei%C3%A7%C3%A3o_presidencial_nos_Estados_Unidos_em_1988.

ELEIÇÃO PRESIDENCIAL NOS ESTADOS UNIDOS EM 1992. Wikipedia. pt.wikipedia.org/wiki/Elei%C3%A7%C3%A3o_presidencial_nos_Estados_Unidos_em_1992.

ELEIÇÃO PRESIDENCIAL NOS ESTADOS UNIDOS EM 1996. Wikipedia. pt.wikipedia.org/wiki/Elei%C3%A7%C3%A3o_presidencial_nos_Estados_Unidos_em_1996.

ELEIÇÃO PRESIDENCIAL NOS ESTADOS UNIDOS EM 2000. Wikipedia. pt.wikipedia.org/wiki/Elei%C3%A7%C3%A3o_presidencial_nos_Estados_Unidos_em_2000.

ELEIÇÃO PRESIDENCIAL NOS ESTADOS UNIDOS EM 2004. Wikipedia. pt.wikipedia.org/wiki/Elei%C3%A7%C3%A3o_presidencial_nos_Estados_Unidos_em_2004.

ELEIÇÃO PRESIDENCIAL NOS ESTADOS UNIDOS EM 2008. Wikipedia. pt.wikipedia.org/wiki/Elei%C3%A7%C3%A3o_presidencial_nos_Estados_Unidos_em_2008.

ELEIÇÃO PRESIDENCIAL NOS ESTADOS UNIDOS EM 2012. Wikipedia. pt.wikipedia.org/wiki/Elei%C3%A7%C3%A3o_presidencial_nos_Estados_Unidos_em_2012.

ELEIÇÃO PRESIDENCIAL NOS ESTADOS UNIDOS EM 2016. Wikipedia. pt.wikipedia.org/wiki/Elei%C3%A7%C3%A3o_presidencial_nos_Estados_Unidos_em_2016.

ELEIÇÃO PRESIDENCIAL NOS ESTADOS UNIDOS EM 2020. Wikipedia. pt.wikipedia.org/wiki/Elei%C3%A7%C3%A3o_presidencial_nos_Estados_Unidos_em_2020.

GOOBLES, Joseph. HARVARD UNIVERSITY. https://scholar.harvard.edu/skelman/blog/goebbels-says-repeat-lie-often-enough-and-people-will-believe-it.

HANNS JOHST. OXFORD REFERENCE. https://www.oxfordreference.com/display/10.1093/acref/9780191843730.001.0001/q-oro-ed5-00006044;jsessionid=009847E5B5F75A721A6FA3B78B6EF690.

IT'S THE ECONOMY, STUPID. Wikipedia. en.wikipedia.org/wiki/It%27s_the_economy,_stupid.

QANON. Wikipedia. pt.wikipedia.org/wiki/QAnon.

THE WORLD BANK. GDP per capita (current US$). data.worldbank.org/indicator/NY.GDP.PCAP.CD.

TSE. Embaixada dos EUA afirma em nota que eleições brasileiras são exemplo para o mundo. 20 de julho de 2022. www.tse.jus.br/comunicacao/noticias/2022/Julho/embaixada-dos-eua-afirma-em-nota-que-eleicoes-brasileiras-sao-exemplo-para-o-mundo-633805.

UN DATA. A world of information. http://data.un.org/.

Revistas

CULT. A República dos homens. trapo: abaixo a inteligência, viva a morte. 13 de maio de 2019. revistacult.uol.com.br/home/republica-dos-homens-trapo/.

EXAME. Por que Taiwan vive disputa com a China?, 11 de agosto de 2022. exame.com/mundo/conflito-taiwan-china-biden/.

Capítulo XVI – Hamas-Israel: o conflito no Oriente Médio

Livros

CLAUSEWITZ, Carl von. *On War.* Princeton University Press, 1989.

HEDGES, Chris. *What Every Person Should Know About War.* Free Press, 2003.

HOFFMAN, Bruce. *Inside Terrorism.* Columbia University Press, 2017.

HUNTINGTON, Samuel. *The Clash of Civilizations and the Remaking of World Order.* Nova York: Simon & Schuster, 1996.

HYAMS, Edward. *Terrorists and terrorism.* Nova York: St Martin Press, 1975.

MAQUIAVEL. *O Príncipe.* Rio de Janeiro: Editora Paz e Terra, 1996.

SUN-TSU. *A Arte da Guerra.* São Paulo: Record, 2006.

WILKINSON, Paul. *Political Terrorism.* Nova York: Halsted Press, 1974.

Sites

BALFOUR DECLARATION. Wikipedia. https://en.wikipedia.org/wiki/Balfour_Declaration.

BRITANNICA. Balfour Declaration, United Kingdom 1917. https://www.britannica.com/event/Balfour-Declaration.

DEFINITION OF TERRORISM. United Nations General Assembly (1994). Wikipedia. https://en.wikipedia.org/wiki/Definition_of_terrorism.

CEIC. Território Palestino PIB Per Capita. https://www.ceicdata.com/pt/indicator/palestinian-territory-occupied/gdp-per-capita#:~:text=Territ%C3%B3rio%20Palestino%20Pib%20Per%20Capita,-1994%20%2D%202021%20%7C%20anualmente&text=Os%20dados%20de%20Pib%20Per,em%203%2C678.600%20USD%20em%202021.

IMF. West Bank and Gaza. https://www.imf.org/external/datamapper/profile/WBG.

THE WORLD BANK. GDP per capita (current US$). data.worldbank.org/indicator/NY.GDP.PCAP.CD.

UN DATA. A world of information. http://data.un.org/.

YALE LAW SCHOOL. Balfour Declaration 1917. https://avalon.law.yale.edu/20th_century/balfour.asp.

Jornais, Revistas e Blogs

BBC NEWS BRASIL. Quais são as grandes guerras em curso no mundo. 13 de novembro de 2023. https://www.bbc.com/portuguese/articles/c192m733912o#:~:text=Junto%20%C3%A0%20guerra%20entre%20Israel,%2C%20I%C3%AAmen%2C%20Mianmar%2C%20Nig%C3%A9ria%20e.

BRASIL 247. Robert Kennedy Jr. explica como Israel é fundamental para que os EUA controlem o petróleo. 8 de novembro de 2023. https://www.brasil247.com/mundo/robert-kennedy-jr-explica-como-israel-e-fundamental-para-que-os-eua-controlem-o-petroleo.

MACRON, Emmanuel. Frase do Dia. Metrópoles: Blog do Noblat. 21 de dezembro de 2023. https://www.metropoles.com/blog-do-noblat/frases-do-dia/frase-do-dia-957.

NUNES, Edson de Oliveira. A banalidade do mal. *Metrópoles*: Blog do Noblat. 16 de outubro de 2023. https://www.metropoles.com/blog-do-noblat/artigos/a-banalidade-do-mal-por-edson-de-oliveira-nunes.

PIKETTY, THOMAS. Il est temps que les pays occidentaux sortent de leur arrogance et prennent les BRICS au sérieux. *Le Monde*, 11 de novembro de 2023. https://www.lemonde.fr/idees/article/2023/11/11/thomas-piketty-il-est-temps-que-les-pays-occidentaux-sortent-de-leur-arrogance-et-prennent-les-brics-au-serieux_6199492_3232.html.

UOL. EUA se abstêm e Conselho de Segurança da ONU aprova resolução para ajuda humanitária em Gaza. https://noticias.uol.com.br/ultimas-noticias/reuters/2023/12/22/conselho-de-seguranca-da-onu-age-para-aumentar-ajuda-a-gaza-apos-abstencao-dos-eua.htm.

Capítulo XVII – Venezuela-Guiana: a geopolítica do petróleo

Sites

GUYANA–VENEZUELA TERRITORIAL DISPUTE. Wikipedia. https://en.wikipedia.org/wiki/Guyana%E2%80%93Venezuela_territorial_dispute.

THE WORLD BANK. GDP per capita (current US$). data.worldbank.org/indicator/NY.GDP.PCAP.CD.

UN DATA. A world of information. http://data.un.org/.

Jornais, Revistas e Blogs

BBC NEWS BRASIL. Maduro determina criação de estado venezuelano no Essequibo e Guiana responde: 'Ameaça direta'. 6 de dezembro de 2023. https://www.bbc.com/portuguese/articles/czr2ze2gpjvo#:~:text=Maduro%20determinou%2C%20em%20reuni%C3%A3o%20com,Essequiba%22%20como%20um%20estado%20venezuelano.

ESTADÃO. Venezuela em guerra com Guiana? Se houver conflito, quem tem Exército e aliados mais poderosos? 7 de dezembro de 2023. https://www.estadao.com.br/internacional/venezuela-em-guerra-com-guiana-se-houver-conflito-quem-tem-exercito-e-aliados-mais-poderosos/.

O GLOBO. Acordo sobre eleição na Venezuela teve bênção do Brasil e deve sacramentar fim de sanções dos EUA sobre petróleo. 17 de outubro de 2023. https://g1.globo.com/politica/blog/julia-duailibi/post/2023/10/17/acordo-governo-oposicao-venezuela-sancoes-eua.ghtml.

O GLOBO. Justiça da Venezuela suspende resultado de primárias da oposição em que candidata à presidência foi escolhida. 30 de outubro de 2023. https://g1.globo.com/mundo/noticia/2023/10/30/justica-da-venezuela-suspende-resultado-de-primarias-da-oposicao-em-que-candidata-a-presidencia-foi-escolhida.ghtml.

SARNEY, José. O Essequibo. *Metrópoles*: Blog do Noblat. 5 de dezembro de 2023. https://www.metropoles.com/blog-do-noblat/artigos/o-essequibo-por-jose-sarney.

Capítulo XVIII – A crise ecológica

Livros

CLINE, William. *Global Warming and Agriculture*. Washington: IMF Finance & Development, 2008.

HOLTHAUS, Eric. *The Future Earth: a Radical Vision for What's Possible in the Age of Warming*. San Francisco: Harper One, 2020.

KOLBERT, Elizabeth. *The Sixth Extinction: an Unnatural History*. Nova York: Henry Holt and Co, 2014.

MALTHUS, Thomas Robert. *An Essay on the Principle of Population*. Oxford: 1999 by Oxford University Press, 1999.

NASH, John. *Essays on Game Theory*. Northampton: Edward Elgar Publishing, 1996.

NETTO, Antonio Delfim. Atitudes Obscurantistas transformaram Brasil em Pária Ambiental. Brasil: *Brasil Agro*, 22 de julho de 2020.

PALMER, Lisa. *Hot, Hungry Planet: The Fight to Stop a Global Food Crisis in the Face of Climate Change*. Nova York: St. Martin's Press, 2017.

PEREIRA, Merval. Isolado do Mundo. Rio de Janeiro: *O Globo*, 29 de abril de 2021.

SENGE, Peter. *The Fifth Discipline: The Art & Practice of the Learning Organization*. Nova York: Crown Business, 2006.

Relatórios

EIA, International Energy Outlook 2019 with projections to 2050. Washington: US Department of Energy, 2019.

FAO, FAO Strategy on Climate Change. Roma, 2017.

SENSUS, World Research: 22 Countries. Brazil, 2001.

UN WATER, The United Nation World Water Development Report 2021: Valuing Water. Genebra, 2021.

UN WATER, The United Nation World Water Development Report 2021; Water and Climate Change. Genebra, 2020.

Sites

ALTERAÇÕES CLIMÁTICAS. Anomalia da temperatura terra-mar. www.alteracoesclimaticas.wordpress.com/tag/anomalia-da-temperatura-terra-mar.

AP. Role of the Amazon in global climate change. www.apnews.com/384fdb5ee7654667b53ddb49efce8023#:~:text=The%20Amazon%20absorbs%202%20billion,MEAN%20FOR%20THE%20WORLD%27S%20CLIMATE%3F.

CAIXA DE PANDORA. Wikipedia. https://pt.wikipedia.org/wiki/Caixa_de_Pandora.

COUNTRIESNOW. Top 10 Largest Oil Consuming Countries In The World. www.countriesnow.com/which-country-consumes-most-oil-in-the-world/#:~:text=Rank%20Country%20Consumption%20BBL%2FDay%201.%20USA%2018.9%20million,million%204.%20India%203.3%20million%206%20more%20rows.

EARTH OBSERVATORY. Global Warming. www.earthobservatory.nasa.gov/features/GlobalWarming.

EARTH OVERSHOOT DAY. https://earth.org/what-is-earth-overshoot-day/?gclid=CjwKCAjwhJukBhBPEiwAniIcNeIXEd8jTLmbATeQGOwDXNc8q5Neg9GNSJKAijFPcS_WzpoNTe0XaRoCOegQAvD_BwE.

EIA. Frequently Asked Questions. www.eia.gov/tools/faqs/faq.php?id=38&t=6.

EIA. US Energy Information Administration. www.eia.gov.

EUROPEAN ENVIRONMENT AGENCY. Meeting EU environment policy targets by 2030 will be challenging. www.eea.europa.eu.

LAND USE STATISTICS BY COUNTRY. Wikipedia. https://en.wikipedia.org/wiki/Land_use_statistics_by_country.

LARGEST. 10 Largest Forests in the World. www.largest.org/nature/forests.

LIST OF COUNTRIES BY FOREST AREA. Wikipedia. https://en.wikipedia.org/wiki/List_of_countries_by_forest_area.

LIST OF COUNTRIES BY TOTAL RENEWABLE WATER RESOURCES. Wikipedia. https://en.wikipedia.org/wiki/List_of_countries_by_total_renewable_water_resources.

LIST OF STATES WITH NUCLEAR WEAPONS. Wikipedia. https://en.wikipedia.org/wiki/List_of_states_with_nuclear_weapons#.

MDPI. Energy Consumption TWh/y. www.mdpi.com/2571-8797/1/1/3.

NASA. Global Climate Change. climate.nasa.gov/.

NOAA. Climate Change: Global Sea Level. www.climate.gov/news-features/understanding-climate/climate-change-global-sea-level#:~:text=If%20we%20are%20able%20to,than%20it%20was%20in%202000.

NOAA. Climate Change: Global Temperature. climate.gov/news-features/understanding-climate/climate-change-global-temperature#:~:text=According%20to%20NOAA's%202021%20Annual,0.18%20%C2%B0C)%20per%20decade.

NOAA. Historical Changes in Atlantic Hurricane and Tropical Storms. www.gfdl.noaa.gov/historical-atlantic-hurricane-and-tropical-storm-records/.

NONRESIDENTIAL WATER USE IN THE U.S. Wikipedia. en.wikipedia.org/wiki/Nonresidential_water_use_in_the_U.S.

OIL AND GAS RESERVES AND RESOURCE QUANTIFICATION. Wikipedia. https://en.wikipedia.org/wiki/Oil_reserves.

OUR WORLD IN DATA. Water Use and Stress. ourworldindata.org/water-use-stress.

PACIFIC INSTITUTE. The World's Water. www.worldwater.org.

RESIDENTIAL WATER USE IN THE U.S. AND CANADA. Wikipedia. en.wikipedia.org/wiki/Residential_water_use_in_the_U.S._and_Canada.

STATISTA. The Countries with the Most Satellites in Space. https://www.statista.com/chart/17107/countries-with-the-most-satellites-in-space/?gclid=CjwKCAiAqY6tBhAtEiwAHeRopRGh-a-gPo8isaCX1QmYDTjUKbsslQ2VjG74rqNE9VCDxlkNeA1SbhoCg-gQAvD_BwE.

TEMPERATURE RECORD OF THE LAST 2,000 YEARS. Wikipedia. en.wikipedia.org/wiki/Temperature_record_of_the_last_2,000_years.

THE WORLD BANK. GDP per capita (current US$). data.worldbank.org/indicator/NY.GDP.PCAP.CD.

TIMELINE OF FIRST ORBITAL LAUNCHES BY COUNTRY. Wikipedia. https://en.wikipedia.org/wiki/Timeline_of_first_orbital_launches_by_country.

TOPFOREIGNSTOCKS. How Long Will the Global Oil and Natural Gas Reserves Last. https://topforeignstocks.com/2011/08/15/how-long-will-the-global-oil-and-natural-gas-reserves-last/#:~:text=The%20world%E2%80%99s%20proven%20oil%20reserves%20of%201%2C383.2%20billion,production%20is%20to%20continue%20at%20the%202010%20rate.

UN DATA. A world of information. http://data.un.org/.

UN. Disarmament. https://www.un.org/en/global-issues/disarmament.

UN. Water. https://www.unwater.org/.

UNION OF CONCERNED SCIENTISTS. Each Country's Share of CO2 Emissions. https://www.ucsusa.org/resources/each-countrys-share-co2-emissions.

WIDFIRE TODAY. California forests hit hard by wildfires in the last decade. wildfiretoday.com/2022/09/05/california-forests-hit-hard-by-wildfires-in-the-last-decade/#:~:text=Of%20the%2032.1%20million%20acres,7.9%20million%20acres%20(24.7%25).

WORLD ATLAS. Countries With The Most Operational Satellites In Orbit. https://www.worldatlas.com/articles/countries-with-the-most-operational-satellites-in-orbit.html.

World energy supply and consumption. en.wikipedia.org/wiki/World_energy_supply_and_consumption.

WORLD HEALTH ORGANIZATION. Air pollution. https://www.who.int/health-topics/air-pollution#tab=tab_1.

WORLD POPULATION REVIEW. Military Satellites by Country 2024. https://worldpopulationreview.com/country-rankings/military-satellite-by-country

WORLD RAINFORESTS. https://worldrainforests.com/.

WORLD WATER COUNSIL. www.worldwatercouncil.org/en.

Jornais e Revistas

ESTADÃO. Vírus 'zumbis' estão descongelando na Sibéria. 13 de dezembro de 2022. https://www.estadao.com.br/ciencia/virus-zumbis-estao-descongelando-na-siberia-devemos-entrar-em-panico/.

JORNAL DA USP. Dados comprovam o aumento de eventos climáticos extremos em São Paulo. 28 de fevereiro de 2020. jornal.usp.br/ciencias/ciencias-ambientais/dados-comprovam-aumento-de-eventos-climaticos-extremos-em-sao-paulo/.

JORNAL DA USP. Desmatamento da Amazônia dispara de novo em 2020. 7 de agosto de 2020. www.jornal.usp.br/ciencias/desmatamento-da-amazonia-dispara-de-novo-em-2020.

O GLOBO. Aumento do nível do mar ameaça provocar êxodo de 'proporções bíblicas', diz ONU. 14 de fevereiro de 2023. oglobo.globo.com/mundo/noticia/2023/02/aumento-do-nivel-do-mar-ameaca-provocar-exodo-de-proporcoes-biblicas-diz-onu.ghtml.

O GLOBO. Circulação no Oceano Atlântico atinge o menor nível em mil anos e pode levar tempestade, seca e ondas de calor para a Europa. 26 de fevereiro de 2021. www.oglobo.globo.com/sociedade/um-so-planeta/circulacao-no-oceano-atlantico-atinge-menor-nivel-em-mil-anos-pode-levar-tempestade-seca-ondas-de-calor-para-europa-24900047.

O GLOBO. Deter o aquecimento global é um imperativo moral e econômico, diz Biden na Cúpula do Clima; veja o que disseram os líderes. 22 de abril de 2021. www.oglobo.globo.com/mundo/deter-aquecimento-global-um-imperativo-moral-economico-diz-biden-na-cupula-do-clima-veja-que-disseram-os-lideres-24982219.

PAIVA, Paulo. Brasil: liberta teu Prometeu. *O Tempo*, 17 de setembro de 2021.

PAIVA Paulo. Virtude e Conhecimento. *O Tempo*, 8 de outubro de 2021.

THE ECONOMIST, Is it the end of the oil age?. 17 de setembro de 2020. www.economist.com/leaders/2020/09/17/is-it-the-end-of-the-oil-age.

THE NEW YORK TIMES, The Morning: The West, Ablaze. 23 de outubr de 2020.

US TODAY. What would the Earth be like without the Amazon rainforest? Aug 28, 2019. www.usatoday.com/story/news/nation/2019/08/28/amazon-rain-forest-what-would-earth-like-without-it/2130430001.

Capítulo XIX – Os blocos do futuro

Livros

ADAMS, John. *The Political Writings of John Adams*. Gateway Editions, 2001.

ADAMS, John. *Thoughts on Government*. Kindle Edition, 2019.

BERMAN, Marshall. *All that is Solid Melts into Air*. Penguin Books, 1988.

CASAS, Tomas; Cozzi, Guido. *Elite Quality Report 2020: 32 County Scores and Global Rank*. Zurich: Seismo Press, 2020.

CLINE, William. *Global Warming and Agriculture*. Washington: IMF Finance & Development, 2008.

FRIEDMAN, Thomas. *The World is Flat*. Nova York: Farrar, Straus and Giroux, 2005.

FUKUYAMA, Francis. *The End of History and the Last Man*. Free Press, 1992.

GALBRAITH, John. *The Age of Uncertainty*. Boston: Houghton Mifflin Harcourt Publishing Company, 1978.

GARAVINI, Giuliano. *The Rise and Fall of OPEC in the Twentieth Century*. Oxford Scholarship Online, 2019.

HOBSBAWM, Eric. *The Age of Extremes: 1914–1991*. Nova York: Knopf Doubleday Publishing Group, 1995.

HUNTINGTON, Samuel. *The Clash of Civilizations and the Remaking of World Order*. Nova York: Simon & Schuster, 1996.

IDEA. *The Global State of democracy*. Stockholm, 2022.

IOM UN Migration, World Migration Report 2020. Switzerland: International Organization for Migration, 2020.

INGLEHART, Ronald, *World Values Survey*. Michigan: Ann Arbor, 1981-2021

INGLEHART, Ronald. *The True Clash of Civilizations*. Foreign Policy, 2003.

KIM, Chan. *Blue Ocean Strategy*. Cambridge: Harvard Business School Publishing Corporation, 2005.

LOCKE, John. *Two Treatises of Government*. Cambridge: Cambridge University Press, 1988.

MALTHUS, Thomas Robert. *An Essay on the Principle of Population*. Oxford: 1999 by Oxford University Press, 1999.

MICHELS, Robert. *Political Parties. A Sociological Study of the Oligarchical Tendencies of Modern Democracy.* Nova York: Dover Publications, 1959.

MILL, John Stuart. *On Liberty.* Nova York: Penguin Classics, 1985.

MILLS, Wright. *The Power Elite.* Oxford: Oxford University Press, 1956.

MONTESQUIEU, Baron de. *The Spirit of Laws.* Canadá: Batoche Books, 2001.

PALMER, Lisa. *Hot, Hungry Planet: The Fight to Stop a Global Food Crisis in the Face of Climate Change.* Nova York: St. Martin's Press, 2017.

PIKETTY, Thomas. *Capital in the Twenty-First Century.* Cambridge: Belknap Press, 2014.

ROUSSEAU, Jean-Jacques. *The Social Contract.* Nova York: Penguin Books, 1968.

SENGE, Peter. *The Fifth Discipline: The Art & Practice of the Learning Organization.* Nova York: Crown Business, 2006.

Relatórios

EIA. *International Energy Outlook 2019 with projections to 2050.* Washington: US Department of Energy, 2019.

FREEDOM HOUSE. *Freedom in the World 2021*: Democracy under Siege. Washington, 2021.

IDEA. *The Global State of democracy.* Stockholm, 2022.

UN WATER. *The United Nation World Water Development Report 2021*: Valuing Water. Geneva, 2021.

UN WATER. *The United Nation World Water Development Report 2021*: Water and Climate Change. Geneva, 2020.

UNIVERSITAT WURZBURD. *Democracy Matrix*: Codebook. Germany, 2020.

WORLD INEQUALITY LAB. *World Inequality Report 2018.* Paris, 2018.

WORLD INEQUALITY LAB. *World Inequality Report 2018.* Paris, 2022.

WORLD INEQUALITY LAB. *World Inequality Report 2020.* Paris, 2022.

Sites

EIA. US Energy Information Administration. www.eia.gov.

EUROPEAN ENVIRONMENT AGENCY. Meeting EU environment policy targets by 2030 will be challenging. www.eea.europa.eu.

LAND USE STATISTICS BY COUNTRY. Wikipedia. https://en.wikipedia.org/wiki/Land_use_statistics_by_country.

LARGEST. 10 Largest Forests in the World. www.largest.org/nature/forests.

LIST OF COUNTRIES BY FOREST AREA. Wikipedia. https://en.wikipedia.org/wiki/List_of_countries_by_forest_area.

LIST OF COUNTRIES BY TOTAL RENEWABLE WATER RESOURCES. Wikipedia. https://en.wikipedia.org/wiki/List_of_countries_by_total_renewable_water_resources.

LIST OF STATES WITH NUCLEAR WEAPONS. Wikipedia. https://en.wikipedia.org/wiki/List_of_states_with_nuclear_weapons.

OIL AND GAS RESERVES AND RESOURCE QUANTIFICATION. Wikipedia. https://en.wikipedia.org/wiki/Oil_and_gas_reserves_and_resource_quantification.

PACIFIC INSTITUTE. The World's Water. www.worldwater.org.

REDDIT. Umberto Eco. www.reddit.com/r/quotes/comments/5gzuj1/social_media_gives_legions_of_idiots_the_right_to.

TOPFOREIGNSTOCKS. How Long Will the Global Oil and Natural Gas Reserves Last. https://topforeignstocks.com/2011/08/15/how-long-will-the-global-oil-and-natural-gas-reserves-last/#:~:text=The%20world%E2%80%99s%20proven%20oil%20reserves%20of%201%2C383.2%20billion,production%20is%20to%20continue%20at%20the%202010%20rate.

UN DATA. A world of information. http://data.un.org/.

UN. Disarmament. https://www.un.org/en/global-issues/disarmament.

UN. Water. https://www.unwater.org/.

UNION OF CONCERNED SCIENTISTS. Each Country's Share of CO2 Emissions. https://www.ucsusa.org/resources/each-countrys-share-co2-emissions.

WORLD ATLAS. Countries With The Most Operational Satellites In Orbit. https://www.worldatlas.com/articles/countries-with-the-most-operational-satellites-in-orbit.html.

WORLD INEQUALITY LAB. World Inequality Report 2018. Paris, 2022.

WORLD POPULATION REVIEW. Military Satellites by Country 2024. https://worldpopulationreview.com/country-rankings/military-satellite-by-country.

WORLD WATER COUNSIL. www.worldwatercouncil.org/en.

WORLDOMETER. Largest Countries in the World (by area). www.worldometers.info/geography/largest-countries-in-the-world/.

WORLDOMETER. Oil left in the world. www.worldometers.info/oil/#:~:text=There%20are%201.65%20trillion%20barrels,times%20its%20annual%20consumption%20levels.

Jornais e Revistas

CORREIO DO POVO. Umberto Eco e seu olhar crítico: "as redes sociais deram voz a uma legião de imbecis". 20 de fevereiro de 2016. www.correiodopovo.com.br/arteagenda/umberto-eco-e-seu-olhar-cr%C3%ADtico-as-redes-sociais-deram-voz-a-uma-legi%C3%A3o-de-imbecis-1.195214.

DORIA, Pedro. "A Suprema Corte dos EUA contra algoritmos?". O Globo, 24 de fevereiro de 2023. oglobo.globo.com/opiniao/pedro-doria/coluna/2023/02/a-suprema-corte-dos-eua-contra-algoritmos.ghtml.

ISTO É. Hora de Votar. Edição de 5 de outubro de 2018. https://istoe.com.br/hora-de-votar/.

Capítulo XX – A antiga questão: O que fazer?

Livros

BERMAN, Marshall. *All that is Solid Melts into Air.* Penguin Books, 1988.

HAWKING, Stephen. *A Brief History of Time.* Nova York: Bantam Books, 1998.

Música

THIELE, Bob. What a Wonderful World. Estados Unidos: Warner Chappell Music, Inc.

Epílogo

Sites

O HISTORIADOR. Lembra-se que é mortal. http://depaulaohistoriador.blogspot.com/2017/01/lembra-te-que-es-mortal.html.

PENSADOR. Júlio Cesar. https://www.pensador.com/frase/MjkwNTQxMw/.

Citações, Gráficos e Tabelas

Todas as menções, citações, gráficos e tabelas estão baseadas na bibliografia constante de seus respectivos capítulos.

Epígrafe

Citação

Citação — As Time Goes By — pág. 2
HUPFELD, Herman. *As Time Goes By*. Estados Unidos, 1931.
Tradução do autor

Introdução

Citação

Citação — Give Peace a Chance — pág. 5
LENNON, John. Give Peace a Chance. Montreal, 1969.

Capítulo I — O pensamento humano

Citações

Citação — Einstein — pág. 6
EINSTEIN. QUOTE INVESTIGATOR. www.quoteinvestigator.com/2010/05/04/universe-einstein.
Tradução do autor.

Citação — Galileu — pág. 6
GALILEO. SCIENTIFIC AMERICA. https://blogs.scientificamerican.com/observations/did-galileo-truly-say-and-yet-it-moves-a-modern-detective-story/#:~:text=During%20his%20trial%20for%20suspicion,end%2C%20truth%20would%20win%20out.
Tradução do autor.

Citação — Marx — pág. 7
MARX, Karl. The Holy Family. in MacLellan, David (editor). *Karl Marx: Selected Writings*. Oxford: Oxford University Press, 1977.
Tradução do autor.

Citação — Adam Smith — pág. 10
SMITH, Adam. *The Wealth of Nations*. Chicago: The University of Chicago Press, 1976.
Tradução do autor.

Citação — Georg Simmel — pág. 13
SIMMEL, Georg. *The Philosophie of Money*. Londres: Routledge, 2004.
1976.
Tradução do autor.

Capítulo II – A Idade Média

Tabelas

Todas as tabelas deste capítulo são desenvolvidas pelo autor em Excel a partir das seguintes fontes de informação:

Fontes

DEMOGRAPHIC HISTORY OF JERUSALEM. Wikipedia. https://en.wikipedia.org/wiki/Demographic_history_of_Jerusalem#Middle_Ages.

HISTORICAL URBAN COMMUNITY SIZES. Wikipedia. https://en.wikipedia.org/wiki/Historical_urban_community_sizes.

PERSEPOLIS. Uppersia. www.uppersia.com/iran-destinations/persepolis.html#:~:text=It%20is%20estimated%20that%20the,and%20Achaemenid%20arts%20and%20culture.

TIMELINE OF BERLIN. Wikipedia. https://en.wikipedia.org/wiki/Timeline_of_Berlin.

Citações

Citação — Gênesis – pág. 14
GÊNESE. Bible Hub. hubwww.biblehub.com/revelation/20-12.
Tradução do autor.

Citação — Apocalipse — pág. 14
APOCALIPSE. Bible Study Tools. www.biblestudytools.com/aa/apocalipse.
Tradução do autor.

Capítulo V — As caravelas e o Novo Mundo

Tabelas

Todas as tabelas deste capítulo são desenvolvidas pelo autor em Excel a partir das seguintes fontes de informação:

Fontes

HISTORICAL URBAN COMMUNITY SIZES. Wikipedia. https://en.wikipedia.org/wiki/Historical_urban_community_sizes.
The world's 100 largest cities from 1800 to 2020, and beyond. IIED. www.iied.org/worlds-100-largest-cities-1800-2020-beyond.

Mapas

Mapas do Império Português e Império Espanhol
Produzidos por Bruna Angelo Guedes, que cede os direitos para a divulgação.

Citação

Citação — Luís de Camões — pág. 24
CAMÕES, Luís de. *Os Lusíadas*. Coimbra: Colégio das Artes da Universidade de Coimbra, 2016.

Capítulo VI — A Revolução Industrial

Tabela

A tabela deste capítulo é desenvolvida pelo autor em Excel a partir da seguinte fonte de informação:

Fonte

HISTORICAL URBAN COMMUNITY SIZES. Wikipedia. en.wikipedia.org/wiki/Historical_urban_community_sizes.

Capítulo VII — Um século de ideias e movimentos sociais

Tabelas

Todas as tabelas deste capítulo são desenvolvidas pelo autor em Excel a partir das seguintes fontes de informação:

Fontes

LIST OF REGIONS BY PAST GDP (PPP). Wikipedia. en.wikipedia.org/wiki/List_of_regions_by_past_GDP_(PPP)

RESEARCH GARTE. GDP Per Capita. www.researchgate.net/figure/Population-GDP-and-GDP-per-capita-1900-2030-selected-countries-and-the-world-GDP_tbl1_228999174.

Citações

Citação — Beethoven — pág. 34
ODE TO JOY, NINTH SYMPHONY, Beethoven.
https://www.classical-music.com/features/articles/ode-to-joy-lyrics/.
Tradução do autor.

Citação — Benjamin Franklin — pág. 36
FRANKLIN, Benjamin, in https://blogs.loc.gov/manuscripts/2022/01/a-republic-if-you-can-keep-it-elizabeth-willing-powel-benjamin-franklin-and-the-james-mchenry-journal/.
Tradução do autor.

Citação — Robert Mitchell — pág. 38
PINTO, Ricardo GF. *Party, Choice and Ideology: A Case Study of Brazilian Politics*. Department of Political Science, The University of Chicago, 2001.
Tradução do autor.

Citação — Werner Sombart — pág. 38
SOMBART, Werner. *Why Is there no Socialism in the United States?* White Plains: ME Sharper Inc, 1976.
Tradução do autor.

Citações — Marx e Engels — pág. 39
MARX, Karl. *Selected Letters: The Personal Correspondence, 1844–1877*. Nova York: Little Brown and Company, 1981.
Tradução do autor.

Citações — Plekhanov — pág. 41
PLEHKANOV, George. *The Materialistic Conception of History*. Londres: Lawrence & Wishart, 1940.
Tradução do autor.

PLEHKANOV, George. *The Role of the Individual in History*. Nova York: International Publishers, 1940.
Tradução do autor

Capítulo VIII – A Primeira Guerra Mundial

Tabela

A tabela deste capítulo é desenvolvida pelo autor em Excel a partir da seguinte fonte de informação:

Fonte

LISTA DE REGIÕES POR PIB PASSADO. Wikipedia. https://pt.wikipedia.org/wiki/Lista_de_regi%C3%B5es_por_PIB_passado.

Mapa

Mapa da Europa antes da Primeira Guerra Mundial
Produzido por Bruna Angelo Guedes, que cede os direitos para a divulgação.

Citação

Citação — Clausewitz — pág. 48
CLAUSEWITZ, Carl Von. *On War*. Londres: Routledge, 2004.
Tradução do autor.

Capítulo IX – A gripe espanhola

Gráfico

O gráfico deste capítulo é elaborado pelo autor em Excel a partir da seguinte fonte de informação:

Fonte

SPANISH FLU. Wikipedia.https://en.wikipedia.org/wiki/Spanish_flu.

Avisos Públicos

Os três avisos públicos são transcritos, traduzidos e graficamente produzidos pelo autor a partir dos respectivos avisos públicos da época:

CORPORATION OF THE CITY OF KELOWNA. Public Notice. Canadá. https://www.vancouverisawesome.com/history/kelowna-spanish-flu-pandemic-2188106.

CONSELHOS AO POVO. INSPECTORIO DE HYHIENE, A INFLUENZA HESPANHOLA, BRASIL. PODER 360. https://www.poder360.com.br/midia/imprensa-indicava-sal-de-quinino-contra-gripe-espanhola/.

NEW YORK TELEPHONE CO, WHEN IN QUARANTINE. NOVA YORK. SNOPES. https://www.snopes.com/fact-check/1918-quarantine-ad-for-phone/.

Capítulo X – A Segunda Guerra Mundial

Tabela

A tabela deste capítulo é desenvolvida pelo autor em Excel a partir da seguinte fonte de informação:

Fonte

RALPH JULIAN ARCHIVE. Allies and Axis GDP. http://www.zuljan.info/articles/0302wwiigdp.html.

Mapa

MAPA da Europa antes da Segunda Guerra Mundial
Produzido por Bruna Angelo Guedes, que cede os direitos para a divulgação.

Citações

Citação — Goobles — pág. 58
GOOBLES, Joseph. Harvad University. https://scholar.harvard.edu/skelman/blog/goebbels-says-repeat-lie-often-enough-and-people-will-believe-it.
Tradução do autor.

Citação — Hanns Johst — pág. 58
HANNS JOHST. Oxford Reference. https://www.oxfordreference.com/display/10.1093/acref/9780191843730.001.0001/q-oro-ed5-00006044;jsessionid=009847E5B5F75A721A6FA3B78B6EF690.
Tradução do autor.

Citação — Galileu — pág. 58
GALILEU. PINTEREST. https://br.pinterest.com/pin/de-todos-os-dios-nenhum-supera-o-da-ignorncia-contra-o-conhecimento-galileo-galilei-leaquioficial-leaquicom--818036719834118038/.

Citação — Churchill — pág. 64
CHURCHILL, Winston. As palavras de Churchill BBC News Brasil. 11 de fevereiro de 2018. https://www.bbc.com/portuguese/internacional-42997188.

Citação — Vera Lynn — pág. 64
VERA LYNN. LETRAS. We'll meet again. https://www.letras.mus.br/vera-lynn/511316/traducao.html.
Tradução do autor.

Capítulo XI – A nova ordem mundial

Mapa

Mapa de Israel e Palestina
Produzido por Bruna Angelo Guedes, que cede os direitos para a divulgação.

Capítulo XII – As economias de hoje

Tabelas e gráficos

As tabelas e os gráficos deste capítulo na análise de dados socioeconômicos são elaborados e desenvolvidas pelo autor em Excel a partir dos dados disponíveis do FMI, do Banco Mundial e das Nações Unidas.

Fontes

Dados Econômicos e Financeiros
IMF. IMF DATA.
https://www.imf.org/en/Data.

IMF DATA. Access to Macroeconomic and Financial Data.
data.imf.org/?sk=388DFA60-1D26-4ADE-B505-A05A558D9A42&sId=1479329132316.

IMF. World Economic Outlook
imf.org/en/Publications/WEO/Issues/2020/04/14/weo-april-2020#Introduction.

Informações gerais, indicadores econômicos e sociais, infraestrutura e meio ambiente
UN DATA. A world of information.
http://data.un.org/.

PIB
THE WORLD BANK. GDP (current US$). data.worldbank.org/indicator/NY.GDP.MKTP.CD.

PIB por país
THE WORLD BANK. DataBank. https://databank.worldbank.org/reports.aspx?source=2&series=NY.GDP.MKTP.CD&country=.

PIB PPC
THE WORLD BANK. GDP, PPP (constant 2017 international $). data.worldbank.org/indicator/NY.GDP.MKTP.PP.KD.

PIB Per Capita
THE WORLD BANK. GDP per capita (current US$). data.worldbank.org/indicator/NY.GDP.PCAP.CD.

Taxa de Investimento
THE WORLD BANK. TCdata360. tcdata360.worldbank.org/indicators/inv.all.pct?country=BRA&indicator=345&viz=line_chart&years=1980,2024.

Balança de pagamentos
THE WORLD BANK. Current account balance (BoP, current US$). data.worldbank.org/indicator/BN.CAB.XOKA.CD.

Tabelas

Estimativa PIBs 2016 a 2050
A tabela de projeções do PIB de 2016 a 2050 é elaborada pelo autor em Excel a partir da seguinte fonte de dados:
THE WORLD IN 2050. PWC. www.pwc.com/gx/en/research-insights/economy/the-world-in-2050.html.

Ranking universidades
A tabela comparativa das cem melhores universidade do mundo é elaborada pelo autor em Excel a partir da seguinte fonte de dados:
TIMES HIGHER EDUCATION. World University Rankings. www.timeshighereducation.com/content/world-university-rankings.

Capítulo XIII — A pandemia da covid-19

Tabelas e gráficos

As tabelas e os gráficos deste capítulo na análise da covid-19 foram elaboradas e desenvolvidas pelo autor em Excel a partir dos dados disponíveis do Worldometers e do Our World in Data.
Foram considerados dois períodos distintos para a análise dos dados de casos de covid-19. O primeiro ano e meio da covid-19, de janeiro de 2020 a junho de 2021, onde testamos os efeitos das diferentes políticas sanitárias e econômicas adotadas, considerando-se a data de 8 de junho de 2021 para os indicadores de covid, como referência para análise neste livro; e o segundo período, de julho de 2021 a janeiro de 2023, onde os efeitos econômicos da crise pandêmica já se dissipam, voltando as economias a seus cursos normais, tomando como base a data de 31 de janeiro de 2023 para os indicadores de covid, com base nos dados do Worldometers. Com relação à vacinação contra a covid-19, consideramos a data de 13 de junho de 2021 para a vacinação, com base nos dados do Our World in Data.

Worldometers.info.

Dover, Delaware, U.S.A.

WORLDOMETERS. COVID-19 Coronavirus Pandemic. 6 de junho de 2021, 31 de janeiro de 2023. https://www.worldometers.info/coronavirus/.

OUR WORLD IN DATA. Coronavirus Vaccinations. 13 de junho de 2021. www.ourworldindata.org/covid-vaccinations.

As tabelas, os gráficos e as correlações deste capítulo na análise das relações entre os dados econômicos e os dados para a covid-19 são elaborados e desenvolvidos pelo autor em Excel a partir dos dados econômicos disponíveis do FMI, do Banco Mundial e das Nações Unidas, conforme listados anteriormente no Capítulo XII — As economias de hoje, e para a covid-19 do Worldometers, e neste Capítulo XIII — A pandemia da covid-19.

IMF. IMF DATA. REAL GDP GROWTH. https://www.imf.org/en/Data.

IMF. IMF DATAMAPER. REAL GDP GROWTH. https://www.imf.org/external/datamapper/NGDP_RPCH@WEO/OEMDC/ADVEC/WEOWORLD.

THE WORLD BANK. GDP (current US$). data.worldbank.org/indicator/NY.GDP.MKTP.CD.

UN DATA. A world of information. http://data.un.org/.

WORLDOMETERS. COVID-19 Coronavirus Pandemic. 6 de junho de 2021, 31 de janeiro de 2023. https://www.worldometers.info/coronavirus/.

A TABELA da covid-19 para países, estados e províncias é elaborada pelo autor em Excel a partir do Worldometers e de dados das áreas de saúde do Brasil, da Rússia e da Índia.

CORONAVIRUS BRASIL. Painel Coronavírus. https://covid.saude.gov.br/.

COVID-19 BRASIL. https://infoms.saude.gov.br/extensions/covid-19_html/covid-19_html.html.

COVID-19 INDIA. https://prsindia.org/covid-19/cases

COVID-19 INDIA. www.mohfw.gov.in.

COVID-19 RUSSIA. https://www.statista.com/statistics/1102935/coronavirus-cases-by-region-in-russia/.

WORLDOMETERS. COVID-19 Coronavirus Pandemic.https://www.worldometers.info/coronavirus/.

A TABELA sobre o preço do barril de petróleo é elaborada a partir dos dados das seguintes fontes de informação:

CEIC. Norway Crude Oil: Exports. www.ceicdata.com/en/indicator/norway/crude-oil-exports.

IBP. Evolução dos preços internacionais do petróleo e projeções 2022-2025. www.ibp.org.br/observatorio-do-setor/snapshots/evolucao-dos-precos-internacionais-do-petroleo-e-projecoes-para-2025/.

A tabela sobre a taxa de câmbio no Brasil é elaborada a partir dos dados do Banco Central.

BANCO CENTRAL DO BRASIL. Histórico de Cotações. www.bcb.gov.br/estabilidadefinanceira/historicocotacoes.

Foram utilizados dados do Imperial College de análise e projeções para a covid-19.

IMPERIAL COLLEGE, Report 12: The Global Impact of COVID-19 and Strategies for Mitigation and Suppression. Londres: 26 de março de 2020.

IMPERIAL COLLEGE, Report 14: Online Community Involvement in COVID-19 Research & Outbreak Response: Early Insights from a UK Perspective. Londres: 30 de abril de 2020.

IMPERIAL COLLEGE, Report 20: Using Mobility to Estimate the Transmission Intensity of COVID-19 in Italy: a Subnational Analysis with Future Scenarios. Londres: 4 e maio de 2020.

IMPERIAL COLLEGE, Report 21: Estimating COVID-19 cases and Reproduction number in Brazil. Londres: 8 de maio de 2020.

IMPERIAL COLLEGE, Report 23: State-level Tracking of COVID-19 in the United States. Londres: 24 de maio de 2020.

IMPERIAL COLLEGE, Report 25: Response to COVID-19 in South Korea and Implications for Lifting Stringent Interventions. Londres: 29 de maio de 2020.

Termo de Consentimento — covid-19

O Termo de Consentimento por parte do paciente dando ciência da aceitação do tratamento preventivo contra a covid-19 sem comprovação científica é replicado neste capítulo.

TERMO DE CIÊNCIA E CONSENTIMENTO. Hidroxicloroquina/Cloroquina em associação com Azitromicina para COVID 19. www.gov.br/saude/pt-br/coronavirus/publicacoes-tecnicas/recomendacoes/termo-de-ciencia-e-consentimento-hidroxicloroquina-e-azitromicina.

Aviso público

O aviso público do Governo do Estado de São Paulo sobre o Estudo de Serrana para os efeitos da vacinação contra a covid-19 é replicado neste capítulo.

BUTANTAN. Estudo de Serrana. https://twitter.com/butantanoficial/status/1399392376079138821.

Citações

Citação — Joseph de Maistre — pág. 119
JOSEPH DE MAISTRE. L' Histoire em CitaTions. https://www.histoire-en-citations.fr/citations/joseph-de-maistre-toute-nation-a-le-gouvernement-qu-elle-merite.
Tradução do autor.

Citação — Antônio Guterres — pág. 124
ANTÔNIO GUTERRES. Maior desafio desde a Segunda Guerra. *O Globo*, 1° de abril de 2020.
https://oglobo.globo.com/economia/maior-desafio-desde-segunda-guerra-diz-onu-ao-pedir-que-paises-se-unam-para-combater-pandemia-24341798.

Citações — Angela Merkel — pág. 124
ANGELA MERKEL. 60% to 70% of the German population will be infected by the coronavirus, Merkel says. *CNBC*, 11 de março de 2020.
https://www.cnbc.com/2020/03/11/angela-merkel-most-people-will-get-the-coronavirus.html#:~:text=%E2%80%9CWhen%20the%20virus%20is%20out,has%20over%2082%20million%20citizens.
Tradução do autor.

ANGELA MERKEL. Merkel calls Coronavirus biggest challenge since WWII. DW, 18 de março de 2020.
https://www.dw.com/en/merkel-coronavirus-is-germanys-greatest-challenge-since-world-war-ii/a-52830797.
Tradução do autor.

Citação — Imperial College — pág. 124
IMPERIAL COLLEGE, Report 12: The Global Impact of COVID-19 and Strategies for Mitigation and Suppression. Londres: 26 de março de 2020.
Tradução do autor.

Citação — Alexander Lukashenko — pág. 133
ALEXANDER LUKASHENKO. There Are No Virus here. *The New York Times*, 25 de abril de 2020. https://www.nytimes.com/2020/04/25/world/europe/belarus-lukashenko-coronavirus.html.
Tradução do autor.

Citação — Bolsonaro — "Gripezinha" — pág. 134
BBC NEWS BRASIL. Relembre frases de Bolsonaro sobre a covid-19. 7 de julho de 2020. www.bbc.com/portuguese/brasil-53327880.

Citação — "Cloroquina lá no SUS" — pág. 136
BHAZ. Bolsonaristas lançam paródia de música de Tiririca em apoio à cloroquina. 17 de maio de 2020. www.bhaz.com.br/bolsonaristas-parodia-cloroquina.

Citação — Bolsonaro – "Jacaré" — pág. 136
TWITTER UOL. Bolsonaro: "Se tomar vacina e virar jacaré, não tenho nada a ver com isso". 17 de dezembro de 2020.
twitter.com/UOL/status/1339743904464318465?lang=en.

Citação — Bolsonaro – "Comprovação científica" — pág. 136
ESTADÃO. Bolsonaro contraria dados do governo e diz que a vacina está em "fase experimental". 10 de junho de 2021.
www.estadao.com.br/politica/bolsonaro-contraria-dados-do-governo-e-diz-que-vacina-esta-em-fase-experimental/.

Citação — Bolsonaro — "Tubaína" — pág. 136.
ESTADÃO. Quem é de direita toma cloroquina, quem é de esquerda, Tubaína, diz Bolsonaro sobre a liberação. 19 de maio de 2020.
www.estadao.com.br/saude/quem-e-de-direita-toma-cloroquina-quem-e-de-esquerda-tubaina-diz-bolsonaro-sobre-liberacao/.

Citação — Paul Krugman — pág. 149
KRUGMAN, Paul. The Cult of Selfishness Is Killing America. *The New York Times*, 27, de julho de 2020.
Tradução do autor.

Capítulo XIV – A Guerra da Ucrânia

Tabelas e gráficos

As tabelas e os gráficos deste capítulo na análise de dados econômicos são elaborados e desenvolvidos pelo autor em Excel a partir dos dados disponíveis do Banco Mundial e das Nações Unidas.

THE WORLD BANK. GDP (current US$). data.worldbank.org/indicator/NY.GDP.MKTP.CD.

UN DATA. A world of information. http://data.un.org/.

Mapa

Mapa da Ucrânia
Produzido por Bruna Angelo Guedes, que cede os direitos para a divulgação.

Citações

Citação — Rita Lee — pág. 160
ALÔ! ALÔ! MARCIANO. Rita Lee e Roberto Zenóbio. 1980.
https://www.letras.mus.br/rita-lee/82879/.

Citação — Angela Merkel — pág. 164
ESTADÃO. Merkel fala pela 1ª vez após deixar o cargo e defende sua posição com a Rússia. 7 de junho de 2022.
www.estadao.com.br/internacional/merkel-fala-pela-1-vez-apos-deixar-cargo-e-defende-sua-posicao-com-a-russia/.

Citação — Kissinger — pág. 164
NEWSWEEK. Henry Kissinger: Ukraine Should Give Up Territory to Russia to Reach Peace. 24 de maior de 2022.
www.newsweek.com/henry-kissinger-ukraine-should-give-territory-russia-reach-peace-1709488.

Citação — Eric Hartman — pág. 167
FORUM. Frase sobre guerra que tem sido usada nas redes sociais é atribuída a oficial nazista. 1° de março de 2022.
revistaforum.com.br/global/2022/3/1/frase-sobre-guerra-que-tem-sido-usada-nas-redes-sociais-atribuida-oficial-nazista-110849.html.

Citação — Luiz Pondé — pág. 167
PONDÉ, Luiz Felipe. Crença na capacidade de mudar o mundo pode ser um engano para todos nós. *Folha de S.Paulo*, 2 de fevereiro de 2023.
https://www1.folha.uol.com.br/colunas/luizfelipeponde/2023/02/crenca-na-capacidade-de-mudar-o-mundo-pode-ser-um-engano.shtml.

Citação — Karl Marx — pág. 167
MARX, Karl. *The 18*th *Brumaire of Louis Bonaparte*. Nova York: International Publishers, 1977.

Capítulo XV – A nova direita mundial

Citações

Citação — Goobles — pág. 168
GOOBLES, Joseph. HARVARD UNIVERSITY. https://scholar.harvard.edu/skelman/blog/goebbels-says-repeat-lie-often-enough-and-people-will-believe-it.
Tradução do autor.

Citação — Hanns Johst — pág. 168
HANNS JOHST. OXFORD REFERENCE. https://www.oxfordreference.com/display/10.1093/acref/9780191843730.001.0001/q-oro-ed5-00006044;jsessionid=009847E5B5F75A721A6FA3B78B6EF690.
Tradução do autor.

Citação — "Abaixo a inteligência" — pág. 168
CULT. A República dos homens-trapo: abaixo a inteligência, viva a morte. 13 de maio de 2019.
revistacult.uol.com.br/home/republica-dos-homens-trapo/.

Citação — "It is the economy, stupid" — pág. 171
IT'S THE ECONOMY, STUPID. Wikipedia.
en.wikipedia.org/wiki/It%27s_the_economy,_stupid.
Tradução do autor.

Citação — Comunicado da Embaixada norte-americana — pág. 174
TSE. Embaixada dos EUA afirma em nota que eleições brasileiras são exemplo para o mundo. 20 de julho de 2022.
www.tse.jus.br/comunicacao/noticias/2022/Julho/embaixada-dos-eua-afirma-em-nota-que-eleicoes-brasileiras-sao-exemplo-para-o-mundo-633805.

Capítulo XVI – Hamas-Israel: o conflito no Oriente Médio

Tabela

A tabela deste capítulo sobre o PIB de Israel e da Cisjordânia e Palestina é elaborada e desenvolvida pelo autor em Excel a partir dos dados disponíveis da ONU, do Banco Mundial e do FMI.

IMF. West Bank and Gaza. https://www.imf.org/external/datamapper/profile/WBG.

THE WORLD BANK. GDP per capita (current US$). data.worldbank.org/indicator/NY.GDP.PCAP.CD.

UN DATA. A world of information. http://data.un.org/.

Citações

Citação — Declaração de Balfour — pág. 179
YALE LAW SCHOOL. Balfour Declaration 1917.
https://avalon.law.yale.edu/20th_century/balfour.asp.
Tradução do autor.

Citação — Assembleia Geral da ONU — Definição de Terrorismo — pág. 179
DEFINITION OF TERRORISM. United Nations General Assembly (1994).
Wikipedia
https://en.wikipedia.org/wiki/Definition_of_terrorism.
Tradução do autor.

Citação — Maquiavel — pág. 179
MAQUIAVEL. *O Príncipe*. Rio de Janeiro: Editora Paz e Terra, 1996.

Citação — Sun Tzu — pág. 179
SUN TSU. *A Arte da Guerra*. São Paulo: Record, 2006.

Citação — Carl von Clausewitz — pág. 179
CLAUSEWITZ, Carl von. *On War*. Princeton University Press, 1989.
Tradução do autor.

Citação — Edson de Oliveira Nunes — pág. 180
NUNES, Edson de Oliveira. A banalidade do mal. *Metrópoles*: Blog do Noblat, 16 de outubro de 2023.
https://www.metropoles.com/blog-do-noblat/artigos/a-banalidade-do-mal-por-edson-de-oliveira-nunes.

Citação — Emmanuel Macron — pág. 180
MACRON, Emmanuel. Frase do Dia. *Metrópoles*: Blog do Noblat. 21 de dezembro de 2023.
https://www.metropoles.com/blog-do-noblat/frases-do-dia/frase-do-dia-957.

Citação —Thomas Piketty — pág. 182
PIKETTY, THOMAS. Il est temps que les pays occidentaux sortent de leur arrogance et prennent les BRICS au sérieux. *Le Monde*, 11 de novembro de 2023. https://www.lemonde.fr/idees/article/2023/11/11/thomas-piketty-il-est-temps-que-les-pays-occidentaux-sortent-de-leur-arrogance-et-prennent-les-brics-au-serieux_6199492_3232.html.
Tradução do autor.

Citação — Robert Kennedy Jr. — pág. 182
BRASIL 247. Robert Kennedy Jr. explica como Israel é fundamental para que os EUA controlem o petróleo. 8 de novembro de 2023. https://www.brasil247.com/mundo/robert-kennedy-jr-explica-como-israel-e-fundamental-para-que-os-eua-controlem-o-petroleo.

Capítulo XVII – Venezuela-Guiana: a geopolítica do petróleo

Tabela

A tabela deste capítulo sobre o PIB da Venezuela e da Guiana é elaborada e desenvolvida pelo autor em Excel a partir dos dados disponíveis da ONU e do Banco Mundial.

THE WORLD BANK. GDP per capita (current US$). data.worldbank.org/indicator/NY.GDP.PCAP.CD.

UN DATA. A world of information. http://data.un.org/.

Capítulo XVIII – A crise ecológica

Tabelas e gráficos

As tabelas e os gráficos deste capítulo são elaborados e desenvolvidos pelo autor a partir das seguintes fontes:

Fontes

Tabela “Mundo”, pág. 191
UN DATA. A world of information. http://data.un.org/.
Tradução do autor.

Gráfico “Média da temperatura da superfície da Terra — 1880–2000”, pág. 191
NOAA. Climate Change: Global Temperature
climate.gov/news-features/understanding-climate/climate-change-global-temperature#:~:text=According%20to%20NOAA’s%202021%20Annual,0.18%20%C2%B0C)%20per%20decade.
Tradução do autor.

Gráfico "Média da temperatura da superfície da Terra — 200–2000", pág. 192
TEMPERATURE RECORD OF THE LAST 2,000 YEARS. Wikipedia
en.wikipedia.org/wiki/Temperature_record_of_the_last_2,000_years.
Tradução do autor.

Tabela "Emissão de CO2", pág. 193
UNION OF CONCERNED SCIENTISTS. Each Country's Share of CO2 Emissions
https://www.ucsusa.org/resources/each-countrys-share-co2-emissions.
Tradução do autor.

Gráfico "Crescimento do nível do mar — 2000–2010", pág. 194
NOAA. Climate Change: Global Sea Level
www.climate.gov/news-features/understanding-climate/climate-change-global-sea-level#:~:text=If%20we%20are%20able%20to,than%20it%20was%20in%20 2000.
Tradução do autor.

Gráfico "Furacões no Atlântico Norte", pág. 195
NOAA. Historical Changes in Atlantic Hurricane and Tropical Storms
www.gfdl.noaa.gov/historical-atlantic-hurricane-and-tropical-storm-records/.
Tradução do autor.

Gráfico "Chuvas por ano acima de 100mm em São Paulo", pág. 195
JORNAL DA USP. Dados comprovam o aumento de eventos climáticos extremos em São Paulo. 28/02/2020.
jornal.usp.br/ciencias/ciencias-ambientais/
dados-comprovam-aumento-de-eventos-climaticos-extremos-em-sao-paulo/.

Gráfico "Queimadas na Califórnia", pág. 196
WIDFIRE TODAY. California forests hit hard by wildfires in the last decade
wildfiretoday.com/2022/09/05/california-forests-hit-hard-by-wildfires-in-the-last-decade/#:~:text=Of%20the%2032.1%20million%20acres,7.9%20million%20 acres%20(24.7%25).
Tradução do autor.

Tabela "Consumo de energia — Mundo", pág. 197
World energy supply and consumption.
en.wikipedia.org/wiki/World_energy_supply_and_consumption.
Tradução do autor.

Tabela "Aumento de consumo de energia", pág. 197
MDPI. Energy Consumption TWh/y.
www.mdpi.com/2571-8797/1/1/3.
Tradução do autor.

Tabela "Consumo de petróleo por país", pág. 198
COUNTRIESNOW. Top 10 Largest Oil Consuming Countries In The World.
www.countriesnow.com/which-country-consumes-most-oil-in-the-world/#:~:text=Rank%20Country%20Consumption%20BBL%2FDay%201.%20USA%2018.9%20million,million%204.%20India%203.3%20million%206%20more%20rows.
Tradução do autor.

Gráfico "Uso global de água", pág. 199
OUR WORLD IN DATA. Water Use and Stress
ourworldindata.org/water-use-stress.
Tradução do autor.

Tabela "Uso de água", pág. 199
NONRESIDENTIAL WATER USE IN THE U.S. Wikipedia.
en.wikipedia.org/wiki/Nonresidential_water_use_in_the_U.S.
Tradução do autor.

Tabela "Uso de água nas residências", pág. 199
RESIDENTIAL WATER USE IN THE U.S. AND CANADA. Wikipedia.
en.wikipedia.org/wiki/Residential_water_use_in_the_U.S._and_Canada.
Tradução do autor.

Citações

Citação — "Esperamos que haja água para lavar as mãos", pág. 188
Citação do próprio autor do livro.

Citação — NASA — pág. 191
EARTH OBSERVATORY. Global Warming.
www.earthobservatory.nasa.gov/features/GlobalWarming.
Tradução do autor.

Citação — Antonio Guterres — pág. 194
O GLOBO. Aumento do nível do mar ameaça provocar êxodo de 'proporções bíblicas', diz ONU. 14 de fevereiro de 2023.
oglobo.globo.com/mundo/noticia/2023/02/aumento-do-nivel-do-mar-ameaca-provocar-exodo-de-proporcoes-biblicas-diz-onu.ghtml.

Citação — Earth Overshoot Day — pág. 200
EARTH OVERSHOOT DAY
https://earth.org/what-is-earth-overshoot-day/?gclid=CjwKCAjwhJukBhBPEiwAniIcNeIXEd8jTLmbATeQGOwDXNc8q5Neg9GNSJKAijFPcS_WzpoNTe0XaRoCOegQAvD_BwE.
Tradução do autor.

Citação — Paulo Paiva — Virtude e conhecimento — pág. 200
PAIVA, Paulo. Brasil: liberta teu Prometeu. *O Tempo*, 17 de setembro de 2021.

Citação — Paulo Paiva — Brasil: liberta teu Prometeu — pág. 200
PAIVA, Paulo. Virtude e conhecimento. *O Tempo*, 8 de outubro de 2021.

Capítulo XIX – Os blocos do futuro

Tabelas e gráficos

As tabelas e os gráficos deste capítulo são elaborados e desenvolvidos pelo autor a partir das seguintes fontes:

Fontes

Tabela "Área dos países", pág. 205
WORLDOMETER. Largest Countries in the World (by area).
www.worldometers.info/geography/largest-countries-in-the-world/.
Tradução do autor.

Tabela "Reservas de petróleo — Países", pág. 206
WORLDOMETER. Oil left in the world
www.worldometers.info/oil/#:~:text=There%20are%201.65%20trillion%20
barrels,times%20its%20annual%20consumption%20levels.
Tradução do autor.

Tabela "Reservas de petróleo — Regiões e países", pág. 206
WORLDOMETER. Oil left in the world
www.worldometers.info/oil/#:~:text=There%20are%201.65%20trillion%20
barrels,times%20its%20annual%20consumption%20levels.
Tradução do autor.

Tabela "Reservas de petróleo — OPEC e países", pág. 207
WORLDOMETER. Oil left in the world
www.worldometers.info/oil/#:~:text=There%20are%201.65%20trillion%20
barrels,times%20its%20annual%20consumption%20levels.
Tradução do autor.

Tabela "Recursos hídricos renováveis", pág. 208
LIST OF COUNTRIES BY TOTAL RENEWABLE WATER RESOURCES.
Wikipedia.
https://en.wikipedia.org/wiki/
List_of_countries_by_total_renewable_water_resources.
Tradução do autor.

Tabela "Terras agriculturáveis", pág. 209
LAND USE STATISTICS BY COUNTRY. Wikipedia.
https://en.wikipedia.org/wiki/Land_use_statistics_by_country.
Tradução do autor.

Tabela "Área total com florestas", pág. 210
LIST OF COUNTRIES BY FOREST AREA. Wikipedia.
https://en.wikipedia.org/wiki/List_of_countries_by_forest_area.
Tradução do autor.

Tabela "Maiores florestas do mundo", pág. 210
LARGEST. 10 Largest Forests in the World
www.largest.org/nature/forests.
Convertida para km^2 pelo autor.
Tradução do autor.

Tabela "Ogivas nucleares", pág. 212
LIST OF STATES WITH NUCLEAR WEAPONS. Wikipedia.
https://en.wikipedia.org/wiki/List_of_states_with_nuclear_weapons.
Tradução do autor.

Tabela "Número de satélites militares", pág. 212
WORLD POPULATION REVIEW. Military Satellites by Country 2024.
https://worldpopulationreview.com/country-rankings/military-satellite-by-country.
Tradução do autor.

Gráfico "Desigualdade", pág. 213
WORLD INEQUALITY LAB. World Inequality Report 2018. Paris, 2022.
Tradução do autor.

Tabela "Desigualdade I", pág. 213
WORLD INEQUALITY LAB. World Inequality Report 2018. Paris, 2022.
Tradução do autor.

Tabela "Desigualdade II", pág. 213
WORLD INEQUALITY LAB. World Inequality Report 2018. Paris, 2022.
Tradução do autor.

Tabela "População com internet", pág. 215
UN DATA. A world of information. http://data.un.org/.
Tradução do autor.

Tabela "Imigração", pág. 217
UN DATA. A world of information. http://data.un.org/.
Tradução do autor.

Citações

Citação — IDEA. Declínio das Democracias — pág. 214
IDEA. *The Global State of democracy.* Stockholm, 2022.
Tradução do autor.

Citação — Umberto Eco — pág. 216
CORREIO DO POVO. Umberto Eco e seu olhar crítico: "as redes sociais deram voz a uma legião de imbecis". 20 de fevereiro de 2016.
www.correiodopovo.com.br/arteagenda/umberto-eco-e-seu-olhar-cr%C3%ADtico-as-redes-sociais-deram-voz-a-uma-legi%C3%A3o-de-imbecis-1.195214.

Capítulo XX – A antiga questão: O que fazer?

Citações

Citação — Stephen Hawking — pág. 219
HAWKING, Stephen. *A Brief History of Time.* Nova York: Bantam Books, 1998.
Tradução do autor.

Citação — Marshall Berman — pág. 219
BERMAN, Marshall. *All that is Solid Melts into Air.* Penguin Books, 1988.
Tradução do autor.

Citação — "What a Wonderful World" — pág. 219
THIELE, Bob. What a Wonderful World. Estados Unidos: Warner Chappell Music, Inc.

Epílogo

Citação

Citação — "Triumphus Romanus" — pág. 220
http://depaulaohistoriador.blogspot.com/2017/01/lembra-te-que-es-mortal.html.
https://www.pensador.com/frase/MjkwNTQxMw/.

Índice

C

D

E

F

G

H

U

V

W

X

Y

Z

Este livro foi impresso nas oficinas gráficas da Editora Vozes Ltda.,
Rua Frei Luís, 100 – Petrópolis, RJ.